理蕃

—日本治理台灣的計策—

藤井志津枝(傅琪貽)／著

序

我愛台灣，我更愛台灣的原住民。我以贖罪的心，面對原住民和那可憐的山河。但每回面對原住民時，他們以款待親人的心，接納我，愛我，更鼓勵我。畢竟是受傷過的人和自然，才能真正地體會外人內心的痛處而發揮大愛。因為如此，我珍惜這份緣和情。所以無論遇到任何的艱困，我以秉持“學術客觀“的面貌 ，勇敢地“愛“原住民和台灣的山河。

這本書是我在國立師範大學歷史研究所時的博士論文。因有此書，我和原住民結緣。對我來說，這份情感是我人生中值得紀念的里程碑。

我謹以誠摯的心，願接受各位的指教。

藤井志津枝

一九九七年五月

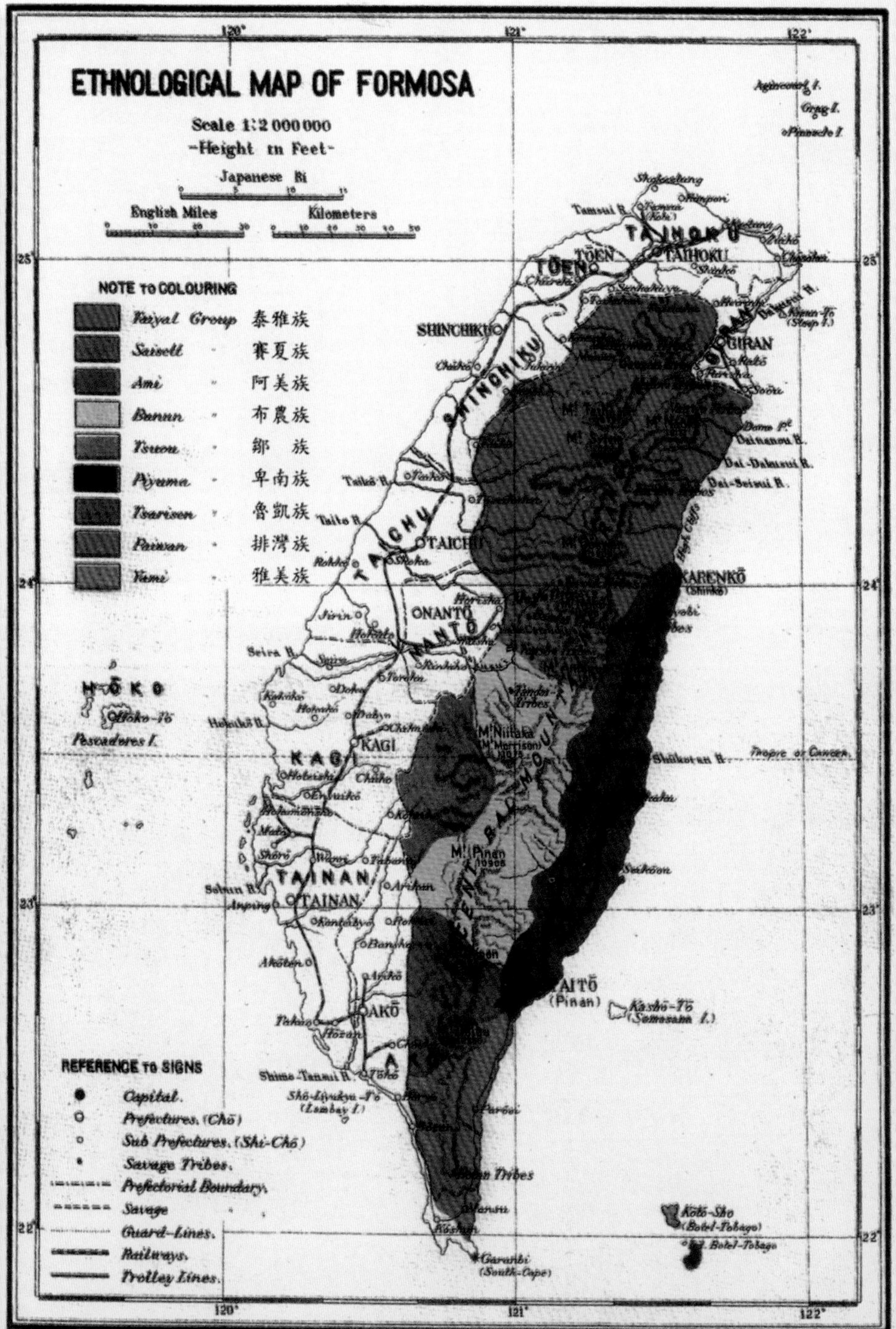
ETHNOLOGICAL MAP OF FORMOSA
Scale 1:2 000 000
-Height in Feet-
Japanese Ri
English Miles
Kilometers
NOTE TO COLOURING
Taiyal Group 泰雅族
Saisett 賽夏族
Ami 阿美族
Bunun 布農族
Tsuou 鄒族
Piyuma 卑南族
Tsarisen 魯凱族
Paiwan 排灣族
Yami 雅美族
REFERENCE TO SIGNS
Capital.
Prefectures. (Chō)
Sub Prefectures. (Shi-Chō)
Savage Tribes.
Prefectorial Boundary.
Savage
Guard-Lines.
Railways.
Trolley Lines.
Agincourt I.
Crag I.
Pinnacle I.
Tamsui R.
TAIHOKU
TŌEN
SHINCHIKU
GIRAN
TAICHU
NANTŌ
KAGI
TAINAN
AKŌ
KARENKŌ
TAITŌ
(Pinan)
HŌKO
Hōko-Tō
Pescadores I.
Mt. Niitaka
(Mt. Morrison)
Mt. Pinan
Tropic of Cancer
Kashō-Tō
(Samasana I.)
Kōtō-Sho
(Botel-Tobago)
Sm. Botel-Tobago
Garanbi
(South-Cape)
Shō-Liyukyu-Tō
(Lambay I.)
Shimo-Tamsui R.
Anping
Dai-Dakusui R.
Dai-Seisui R.
Shikotan R.
120°
121°
122°
25°
24°
23°
22°

第一任總督　樺山資紀

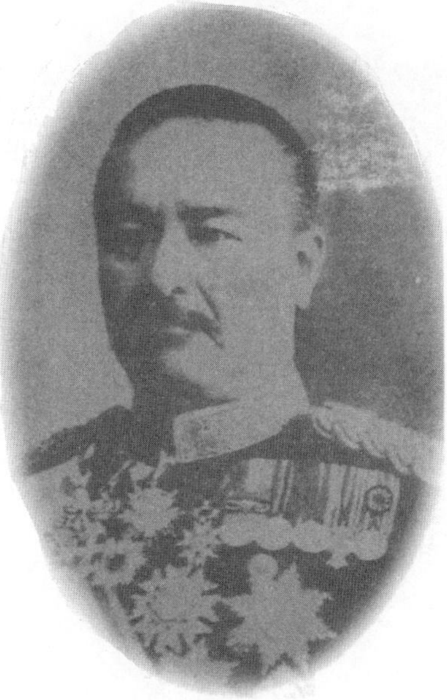

第二任總督　桂　太郎

第三任總督　乃木希典

民政局長　水野遵

理蕃政策重要人物

第四任總督　兒玉源太郎

第五任總督　佐久間左馬太

民政長官　後藤新平

蕃務總長　大津麟平

理蕃政策重要人物

鐵線橋

隘勇線・鐵絲網

隘勇線・監督所

歸順式

蕃　童（摘自台灣懷舊）

播　種

蕃童教育・阿美族

交換所

賽夏族

泰雅族

魯凱族（摘自台灣懷舊）

阿美族

布農族

台灣原住民族

邵族（摘自台灣懷舊）

卑南族

鄒族

排灣族（摘自台灣懷舊）

雅美族

狩獵・泰雅族

刺青・泰雅族

織布・布農族

補魚網・阿美族

頭骨・泰雅族

原住民生活

大家族的排灣族

雅美族住宅

布農族住宅・石坂屋

提水的鄒族女孩

日治時期臺灣總督府理蕃政策

目錄

第一章　據臺初期的「綏撫」政策

第一節　以「殖產」為最終目的的懷柔政策

日本自從明治維新以後，對臺灣始終懷有極大的領土野心①。例如一八七一—七四年日本藉琉球漂流難民被臺灣的原住民排灣族殺害而出兵時，西鄉從道率領的鹿兒島兵攜帶農具、種子，有意在臺長期屯兵，稱為「殖民兵」；在北京與總理衙門大臣談判的前後任欽差大臣副島種臣和大久保利通，皆謀以外交手段達成割讓臺灣東部「生蕃地」而失敗。至此二十年後的一八九四—九五年日本乘中日甲午戰爭戰勝的機會，在馬關正要與李鴻章進行議和時，一方面派遣比至島部隊去佔領澎湖，一方面亦堅持臺灣的割讓。終於在一八九五年四月十七日締結中日馬關條約，達

①例如一八七一—七四年日本藉琉球漂民被臺灣的土著「排灣族」殺害而出兵事件。請參見，藤井志津枝『日本軍國主義的原型—剖析一八七一—七四年臺灣事件—』（臺北・自印，三民書局總經銷，一九八三年）。

到佔據此南進基地的目的。

本來日本的戰略是南進和北進同時進行的，但北進的據點遼東半島，因引起俄法德的三國干涉，不得不將遼東半島歸還中國，於是日本為實質達到佔有臺灣領土，積極派兵部署對臺戰爭。五月八日馬關條約在芝罘（煙台）互換，此後即依照條約第五條的規定，日方立刻展開接收臺灣的行動。近衛師團長北白川宮親王率兵，由遼東半島經過琉球轉戰，率先向臺灣展開登陸作戰。當時日方知道在臺漢人與清兵聯手抗戰，但對臺灣原住民認為「不構成脅威」。因此伊藤博文首相向樺山指示的「對臺施政大綱」中並無提及有關臺灣原住民的任何施政方針。

五月十日，日本政府任命海軍大將樺山資紀為第一任臺灣總督兼軍務司令官，並擔任辦理接收臺灣的全權大臣②。水野遵為辦理大使，協助樺山辦理有關接收臺灣的對外交涉③，他不久後被任命為第一任民政局局長。

第一任臺灣總督樺山資紀（任期一八九五年五月十日—一八九六年六月二日）和民政局長水野遵，是日本接管臺灣時，被認定為最合適的人選。樺山和水野，早在此二十年前，曾經為促使日軍征臺而奔走，還親自冒險到大嵙崁、宜蘭、蘇澳、花蓮港以及恆春等「蕃地」視察，並與「蕃

②『日本據臺初期重要檔案』（臺中，臺灣省文獻委員會，一九七七年）頁二〇。
③同上。

人」有所交際④，算是日本人之中難得的「臺灣蕃地通」。樺山是代表日本海軍的南進論⑤，陸軍的北進論既然遭遇了「三國干涉」的挫折，臺灣總督的職位，似乎很必然地落入海軍的樺山手中。水野遵因曾在中國留學，精通中、英文，還在法制局任職過⑥，對法制有特別的造詣。在臺灣剛被日本接收，一切施政措施必須重新佈置時正需要像水野那樣的文官和能吏，來奠定殖民地的基本架構。

樺山資紀在一八九五年五月二十七日正往臺灣的横兵丸船上，向文武官員發表「施政方針」，並首次提及有關臺灣原住民的治理大綱。

……惟臺灣乃是帝國的新版圖，未浴皇化之地。加上，島東部由曚昧頑愚之蕃族割據。故今日入臨該土者，雖須以愛育撫孚為旨，使其悦歸我皇覆載之仁，但亦要恩威並行，使在所人民不得生起狎侮之心。……

到了八月二十六日，在臺日軍正積極展開「平定臺灣」戰爭時，樺山發布日軍作戰時對原住

---

④樺山資紀「樺山資紀臺灣記事」第一稿（西鄉都督と樺山總督紀念事業出版委員會編『西鄉都督と樺山總督』，臺北，一九三六年）頁一九七。水野遵『征蕃私記』第一卷（元）第二回「大臣使清視察航臺」（一八七九年，臺北，國立中央圖書館臺灣分館藏，手抄本）頁一〇——一七。
⑤杉山靖憲『臺灣歷代總督之治績』（朝鮮，帝國地方行政學會朝鮮本部，一九二二年）頁三。
⑥大路會編纂『大路水野遵先生』（臺北，大路會事務所，一九三〇年）頁三九。

民以「綏撫」態度處理的「訓示」⑦。這是日本的臺灣總督府當局首次為「理蕃」政策所顯示的第一號聲明。

雖隨著作戰日益進捗，賊徒日趨窘蹙，以待全島鎮定之日，然因戰鬥區域之擴大、守備之完成，卻難以保持我方前哨與生蕃之間發生衝突。而且生蕃之性，雖極為蒙昧愚魯，但亦保固有之風。其一但心中懷有對我惡感，終日無途挽回其心。此乃從兩百年以來他仇視支那人、敢反抗，可做印鑑。若欲拓殖本島，非先馴服生蕃，而如今會遇此際。但若使生蕃視我為本島人、支那人時，我本島之拓殖之業，必遭莫大障礙。故本總督專以「綏撫」為主，欲於後日收其效果。各官亦須體諒此意，訓誡部下決不得有誤接遇生番之途。

根據樺山的「訓示」，所謂「綏撫」是在鎮壓平地漢人的武裝抗日運動之前，為了迴避日軍的前鋒部隊和哨兵等與「生蕃」發生不必要的衝突而採取的一種暫定措施。當時軍方實施「軍政」統治（一八九五年八月六日—一八九六年三月卅一日），樺山面對劉永福為首的武裝抗日運動的強大壓力，以致其以武力佔領臺灣平地的軍事行動暫時受挫，而正等待日本中央的軍事增援來發動向南部推進大規模的軍事行動⑧，於是「綏撫」政策，除了要避免日軍和「蕃人」發生戰鬥以

⑦『臺灣歷代總督之治績』，頁一二。高濱三郎『臺灣統治概史』（東京，新行社，一九三六年）頁五二—三。

外，還意圖分離和牽制「漢」「蕃」的聯合抗日⑨。因為日軍「討伐」的對象為平地的漢人，對山地的「蕃人」則採取懷柔馴服的態度，以達成籠絡「蒙昧頑愚的蕃族」為目的⑩。

然而，樺山的「綏撫」政策，除了當時軍事上的考慮外，另外亦有積極地促進山地開發的經濟用意。樺山在八月二十六日公佈的「訓示」中說：「若欲拓殖本島，非先馴服生蕃」⑪，由此可見樺山又有用「馴服」的方式來掠奪山地資源的意圖。

民政局長水野遵，於一八九五年五月至八月底在其所提出的在臺施政報告『臺灣行政一斑』中，更明確地把山地人列入「殖產」（農林）的項目下⑫，而與作為「地方行政」對象的漢人統治⑬完全分開。這是依文明史觀將「文明」和「野蠻」加以區分的觀點，把臺灣居民分為「文明」

⑧臺灣總督府警務局編『臺灣總督府警察沿革誌』第一編「警察機關の構成」（臺北，臺灣總督府警務局，一九三三年）頁一五。杉浦和作『明治二十八年臺灣平定記』（臺北，新高堂書店，一八九六年）頁五一—五二。藤井志津枝「從臺灣總督府官制的變遷論抗日運動的鎮壓（一八九五—一九〇二）」（臺中，臺灣省文獻委員會編『臺灣文獻』第三十八卷二期，一九八七年）頁一—四一。

⑨『臺灣統治概史』，頁五三。

⑩同上書，頁三五、五三。

⑪同上書，頁五三。

⑫『日本據臺初期重要檔案』，頁一四三—一五一。

的漢人和「野蠻未開化」的「蕃人」。對待漢人，臺灣總督府司法部擬定了簡易的「殖民地法」⑭來統治，但「蕃人」則完全地排除在「法制」⑮的範疇之外。這充份顯示出日據時期「理蕃」政策的核心思想，是否定了臺灣原住民的基本人格和其尊嚴，而偏重山地開發的所謂「殖產興業」。

「殖產」顯然是日本硬要中國「割讓」寶島臺灣的最大目的。位於亞熱帶的臺灣，不但出產糖、米、茶，在山地還蘊藏了農林礦業的資源。這些資源是促使日本在一八七四年出兵臺灣，企圖佔領臺灣東部「蕃地」的一個重大原因，對缺乏天然資源的日本來說，臺灣是其渴望殖產的「寶庫」⑯。既然日本重視的是山地的資源，故治理「蕃人」的問題，就完全由開發上的方便來論。水野說：

> 教育蕃民是我政府責任，開發蕃地是培養富源之要務。蕃民不通事理，迂於社會世事，

---

⑬同上書，頁一三〇—一三二。

⑭山邊健太郎編『現代史資料（21）臺灣（1）』解説（東京，みすず書房，一九七一年）頁五—七。『日本據臺初期重要檔案』，頁一五六—七。

⑮其代表性的論說：J. Lubbock，穗積陳重等「法律進化論」。增田福太郎『未開社會における法の成立』（京都，三和書房，一九六四年）頁一。

⑯『日本軍國主義的原型—剖析一八七一—七四年臺灣事件—』，頁六三—六七，一五三—四。

苟不待言。時而耕種，常在山野間，跋涉狩獵，以殺戮為習。……樟腦之製造、山林之經營、林野之開墾、農產之增殖、礦山之開發、對內地人（日本人）之移居，無一不與蕃地有關。臺灣將來之事業看在蕃地，若要在山地興起事業，首先要使蕃民服從我政府，使其得正常生活途徑，脫卻野蠻境遇。⑰

可見日本據臺之初，臺灣總督府的「理蕃政策」即貫徹了以「經濟開發」為主的色彩，而「蕃人」在此大前提下，先要「服從」才有生存的途徑。

民政局長水野，雖然一字不提「討蕃」，但從上述引文亦可以窺見「不服從」的「蕃人」命運將是如何。水野鑑於當時日軍全力鎮壓漢人的武裝抗日，無暇兼顧山地事務，所以他才採取「懷柔撫育」的消極政策，謹慎地將開發「蕃地」和處理「蕃人」的問題配合考慮。於是在對「蕃人」方面，水野想採用清代「撫墾局」的模式。他對清政府的撫墾局成就有相當高的評價，曾說：

> 前政府所設撫墾局可以倣效。時而招集酋長及其他人員，饗以酒食，贈予布匹器物，施以教訓，如此諄諄不倦者，必收好果。……前政府將生蕃化為熟蕃，建房屋、備器具、與家畜、發津貼，以獎勵順化。⑱

---

⑰『日本據臺初期重要檔案』，頁一四六。

⑱同上。

為了順利地從清廷接管臺灣的內政，特別是在初期「軍政」時期「民政」暫停的時候，民政局各課員先由調查和收集清代臺灣的各種施政、民情、產業狀況著手。在他主持下，民政局翻譯舊衙門所藏的有關撫墾局的各種資料和「蕃地」地圖，並調查民間遺老的口述資料等，合而編印成『臺灣制度考一部』，以供施政參考⑲。水野在『臺灣行政一斑』中也概略地論敘撫墾局的沿革，因此可以了解，水野所構想的「撫墾」事業的具體內容，是要仿照清政府的撫墾辦法。他以大嵙崁的撫墾局為例，解釋說：

局務乃在撫化生民、開墾荒地。設在臺北城南門西門內外之西學堂，招徠蕃民子弟，施以教化，除去其頑迷之心，兇暴之俗，以保持倫常，嚴守秩序，並供給其衣、食、住，以至日用零錢。蕃民若來本分局，則喜與之相對談，或說天時，或講地利，供茶飯酒肉。醉飽，仰天而喜，俯地而悅，盡興而去。以此一而十，十而百，相傳下去，遠近子來，彼此悅服，感化歸順。……變熟蕃者，大約千餘人，現在復逃回內山，仍舊與生蕃成為一群。凡熟蕃，每月食俸洋銀三元，頭目則六元至八元，新建房屋予之居住。凡蕃民，室內一切什器，均由局供應，並給黃牛一頭，用於耕種，母豬一頭，讓其養殖，或酒一罈，或銀洋

⑲井上季和太『臺灣治績志』（臺北，臺灣日日新報社，一九三七年）頁二四〇。伊能嘉矩編『理蕃誌稿』第一編（臺北，臺灣總督府警察本署，一九一八年）頁二三。

數元，賞之。現在住大嵙崁者，有六十餘戶。⑳

至於「蕃人」的未來生計，水野表示：「給與一定的土地，使其耕種就業」。㉑日本的臺灣總督府當局，從此著手其所謂「綏撫」為主的「蕃政」。亦即贈與「蕃人」酒、食、煙、布加以籠絡，宣佈清廷統治的結束和日本據臺施政的開始，並授與一頭牛與一張文書，以安撫「蕃人」歸順日本。「大嵙崁蕃」的角板山社人和篠竹社人共五人，於九月十日下山到臺北；與樺山總督見面㉒。當宜蘭的「溪頭蕃」頭目，聽到清廷的統治已結束，誤以為日本人趕走漢人，讓他們恢復故土，因此他以「蕃歌」表達內心的喜悅說：「我們原住在平地，漢人來，被趕往山內去的，現在日本人來了，我們能住回平地，欣哉！㉓」。天真的原住民，一時未能識破日本當局在「綏撫」政策背後所隱藏的掠奪山地資源的意圖。

然而，這種日方打如意算盤的「綏撫」政策，實際運作上很難履行。例如：在宜蘭方面，屢次發生「溪頭蕃」和「南澳蕃」襲擊漢人村莊事件，致使地區的治安惡化，只好由日軍守備隊來

---

⑳『日本據臺初期重要檔案』，頁一四七。

㉑同上書，頁一四六。

㉒『理蕃誌稿』第一編，頁四—五。藤崎濟之助『臺灣の蕃族』（東京，國史刊會藏版，一九三〇年）頁五四二—三。

㉓『臺灣の蕃族』，頁五四四—五。

保護漢人㉔。臺北縣大嵙崁方面，也在九月二十五日獲民政局長許可，開設大嵙崁出張所，一方面劃定蕃民境界，樹立標示；另一方面以酒肉諭告不可殺人等㉕。但是，新店的日軍守備隊反而利用原住民對漢人的仇視，很成功地召來「馬來社蕃」（烏來社），唆使這些「蕃人」去逮捕徐祿等抗日漢人的部下㉖。後來當地的日軍還想利用原住民去襲擊潛伏在深坑附近的抗日漢人，而給予五十隻鎗和一千發子彈。㉗

對日本來說，經理「蕃人」，雖然可以用「漸次感化」㉘或一時性的苟且敷衍㉙，但是「殖產」特別是確保天然資源的問題，則絕不能忽略。水野是法制專家，對於資源的保護，也是從「法制」的設限與取締開始著手：規定在官方的測量和調查尚未完成之前，斷不允准新的申請案件；至於從事舊業者，則暫時參酌舊慣，准予繼續，但必須擬定有效的取締規則，以杜絕濫掘、濫採，

㉔同上書，頁五四六—七。『陸軍幕僚歷史草案』第二卷（臺北，臺灣總督府陸軍幕僚，一九〇三年）頁二三—二四、三三、五三。
㉕『臺灣の蕃族』，頁五四四、五四九—五五一。『理蕃誌稿』第一編，頁五—九。
㉖『陸軍幕僚歷史草案』第二卷，頁一四、二四、二七。
㉗同上書，頁八三。
㉘『日本據臺初期重要檔案』，頁一四六。
㉙『臺灣總督府警察沿革誌』第一編，頁三六九。

不致使寶貴的資源盡受破壞㉚。為此目的，在發動五萬「南進軍」㉛，鎮壓平定劉永福的抗日軍時，水野頒佈三項法令：「臺灣礦業規則」、「砂金署章程及砂金採取規則」、「官有林野及樟腦製造業取締規則」，作為臺灣總督府要結束接收「軍政」時期，而邁進正常施政的「民政」時期，所必須預設的基本法制規範。

一八九五年九月二十四日公佈的「臺灣礦業規則」（共十三條）和十月三十日公佈的「砂金署章程及砂金採取規則」，是為保護地下資源所設的法令。關於礦業，根據殖產部在臺北地區所作的『臺灣產業調查錄』報告說：

本島之礦業乃各種產業中發達最遲者，因為既知之礦產甚少，特別是劃為本島東半部之生蕃地，究竟有無礦物，尚未有一名探險者，得以明白地記錄事實。僅在外國人的報告中，有模糊地記載金、銀、銅、鐵礦及寶石之類的存在，但實際上如何，乃完全屬於黑暗無知的世界。然而世上常介紹的有用礦物如煤炭、硫磺、砂金及金礦四種，皆從來就有開掘，被認為是本島產物之一也。㉜

㉚『日本據臺初期重要檔案』，頁一四三—四。
㉛『臺灣治績志』，頁二二六。
㉜『臺灣產業調查錄』（臺北，臺灣總督府民政局殖產部，一八九六年）頁一七五。

因此臺灣所藏「礦物」的範圍，隨著「蕃地」的開發，而有變成更多種的可能性。然而「臺灣礦業規則」並不包括「砂金」，而另制定「砂金署章程」（共七條）和「砂金採取規則」（共十一條）。根據殖產部所編『臺灣產業調查錄』，調查「砂金及金礦」所得到的結論是：

基隆地方之產金地係近年發現者，然而不僅產額多，含金層亦頗廣闊，所占地積堪稱本島之一大富源也。又本島東海岸生蕃地界之新城（蘇澳灣之南），花蓮港以及成廣澳等，有砂金產地。去年以來，據說有中國人採掘，以商船托運基隆。觀看新城產砂金之標本，金粒頗大，其質亦佳。㉝

水野深怕臺灣最大的富源被人奪取，於是在尚未制定法令規則之前，趕緊派人去恢復舊「砂金總局」的業務，嚴格監督業者，並取締私自濫採㉞。水野在『軍組織後的民政事務報告書』有關「砂金採取之取締」中說：

元來臺北縣基隆支廳轄內九份山附近有金礦，又基隆河沿岸之瑞芳、八堵等地出產砂金，因此次之擾亂，土人乘機濫採，殊屬不合。所以在瑞芳設置砂金署，依元來慣例，對

㉝同上書，頁二六一—二。
㉞『日本據臺初期重要檔案』，頁一四四—五。

申請採取者徵收牌照稅，每天壹角伍分。該職員已於本（九）月十一日赴任。㉟

金礦的開採也照砂金處理㊱。至於煤礦和硫礦，水野認為「利益不多」「利潤亦薄」，故依照舊慣准許業者營業採取，也暫不課稅；不特設官衙，由產地的管轄縣廳或支廳單位，來管理一切業務；僅劃設礦區，加以指定，以杜絕糾紛。㊲

可見水野非常精明，砂金、金礦等利潤高，只要好好地監督漢人業者，即可抽稅獲利，故先設法抽取利潤。至於像煤礦等必須先投下龐大資金，才能換取較高利潤的事業，他寧可暫時任由漢人業者以零星的小規模去開採。這也顯示甲午戰後的日本資本主義，尚未健全發展，仍然有相當落後的一面。

樟腦是臺灣農林業方面的重要產物之一，在對外貿易上，其重要性僅次於茶、糖，而且在全世界市場上只有臺灣和日本有出口㊳。故此種珍貴的天然資源不可等閒視之。如果官方能控制日本和臺灣兩地的出口量，那麼就能操縱世界市場，自然可得到如意的利潤。當時水野對此已經有

㉟同上書，頁一六八。
㊱同上書，頁一四五。
㊲同上。
㊳同上書，頁一四七。

「公賣」制度的構想㊴。然而樟腦的製造，與漢人和外商的買賣有密切的關係，而原料的樟樹大部分來自「蕃地」，約佔全島六成左右。但樟樹的採伐則關係到「蕃人」的利益。水野也知道「蕃人」對樟樹有一種「所有權」的觀念，漢人進入「蕃地」經營製造樟腦業時，必須先得到「蕃人」的承諾，並付出相當的報酬才行㊵。於是臺灣總督府於十月三十一日公佈「官有林野及樟腦製造業取締規則」，決定採取依法斷然收歸官有的措施：

第一條　無官方證據，及山林原野之地契，算為官地。

第二條　臺灣交接以前，除有清國政府之允准執照者外，一概不准民人採伐官地之樹木及開墾官地。在臺灣交接以前，未領有清國政府之允准執照者，不准熬製樟腦。㊶

這第一條和第二條，一般都稱讚為日本在臺灣的土地所有形態上，廢除「前近代」（pre-modern）而樹立「近代化」（modernized）資本主義的最基本措施㊷。但是「蕃人」哪能取得

㊴同上書，頁一四八。

㊵同上。

㊶同上書，頁一八一—二。

㊷東嘉生『臺灣經濟史研究』（臺北，東都書籍株式會社臺北支店，一九四四年）頁九六。矢內原忠雄『帝國主義下の臺灣』（東京，岩波書局，一九二九年）頁二六。荻野敏雄『朝鮮・滿州・臺灣林業發達史論』（東京，林野弘濟會，一九六五年）頁三九九。

清政府的允許執照和地契？連漢人大多數的業主，也因這幾條法令，而被否定了其慣常採伐製造樟腦的生業手段。㊸

法令的宗旨在於取締，即業者必須要繳出清政府所發給的執照，還要附上詳細而正確的資料，日本當局才再發給准許證。例如「礦業規則」中規定：

第一條　礦物之採掘（黃金除外）暨屬採掘之業，姑限清國政府從來准之礦業人及採掘地區方允採掘之。

第二條　礦業人遵守地方官廳所示之期日，將採掘稟帖及從來採掘境域地圖，應赴廳稟請允准，若過期具稟，一切不准。

第六條　地方官廳允許採掘，則必發給允准證票。㊹

「砂金採取規則」中規定：

第一條　砂金之採取，限於原來所定地區，依本規則准許之。

第二條　要取砂金者，將採取地名及區域擇定，逕向砂金署申請核發牌照。欲變更採取地時，

㊸『臺灣樟腦專賣志』（臺北，臺灣總督府史料編纂委員會，一九二四）頁二二、二四—五。『朝鮮・滿州・臺灣林業發達史論』，頁三九九。

㊹『日本據臺初期重要檔案』，頁一八〇—一。

要向砂金署請准方可。

第三條　砂金採取之獲准者，每日要繳納牌照稅壹角伍分。㊺

「官有林野及樟腦製造業取締規則」中規定：

第三條　臺灣交接以前，若有清國政府之執照，准採伐官地之樹木及開墾官地或熬製樟腦者，即日後須遵地方官廳告示日期，依照左開各項，將清國政府所發執照，應赴地方官廳一併具稟呈核，採伐樹木要點：

一、山林土名、位置、地界（添附繪圖）。

二、山林廣狹，樹木盡數。

三、所伐木料有幾類及其用途、搬運通路經由地點、運往何處。

四、至何時可以伐完。

開墾林野要點：

一、地名、位置、地界（添附繪圖）。

二、土地廣狹。

三、樹木等類，樹木盡數，所伐木料有幾種及其用處，運往何處。

㊺同上書，頁一七四。

四、何時可以開完。

熬製樟腦要點：

一、熬製樟腦位置。

二、樟林土名、位置、地界（添附繪圖）。

三、樟林廣狹，樟樹若干。

四、熬製樟腦灶額及鍋之數目。

五、每灶用工人若干。

六、每日熬製樟腦至多及至少若干。

七、樟腦搬運通路，運往何處。

八、何時可以熬完。

第四條　地方官必須查明虛實，如經允准者，即發給執照。如經地方官查出所稟有不實情事者，或不具備條件者，即予糾正。㊻

臺灣總督府實行這種牌照制度，因此很自然地可以淘汰大多數的漢人業主。並且，從前是屬於漢「蕃」協議即可開採的事業，如今必須要臺灣總督府的「官權」來做決定㊼。礦物、樟樹等

㊻同上書，頁一八二—三。

沒有明確證明資料的，也就是所謂「無主之地」，其開墾權，乃都歸日本當局所有，「蕃地」因而則全歸日本所有。

水野說：「臺灣將來之事業，要看蕃地」⑱，在其構想的藍圖中，要自日本內地移來大批人民，令其在「蕃地」的開發中，扮演重要角色。他說：

臺灣土地肥沃，物產豐富，既開發之土地僅為幾分而已，遺利尚多，尤其東部蕃地為然。對於蕃民之撫育、林野放領、礦山劃借等等，擬定辦法，移住內地人，以與未開之利，此為經營臺灣之急務。移住內地人之謀，不但為開發蕃地利源之重要，且不論中國民族或蕃民，同被日本文化，極力多數移住我內地良民，使其彼此相接近，漸次移風易俗為上策。而移民，不使一攫千金者流蔓延，亦不要單憑以勞力為主，宜以有力者出而投資經營企業。故林野之放領，礦山之借區，不能太過於狹小，並避免交錯，計畫一定只可以發揮之地域。故在政府之測量調查未完成之前，斷不可准予人民申請企業為宜。⑲

水野所冀望的「內地移民」，主要是能「投資經營企業」的資本家。為配合此一政策，他也

⑰『臺灣產業調查錄』，頁一四三。
⑱『日本據臺初期重要檔案』，頁一四六。
⑲同上書，頁一四三。

考慮移殖「內地農民」，以便開拓熱帶性工藝植物的殖產⑸。由此可以瞭解水野是為日本人的移民構想，而看重「蕃地」，特別是東部尚未開發的新天地。

⑸同上書，頁一五〇。

第二節　撫墾署的成立及其功能

一八九六年三月「軍政」時期結束，四月臺灣總督府為其正常施政而開辦「民政」，日本政府遂公佈了有關殖民地統治組織的法令規則，即：「在臺灣施行的法令」（也就是所謂「法律六三號」，簡稱「六三法」，承認臺灣總督的委任立法權）①、「臺灣總督府條例」（規定臺灣總督由陸海軍大將或中將擔任，總督在其管轄之內，擁有統率陸海軍，以及總理行政、立法、司法等大權）②、「民政局官制」（規定臺灣總督府民政局各課業務，為實際施政的機構）③、「臺灣總督府地方官官制」（把臺灣分為三縣一廳十二支廳，各設地方行政機關）④、「拓殖務省官制」（規定臺灣總督的一切施政，受中央的拓殖務大臣監督和指揮）⑤、「臺灣總督府評議會章程」（臺灣總督發佈的法令，需要先經過評議會的商討，後經拓殖務大臣和內閣的審查才能生效）⑥，

---

①『臺灣總督府警察沿革誌』第一編，頁二二四—五。
②同上書，頁七一—二。
③同上書，頁七四—八。
④同上書，頁三五三—六。
⑤同上書，頁二七二—三。
⑥同上書，頁二二五—六。

以及本節所要討論的「撫墾署官制」。

四月一日日本政府以敕令第九十三號公佈「臺灣總督府撫墾署官制」，該令乃是在臺灣總督府行政法令上，明確地把「蕃人」居住的「蕃地」劃為特殊行政區，而與漢人所居住的普通行政區分開，決定由撫墾署來治理「蕃人」「蕃地」。這是臺灣總督府剛接管臺灣而施政就緒時，繼承清代洋務派官僚沈葆楨和劉銘傳的「開山撫番」政策，更進一步訂立「蕃地」即「官有地」（國有地）的法制原則，為治理「野蠻」民族的法律根據，積極地謀求以「撫墾署」為中心的綜合性山地開發。樺山總督在上內閣總理大臣「撫墾署特設」之文書中，對清代的「撫墾局」表示相當良好的評價，認為日方可以繼承效法。他認為「以赤誠守信義，撫育無誤法，使歸順蕃民服從，絕非難事也」⑦。

此新公佈的「撫墾署官制」（共八條），署內僅設有庶務係（股）與會計係（股）二股而已，其組織結構與清代的「撫墾局」頗為類似。這顯示日本當局抄襲了舊制，將「局」改編為「署」，在名稱上稍加「近代化」而已。試以清代「撫墾局」與臺灣總督府「撫墾署」，作比較。

一八八六年（清光緒十二年）的「撫墾局」，編制為：

總辦一名：官為三品，置於總局，總理一切局務。

---

⑦『理蕃誌稿』第一編，頁一〇。

（表一）　一八九六年制定的臺灣總督府組織

總督
- 總督官房
- 民政局長
  - 總務部長—秘書課、文書課、外事課、衛生課
  - 內務部長—庶務課、警保課、監獄課
  - 殖產部長—農商課、拓殖課、林務課、鑛務課
  - 財務部長—租稅課、關稅課、經理課、監督課、調查課
  - 法務部長—刑事課、民事課
  - 學務部長—教務課、編纂課
  - 通信部長—內信課、外信課、為替貯金課、電信課、工務課、海事課、計算課
  - 撫墾署—庶務係、會計係（理蕃機構，至一八九八年六月）
- 軍務局長

委員一名：相當於七品官，多由營官兼之，置於各局，掌管撫墾事務。

幕友　總局四名
　　　屬　二名：審議計劃撫墾事宜。

司事四名：從事局內之庶務會計。

通事二至十餘名：掌理對蕃人之通譯。

局勇四至八名：司掌防遏蕃害，保護墾民等事，並在各區域內監督隘務。

醫生：從事蕃人及墾民之醫療。⑧

而臺灣總督府「撫墾署」的編制為：

主　事：八人，奏任。

技　手：二十二人，判任。

主事補：二十二人，判任。

通譯生：十一人，判任。⑨

「主事」為各撫墾署之長，受民政局長的指揮和監督，管理一切署中事務（第三條），等於清代「撫墾局」的「委員」。而相當於清代撫墾局「總辦」的，則為現任的民政局長。「技手」是受署長的指揮經理署務（第四條），等於清代的「幕友」。「主事補」等於「司事」，「通譯生」等於「通事」。至於清代的「局勇」「醫生」在新的「撫墾署」中不設名額，而包含在第一條之二「掌管蕃人之撫育、授產、取締」中。因為簡易的醫療事務，可由各署員兼任，不必花錢

⑧伊能嘉矩『臺灣蕃政志』卷下（臺北，臺灣總督府民政部殖產局，一九〇四年）頁一六七。臺灣省文獻委員會編『臺灣省通志』卷八（同冑志）第四冊（臺北，一九六八年）頁一〇二。

⑨『理蕃誌稿』第一編，頁一一。

另請醫生，頗節省經費。當樺山總督遞「撫墾署設立之稟議」給中央政府時，還編了「巡查」的經費：

每署置巡查約二十名，一方面施恩惠，一方面示威力，漸次使蕃民歸順。其費用概算起來，在該署創立之第一年為二十三萬六千八百七十一圓八十一錢（其中巡查費用佔十一萬一千一百八十一圓二十八錢），第二年以後因省去創辦費、器具器械費等，需要二十一萬八千七百九十九圓十錢。⑩

樺山原先的建議是：「每署置巡查約二十名」，後來在制定「撫墾署官制」的過程中被刪除。一般評論這是因為當時偏重於綏撫的「理想」⑪，但實際上是被「現實」所迫，總督府當時正忙於應付平地漢人的武裝抗日運動，在三縣一廳十二支廳之下的警察署及其分署，尚非常缺乏名額的狀況⑫下，中央政府哪裡還有餘力為山地的撫墾署設置警察呢？於是山地秩序的維持，在制度上是由署員來擔任，但在實際上則受陸軍守備隊和憲兵隊的保護。六月三日總督府立見軍務局

⑩同上。
⑪同上書，頁二五。
⑫當時鼠疫等疾病相當嚴重，為彌補警力不足，採用臨時雇員。『臺灣總督府警察沿革誌』第一編，頁四六四、七〇三。

長，為此特別通告各部隊協助撫墾署維持「蕃地」和「蕃人」的秩序。⑬

再則，如果將清代「撫墾局」和「腦務局」，及日本「撫墾署」的管轄區域做一比較，即可更容易瞭解日本當局沿襲清代所遺留下的成果來接替的一面。

（表二）清代的「撫墾局」「腦務局」和日據時期的「撫墾署」對照表⑭

《清代的「撫墾局」》	《清代的「腦務局」》	《日據時期的「撫墾署」》
大嵙崁撫墾局（總局）	大嵙崁腦務總局	大嵙崁撫墾署
雙溪分局	三角湧分局	五指山撫墾署
三角湧分局	雙溪分局	南庄撫墾署
咸菜甕分局	南庄分局	大湖撫墾署
五指山分局	彰化腦務總局	東勢角撫墾署

⑬『陸軍幕僚歷史草案』第二卷，頁一五九。
⑭『理蕃誌稿』第一編，頁一二。『臺灣蕃政志』卷下，頁二六五—六、二七四—五。『臺灣省通志』卷八（同冑志）第四冊，頁一〇一—二。

南庄分局
東勢角撫墾局
大湖分局
馬鞍龍分局（光緒十四年廢）
大茅埔分局（光緒十四年新設）
水長流分局（光緒十四年新設）
北港分局（光緒十四年新設）
埔里社撫墾局
蜈蚣崙分局
木屐蘭分局
八里沙撫墾局
阿里史分局
蘇澳分局
林圯埔撫墾局
蕃薯寮撫墾局
隘寮分局

大湖分局
罩蘭分局
埔里社分局
集集街分局
恆春腦務局
宜蘭腦務局

埔里社撫墾署
八里沙撫墾署
林圯埔撫墾署
蕃薯寮撫墾署
恆春撫墾署
臺東撫墾署

枋寮分局		
恆春撫墾局		
臺東撫墾局		
璞石閣分局		
花蓮港分局		

（表三）日據時期的「撫墾署」位置與管轄區域⑮

名稱	位置	管轄區域
叭哩沙撫墾	叭哩沙	宜蘭支廳管轄
大嵙崁撫墾署	大嵙崁	臺北縣直轄及基隆淡水兩支廳管轄
五指山撫墾署	五指山	西南以紅毛河藤坪河為限 東北以新竹支廳管轄界為限

⑮『理蕃誌稿』第一編，頁一二。王世慶「日據初期臺灣撫墾署始末」有詳細論述各署所作的業務情況（『臺灣文獻』第三十八卷第一期，臺中，臺灣省文獻委員會，一九八七年）頁二二一。

南庄撫墾署	南庄	（西南以新打支廳管轄界為限 東北以紅毛河藤坪河為限）
林圮埔撫墾署	林圮埔	雲林嘉義兩支廳管轄
大湖撫墾署	大湖	苗栗支廳管轄
東勢撫墾署	東勢角	臺中縣直轄及鹿港支廳管轄
恆春撫墾署	恆春	恆春支廳管轄
埔里社撫墾署	埔里社	埔里社支廳管轄
蕃薯寮撫墾署	蕃薯寮	臺南縣直轄及鳳山支廳管轄
臺東撫墾署	臺東	臺東支廳管轄

清代的總局大嵙崁撫墾局及其五分局，由臺灣總督府統合整理為大嵙崁、五指山、南庄的三撫墾署。另外，東勢角撫墾局及其四分局，則分屬為大湖和東勢的二撫墾署。其他也經過統合和

整理，總共設置十一署，分別從六月到八月陸續成立⑯。因為官制的制定在先，而後在五月依府令第十二號，決定撫墾署的名稱和位置。到了六月才內定了各管轄區域，所以出任為撫墾署長的「主事」，起先只任命八人，其餘三個名額，是先由他職者代理。各撫墾署所管轄的「蕃地」，多是「蕃人」擁有刀槍武裝的危險地區，故歷任署長大致上是由軍人來擔任。⑰

那麼，所謂「撫墾」是指什麼？其功能何在？

清代的「撫墾局」除了上述那些局員之外，還有「番婆」「教讀」「教耕」「剃頭匠」，並且發給各社頭目「口糧銀」。

> 在每一區域，置番婆，以與番人接待對應（此番婆主要是從嫁給中國人之中選取）。番人如出山來局，則以酒食饗之。在二、三區域，置教讀及教耕，一為義學，而任番童之教育，一為給番人方便而教授耕作法。又各社酋長即頭目，或給一定額之口糧銀。亦即，在二區的地域，每年發給一次，支給額和金品不定。在三區的地域，在每年四季，每人發給二兩以上至十餘兩不等。又在每三區的地域，依舊例置剃頭匠，頭髮依清俗結辮者，每年發給剃頭錢二兩。⑱

---

⑯『理蕃誌稿』第一編，頁二二。

⑰同上書，頁一二五—七。

⑱『臺灣蕃政志』卷下，頁二六七。『臺灣省通志』卷八（同胄志）第四冊，頁一〇二。

清代特別是一八七四年日軍侵臺攻入牡丹社事件後在臺推動洋務運動的沈葆楨、劉銘傳「開山撫番」政策以後所設立的「撫墾局」乃是安撫「生蕃」的機關，促使其薙髮投誠，並誘以厚犒，教化為「化蕃」（熟蕃）。其綏撫成功的例子，在北部有南庄的賽夏族⑲。然而像泰雅族等「生蕃」為了有效地達成「撫蕃」的目的，中路撫民理番同知王九齡，曾提出「埔里社撫番章程八條」，其中第七、八條規定如下：

第七條　禁民私換以杜濟番也。查火藥軍裝，以及食鹽等項，均為番所最利之物，故其視若性命。為今之計，惟有禁民私換，所以絜其要領，而制其不敢再叛，莫善於此。現在番既歸順，常在社寮棲宿，故由卑職責成通事，常川住社照料，如遇番貨出山，只准在寮由通事公平交易。所有軍裝火藥，概行禁絕，固不准私自偷換，即食鹽為其所必需，亦不准任意濫換。每一番准換二三帽之鹽，多則違禁，他人亦不得擅自交易，所以使其鹽不足，則該番不敢遽行背叛理。經卑職出示嚴禁。如遇不肖奸民，一味貪圖漁利，敢將火藥軍裝以及食鹽等項，私自偷換，一經覺察，人則嚴拿到案，照例嚴辦，貨則追沒入官，充為撫番經費。必使弊風清，民番相安，則是永無再叛之事也。

---

⑲『臺灣樟腦專賣志』，頁三〇—一。

第八條　酌派番丁教其工作也。查生番，居內山之中，始如初闢之民。現在雖知耕織，究不專事營生，惟以打鹿為業，如非打鹿之期，又以殺人為技藝。推原其故，皆係愚蠢性成兇悍固習，故恬不知恥。刻下番既投誠，難容再行出草，但欲制其不出殺人，而其習慣自然，一時難破其性，必須教化兼施，恩威並用之外，尚須別置一法。或開道路，或築河工，使其勞困異常，筋疲力盡，則於夜間無暇出草。況於工作之際，每社擬派番丁一二人，安插營內，別選通事二名，由其帶同，教令工作衣食言語耕稼儀節，隨時可以開導。日則做工，夜宿營內，分派各棚，以免生端。其生番飯食工錢，酌照從前舊章支給，每屆十日一換，以均勞逸，庶各番社觀感，自必日就親近，聲氣相通，不唯與時俱化。⑳

禁止軍火，控制食鹽，並且以苦工來消耗「生蕃」的體力，兼採強硬措施，使其化為再也不能背叛的「化番」。臺灣總督府當局，豈可不繼承清代這種很有效果的「撫墾」法？

臺灣總督府撫墾署的業務為：

㈠蕃人的撫育、授產、取締

㈡蕃地的開墾

⑳『臺灣蕃政志』卷下，頁二七二—三。『臺灣省通志』卷八（同冑志）第四冊，頁一〇二—四。

㈢山林和樟腦製造㉑

其中第一項目有關「蕃人的撫育、授產」和第二項目「蕃地的開墾」，等於是清代「撫墾局」的「撫蕃」和「招墾」事務。因為清代「撫墾局」之外另設「腦務局」來專管樟腦製造業務，兩局並立而成「蕃政」機構。臺灣總督府把清代「腦務局」廢止，合併於撫墾署第三項目業務之中。「腦務局」下的「隘勇制」為擔任保護樟腦製造業的「防蕃」措施，雖然消極的「防蕃」和積極的「取締」不同，但臺灣總督府把警備業務也納入於撫墾署第一項目當中。而第三項目中的有關「山林」業務，清代當時並沒有類似山林整體規劃的觀念，可以說這是日據時期「理蕃」政策裡的另一個重要特色。

撫墾署，從其名稱、組織結構、管轄區域分配，及其主要業務來看，確實有沿襲清代遺制而繼承清代「蕃政」成果的一面，但是再從主管撫墾署的民政局殖產部長所遞送給各署長的「撫墾署長心得要項」、「撫墾署長執務上所應注意事項」來具體分析，可以發覺臺灣總督府對撫墾署的構想，與清代有不同的一面。

六月臺灣總督府公佈了「撫墾署處務規程」（共十八條），規定署長的權限範圍以及署員的事務細則㉒。撫墾署長是統理署內一切業務，且上對民政局長負責（第一條）；署長自定「署內

㉑『理蕃誌稿』第一編，頁一一。

處務細則」後呈報獲准施行（第四條）；每件土木工程五十圓以上及採購三十圓以上、雇用月薪十二圓以上的雇員等時，非經上級許可才能支出（第五條、十一條）；署內設庶務掛和會計掛二股（第二條）；庶務掛處理會計以外的山林、蕃民及雜務（第三條）；庶務掛備設「撫墾署日記簿」，摘記每天的重要署務和天候（第十五條）；署長則每月報告署務（第十七條）等。

然而當時實際與「撫墾」有密切關係的主管山林經營有關的民政局殖產部長，也同時發表「撫墾署長心得要項」（共十三項）㉓，及「撫墾署長執務上所應注意事項」（共十一項）㉔。「撫墾署長心得要項」為：㈠與地方廳之間的交涉，㈡蕃民撫育，㈢物品交易，㈣日本人、清國人出入蕃地，㈤外國人事務，㈥蕃民的鎗器，㈦殖民地選定，㈧蕃社名、戶口、風俗之調查，㈨通事，㈩樟腦製造，⑪伐木植林，⑫森林之所有，⑬山林火災之取締等，指示處理要點方策。「撫墾署長執務上所應注意事項」則主要是針對「蕃民撫育」方面指示更為詳細的方策。

依殖產部長的二份指示，其宗旨可分為四大類：一為處理「蕃人」的方針，二為樟腦製造業，三為森林，四為日本人移殖的四大問題。其中，處理「蕃人」和樟腦製造，為當前最重要的撫墾

㉒同上書，頁二〇—二一。
㉓同上書，頁一三—二〇。
㉔同上書，頁二二—二五。

署業務。因為「蕃人」和樟樹有分不開的密切關係，而且樟腦製造的稅收，在臺灣總督府的財政收入當中，已成為非常重要的財源之一。

根據清代腦務局統計，每個月所收的灶稅和釐金，共計有五萬五千一百八十六元七十八錢三厘，一年總計六十六萬二千二百四十一元三十九錢六厘㉕。當時由淡水港輸出的產品中，樟腦的出口額僅次於茶葉㉖，要是處理「蕃人」不當而出問題，樟腦製造也得停止。自清光緒十七年（一八九一年）十月至十八年（一八九二年）八月，香港市場沒有臺產樟腦的紀錄，這是因為有「生蕃」糾紛的緣故㉗。所以「蕃人」的處理問題非慎重不可。

依殖產部長的指示，各撫墾署的第一件任務，是通知「蕃人」日本已經征服了清國而割據臺灣，日本的天皇和新設的撫墾署，會照顧「蕃人」，調節漢「蕃」糾紛，所以不得殺人㉘。

為了日本的政權早日滲透「蕃地」，一方面利用漢人通事或商人，發給這些舊業者交易特許狀，以牌照制度來禁止新業者任意混入物品交易，控制漢「蕃」的接觸和交易，以收禁售鎗之效㉙；另一方面增加日「蕃」接觸，以增進「蕃人」對日本人的忠誠心。除惠與酒食布煙犒賞，又

㉕『臺灣產業調查錄』，頁一六二—三。
㉖『日本據臺初期重要檔案』，頁一六九。
㉗『臺灣產業調查錄』，頁一六四—五。
㉘『理蕃誌稿』第一編，頁一四—五。
㉙同上書，頁一五—六。

教化「蕃人」，使其熟悉耕織及農林物的加工，或從事山路的開鑿等，改變其謀生的方式㉚。撫墾署則乘機派人深入「蕃社」，調查人口、風俗㉛，以備決策單位參考，制定長久性的「蕃人」撫育政策。

這時撫墾署處理「蕃人」方針，可以說是一種過渡時期的暫定措施。因為當時對「蕃人」「蕃地」的情況尚未能完全把握，而無法制定一套完整的「理蕃」政策，所以撫墾署的功能中，還具有類似「蕃人」「蕃地」的調查機構的性質。

「撫墾署長執務上所應注意事項」的第一條，就是挑選署員學習「蕃語」，培養翻譯人才，以準備淘汰漢人通事㉜，如此則可以真正地達成日本人直接控制「蕃人」的目的。然而蕃人如果犯罪又如何處理呢？殖產部長在第二條和第十條分別指示，對野蠻民族要採取「臨機應變，而講求種種手段」㉝，「鑑於目前的狀況，對蕃人的砍頭殺人出草等犯罪，難以刑罰來制服，寧可由撫墾署加以嚴格的訓戒」㉞。可見撫墾署的事務之中雖然有「取締」項目，但是缺「局勇」（隘

㉚同上書，頁一三—四。
㉛同上書，頁一七。
㉜同上書，頁二三。
㉝同上。
㉞同上書，頁二四。

勇）或「巡查」的情況下，實際上獨缺「制裁」的功能。這是後來引起「撫墾署廢止論」，並加強對「兇蕃」採取「取締」「制裁」論的主要原因。

然而當時設立撫墾署的最重要任務，並不在於對「蕃人的撫育、授產、取締」，而是在於對樟腦製造業方面的「取締」上。換言之，撫墾署遵照「官有林野及樟腦製造業取締規則」（日令二十七號），執行「取締」漢人未經日方許可而從事樟腦製造業者。

根據「官有林野及樟腦製造業取締規則」，凡是從事樟腦製造業者，必須在此法令公佈之三十天之內（即一八九五年十一月三十日為止）提出確實的證據，重新申請領取牌照，不然即被取消資格㉟。所謂「確實的證據」，是指臺灣樟務硫磺總局、撫墾局、樟腦稽查局以及其他清朝衙門所發行的許可證，才算是確實有效的證據㊱。當時受漢人武裝抗日運動影響，此取締規則無法如願按時實施，只好延期到一八九五年十二月二十日，後來再延至一八九六年二月二十八日。在此期間所收到的申請書共有六十六件，其中符合規定標準而重新被認可的僅三十七件而已㊲。鑑於安撫漢人業者和財政稅收的增加，一八九六年七月二十日發佈府令十四號「樟腦製造申請方

㉟『臺灣樟腦專賣志』，頁二二。
㊱同上。
㊲同上。

案」，殖產部長決定再延至八月三十一日，同時把送審的單位，由地方廳轉移到撫墾署，並且指示盡量放寬審查標準㊳。

撫墾署所以重視樟腦製造業務的原因，除了上述資源保護，日人業者「殖產興業」，財政收入等因素以外，還有涉及「外商」問題，使得日方特別慎重其事。殖產部長向各撫墾署長特別指示說：

在樟腦製造地，有外國人進入從事營業者。當處理掉這些外商時，如失其宜遂在外交上引起糾紛關係，要慎重周到毫無錯誤。故除極普遍之事項以外，一概應請示訓令。政府雖不承認外國人之樟腦製造權，但從來以中國人之名義，得中國政府之許可，而既已從事製造者，我政府亦期許可之。又外國人進入內地收買樟腦時，目前應將其旨仰請訓令，暫依從來的方式給與方便，並將此事通知外國領事。撫墾署此際應特別體諒其意，有關外國人之事項，應逐一報告不可懈怠㊴。

日本當局對西洋「外商」深怕引發外交糾紛，尚且暫以寬容給與方便為原則處理。相反地，面對漢人業主時雖然考量引發抗日運動等負面影響，但原則上仍舊保留「依法取締」的精神實行，

㊳同上書，頁二四—六。『理蕃誌稿』第一編，頁二九。
㊴『理蕃誌稿』第一編，頁一六。

談不上什麼道義或既得權利的保障。

撫墾署處理「蕃人」和樟腦製造等問題，雖然棘手卻是當前的重要課題，但是這些還有清朝的前例可循。至於「山林」的問題，則關係到臺灣總督府整個「蕃地」開發事業的成敗，而缺乏清代的具體資料以供參考，非經過實地勘察和周密調查，才能做成較正確而又有價值的基本資料，以供決策之用。例如，選定何處為適合日本移民墾殖之地，樟樹等天然森林資源如何保護，如何造林，以及將來如何處置「蕃人」的「蕃政」措施等，無不與「山林」問題有密切關係。

不過，當時日本當局對山林問題乃是從實際需求的觀點出發著手研究對策。亦即當時面臨的問題，是如何減少從福州輸入建材，而在臺灣開闢建材來源，以達成日月增加的土木建設或鐵路建築等所需木材的自給率㊵。

既然撫墾署為管理「蕃地」（山地）的地方行政單位，當然「山林」調查事業也應該包括在其署務之內。然而，在總督府民政局殖產部之內，有關一般撫墾的業務由拓殖課主管，而有關山林問題則由林務課掌管㊶。一八九六年十一月制定的「森林調查內規」㊷，是臺灣總督府發動國

㊵『殖產報文』第二卷第二冊（臺北，臺灣總督府民政局殖產課，一八九九年），頁六、九。
㊶『臺灣林業史』第一卷（臺北，臺灣總督府殖產局，一九一七年），頁二九。
㊷同上書，頁三〇。

家權力，對臺灣所有的「森林」（即包括「蕃地」、漢人所有森林）從事調查的開端。這是由林務課負責推動，撫墾署則只不過是協助或周旋、排解與安撫「蕃人」，以便順利進行調查事業。

總之，撫墾署是日本的臺灣總督府開辦「民政」、實施殖民地統治於「蕃地」時，因尚未奠定明確的「蕃人」、「蕃地」統合政策，故一方面沿襲清代撫墾局的模式，但另一方面又為了積極地推行日本政權之早日浸透「蕃人」、「蕃地」的暫時措施。因此，在表面上呈現為一種過渡時期「綏撫」機構的特色，但其內涵有一貫精神存在，即為日本人在「蕃地」經濟利益的保護，特別地扮演了專辦「樟腦製造業務」機構的角色。根據日令二十六號「蕃地＝無主地＝國有地」的法令公佈之後，樟腦製造業者進入「蕃地」採伐樟木時，再也不需要與「蕃人」商討和協議付給酬金。對臺灣原住民來說，這是祖先傳下來的領土，遭異族的任意侵犯。一八九六年末以後，在宜蘭、臺北等地頻頻發生「蕃人」出草獵取人頭的事件，並非偶然的。這乃是臺灣原住民對其領土受到任意侵犯的一種反抗。

第三節　「綏撫」和「取締」政策間的爭論

一八九六年六月二日樺山資紀總督辭職，由陸軍中將桂太郎接任第二任臺灣總督（任期一八九六年六月二日—十月十四日）。長州出身的桂太郎，為當時難得的精通東西而有遠見的軍事政略家。他在駐德國公使館當武官時，曾專心研究軍事行政，回國之後在參謀本部主持管西局，擔任日本中南部及朝鮮、中國沿海地區的軍事地理和政史研究，並曾親自赴中國大陸視察華北地區，也到歐洲各國作軍事考察。當時日本政府剛公佈臺灣總督府條例等有關殖民地統治的法令，正邁進殖民地經營的初步階段，要借重桂太郎到歐洲留學的才幹，以桂太郎的身分出任臺灣總督，顯示日本當局顧慮其在國際間的聲譽，並表明其對經營臺灣有相當的信心。在十九世紀末，日本受西洋列強圍堵而遭「三國干涉」，不得不放棄遼東半島之後，日本的國防政策暫後退為「北守南進」，即將臺灣當作「南進」華南並發展到南洋等地區的基地。由陸軍的桂太郎出任臺灣總督，也顯示日本陸軍「南進」論的抬頭。①

當桂太郎赴任時，內閣總理大臣伊藤博文、海軍大臣西鄉從道、衛生局長後藤新平，也與新

---

①德富豬一郎編述『公爵桂太郎傳』乾卷（東京，故桂公爵記念事業會，一九一七年）頁七〇六、七一二。

任總督同行到臺灣。他們於六月十二日抵達基隆之後，到臺北和新竹地方參觀，二十一日經打狗（高雄）、澎湖抵達廈門，七月二日回到日本。根據桂太郎回國後撰寫給伊藤首相的「治臺意見書」，認為當前最要緊的工作為確保福建省，經營廈門，來鞏固此南進基地臺灣。桂太郎是反應陸軍的南進論，把臺灣的殖民地經營，當作國防政策的一環加以評估。因此，桂太郎對臺灣殖民地的經營，以國防政策為優先，資源的開發置於其次②。他認為臺灣目前還沒有具備經濟殖民地的條件，特別是治安尚未獲得安寧，哪有工夫來談資源的開發或產業的興辦③？就任不久，他獲知一八九六年六月「雲林大屠殺事件」，日軍以殺光、燒光鎮壓漢人武裝抗日運動④而遭受國際抨擊時⑤，即於七月十一日發動總督的委任立法權，公佈緊急律令第二號「臺灣總督府臨時法院條例」⑥，十月一日又公佈了律令第七號「犯罪即決令」⑦，企圖以「法治」掩飾日軍的殺戮行

②同上書，頁七〇七—七一三。
③同上書，頁七一三。
④『雲林、六甲等抗日事件有關檔案』（臺中，臺灣省文獻委員會，一九七八年）頁七—八七。『臺灣前期武裝抗日運動有關檔案』（臺中，臺灣省文獻委員會，一九七七年）頁一八〇、一八一、一九五—六。
⑤『臺灣前期武裝抗日運動有關檔案』，頁一八六—一九三。
⑥同上書，頁二四一—六。臺灣總督府警務局編『臺灣總督府警察沿革誌』第二編領臺以後の治安狀況（下卷）司法警察及犯罪即決の變遷史（臺北，臺灣總督府警務局，一九四二年）頁四三—四。
⑦『臺灣總督府警察沿革誌』第二編（下卷），頁三二六。

為。

桂太郎實行「嚴命刑罰，以示威信」⑧的統治方針。他在短短的四個月任職期間，雖然並未發表任何有關「理蕃」的措施，但是他的這種威壓政策，甚至強調「嚴命刑罰」的指示，影響了其後在臺灣總督府的「蕃政」方針。

第三任臺灣總督是陸軍中將乃木希典，他於一八九六年十月十四日就職，一八九八年二月二十六日離職，任期約一年四個月。乃木曾經於一八九五年日本接管臺灣時，率領第二師團，參加南進軍，從恆春進攻，擊潰鳳山、臺南地區的抗日義軍，使劉永福失敗，潛返中國大陸⑨。「南進軍」解散後，乃木仍繼續駐紮於臺南地區，展開搜捕潛伏各地的抗日份子⑩。其後回國耽擱了半年，即奉命出任臺灣總督。因此他可以說比前兩任臺灣總督更瞭解臺灣內情。

乃木接任臺灣總督的時期，日軍到處殺戮無辜的臺民，民不聊生，社會經濟混亂，加上鼠疫蔓延，人心浮動，確實是一個大動亂的時期。

日軍稱抗日的漢人為「土匪」，抗日份子居住的村莊為「土匪村」，軍隊一出動就展開掃蕩

⑧『臺灣歷代總督之治績』，頁六六。
⑨『陸軍幕僚歷史草案』第一卷，頁五六。『明治二十八年臺灣平定記』頁一五六—一七七。
⑩『臺灣前期武裝抗日運動有關檔案』，頁一五五—七。『陸軍幕僚歷史草案』第一卷，頁八三。

政策，反而使得多數馴良的人民，在家破人亡的悲憤之下，陸續投入抗日的行列，引起更堅強而廣大的抗日運動。但日軍認為，守備隊如果寬容和招撫，反而會惹起漢人的輕視和反抗⑪。

乃木性情堅強，是一位典型的日本軍人。他以日本軍人剛毅不拔的意志，決定堅強地掃蕩各地的抗日義軍。特別是他看到雲林以柯鐵為首的中部抗日集團聲勢浩大，甚為強悍，內心因痛感軍人未盡鎮壓的職責而憤怒⑫，於是不惜任何犧牲，於一八九六年十二月發動軍事攻擊。經過約一個月的激烈戰鬥，日軍戰死一百多人。一八九七年一月終於佔領柯鐵在雲林太平頂的根據地，迫使中部的抗日份子逃亡深山⑬。

漢人抗日份子潛逃深山，有將抗日運動擴及「蕃地」之危險，更值得憂慮的是影響「蕃人」的情緒，頻頻引發「蕃人」的出草殺人事件。如恆春撫墾署內排灣族阿乳芒社與臺灣守備混成第三旅團之間發生出草殺人事件與相互的交戰，是因為排灣族人認為日軍施設電線導致族內瘟疫的傳染，而與抗日份子林少貓的部下盧陳聯合發動抗日運動。對日本人來說，排灣族人所發動的切斷電線與殺日本人擄頭方式的抵抗，出自於頑強的迷信，是野蠻的行為。日方得知恆春排灣族十

---

⑪『臺灣前期武裝抗日運動有關檔案』，頁一九〇、一九二—三、二三八—二四〇。

⑫『臺灣南部武力抗日人士誘降檔案』第一冊（臺中，臺灣省文獻委員會，一九七八年）頁一三七。

⑬『陸軍幕僚歷史草案』第二卷，頁一〇二—五。

八社全部參與該抗日運動，但採取分離手段，先安撫十六社後，對不願與日方妥協的三社發動懲罰性的軍事活動。又如從臺東卑南社傳出受漢人煽動釀成抗日情緒密報時，日方趕緊派駐憲兵隊作鎮。乃木深恐漢「蕃」聯合攜手抗日，故對漢人的武裝抗日運動，採取「嚴命刑罰」的鎮壓政策，但是對「蕃人」，仍採取偏重「綏撫」的「撫育授產」政策。乃木於一八九六年十月，為刷新撫墾署業務而提出的方針共有六項：

㈠蕃人鎖國封閉性的想法之矯正，

㈡蕃人殺人之嚴禁，

㈢蕃人迷信之攪破，

㈣蕃人之授產、衣食住之改良及其智能之啟發，

㈤蕃地之踏查及交通，

㈥蕃地開墾及森林產物之利用等⑭。

其中，關於乃木所提的方針第五項「蕃地之踏查及交通」，是基於國防和治安的觀點，認為道路的開鑿和興建鐵路等交通建設是軍政要務⑮，由「踏查」的實際足踏勘察地理民情，能使原

⑭『理蕃誌稿』第一編，頁二九。

⑮『陸軍幕僚歷史草案』第二卷，頁九四—五。

為不明不白的黑暗地區漸趨明朗化，有助於臺灣總督府掌握總體規劃施政。踏查的探險及交通的建設，雖然也列入撫墾署業務之一，但是實際上乃是日軍負擔起任務。道路的開闢，軍方以工兵隊負責；鐵路線的勘察也由陸軍臨時鐵道隊（一八九六年四月七日組成）開始著手；測量則由陸軍測量隊隨著各地守備隊的軍事活動展開，於一八九六年二月已經完成「平地」部分的測量⑯，而再往「蕃地」和臺灣四周島嶼著手測量；九月下令各守備隊準備製造二萬分之一的地圖⑰。全臺製圖的完成，於一八九七年六月中由參謀總長向天皇御前會議報告。六月二十八日天皇命臺灣最高山峰稱為「新高山」，於七月六日拓殖省告示第六號公佈。

探險隊的派遣，除了於一八九七年三月紅頭嶼探險隊共有一百零三人，其中還邀請美籍記者大衛生（J. W. Davidson）等，組成龐大的團隊外⑱，其餘的規模較小，因為主要目的在尋找交通路線，特別是為興建四通八達的鐵路網而遣隊調查，所以要特別注意避免引起「蕃人」的猜疑。軍方在一八九六年十二月到一八九七年五月之間所組成的探險隊，多僅有成員一、二十名，規模甚小。這六支探險隊，其中一隊用來勘察西部縱貫鐵路線⑲，其他六隊都屬於越過「蕃地」的東

⑯同上書，頁一九。
⑰同上書，頁八三。
⑱『理蕃誌稿』第一編，頁八〇—一，二五〇—八。『陸軍幕僚歷史草案』第三卷（臺北，臺灣總督府陸軍幕僚，一九〇六年）頁一二、一七。

部縱貫鐵路線（宜蘭—花蓮港）⑳和東西橫貫鐵路線（新店屈尺—花蓮港新城㉑，埔里社—花蓮港㉒，集集—臺東㉓，恆春—臺東㉔，臺北—宜蘭㉕）的勘察。亦即六隊都是勘查通往東部花蓮平原的路線，這顯示乃木總督的「蕃政」重點仍在東部的「蕃地」。

臺灣總督府軍務局陸軍部原先計畫編成臺灣縱貫及東西橫貫鐵路線調查探險隊，北部線由泉參謀和笠川大辱的二隊進行；中部由深堀大尉和曾根大尉的二隊進行；南部由山根大辱組隊進行。一八九六年十二月十八日、中部探險隊受命編組第一探險隊和第二探險隊。根擬『陸軍幕僚歷史草案』，第一探險隊由隊長鯉登行文陸軍步兵大尉一行二十七人組成，於一八九七年一月二十八日從屈尺出發，往東南方向邁進，預期抵達新城或花蓮港，結果經烏來、リモカン、拉姑社

---

⑲『陸軍幕僚歷史草案』第三卷，頁二五。
⑳同上書，頁二。
㉑同上書，第二卷，頁一〇四—六。同上書，第三卷，頁二、九、一四、一五。
㉒同上書，第二卷，頁一〇四—六。同上書，第三卷，頁二、三、五、九，三—一五。『臺灣の蕃族』，頁六〇六—六一三。
㉓『陸軍幕僚歷史草案』第三卷，頁一。
㉔同上書，頁二。
㉕同上書，頁四〇。

後抵達宜蘭，三月一日回府，於六日復命報告，完成任務。但是第二探險隊原由埔里社出發不經過清代舊道而在中央山脈分水嶺上尋找往南抵達花蓮港路線，約四十天達成任務的計畫，遭受中央山脈地區的原住民的阻礙。

第二探險隊隊長深堀安一郎大尉一行十五人，於一八九七年三月一日從臺北出發，十五日抵達埔里社後經霧社，入中央山脈往花蓮港途中，在二月八日失蹤，經埔里社守備隊多方調查，才收回其遺留品，獲悉深堀大尉等於十一日在奇萊溪上遭殺害㉖，而這個地區是屬於「太魯閣蕃」的領域。當時埔里社守備隊方面，雖然已查出殺害深堀大尉一行者是霧社地區的原住民，但是剛好在東部「太魯閣蕃」的領域，發生抗日事件。花蓮港守備隊的新城分遣隊共十三人，在一八九六年十一月間，因挑剔婦女而惹起原住民的反感，被太魯閣的「蕃人」全部殺死㉗。軍方為顧慮在中部東西「蕃地」同時發生泰雅族聯合抗日情形，決定對霧社地區則採取安撫措施，而竟把深堀大尉殺害事件都算在「太魯閣蕃」身上，決定討伐「太魯閣蕃」。從一八九七年一月到三月之間，出動花蓮港的守備隊二中隊，守在基隆的步兵二大隊，砲兵工兵各一小隊，及砲艦一艘隨軍出動㉘。

㉖同上書，頁四一—二。
㉗『理蕃誌稿』第一編。頁三四。『陸軍幕僚歷史草案』第二卷，頁一〇六。
㉘『理蕃誌稿』第一編，頁三四—五。『陸軍幕僚歷史草案』第三卷，頁一、一二、一三。

並使阿美族六百人，組成討伐「太魯閣蕃」部隊，發動「以蕃制蕃」攻勢。結果，日軍不但沒有攻破「太魯閣蕃」，還被「蕃人」嬉笑，稱怯弱的日兵為「村田銃」㉙（村田氏鑄造的老式步槍）。日方因無法懲罰「太魯閣蕃」，反日情緒高昂的「霧社蕃」也難安撫，只好採取停止物品供應的「封鎖」措施㉚。然而，在花蓮港新城方面，日兵罹患瘧疾者頗多㉛，到五月也就取消「封鎖」而解散撤退其部隊了㉜。

臺灣總督府為了確保「蕃地」的安定，於一八九六年九月一日發佈「出入蕃地取締規則」，規定出入蕃地者必須先取得撫墾署長的許可，而此許可常不輕易發給漢人，但是日本實業家為「殖產興業」入山，則為特例，易得許可㉝。一八九七年六月，殖產部長向撫墾署長指示，為合法的樟腦製造業者提供更多的原料㉞，同時又指示嚴格地取締私自製造者㉟。根據一八九六年三月五

㉙『理蕃誌稿』第一編，頁三五。
㉚『陸軍幕僚歷史草案』第三卷，頁一三。生駒高常「霧社蕃騷擾事件調查復命書」（一九三〇年十一月二十八日）（戴國煇編著『臺灣霧社蜂起事件―研究と資料』東京，社會思想社，一九八一年）頁二六二。
㉛『陸軍幕僚歷史草案』第三卷，頁一、三、八。
㉜同上書，頁三八―九。
㉝『理蕃誌稿』第一編，頁二八。
㉞同上書，頁五五―六。
㉟同上書，頁五〇。

日「樟腦稅則」第七條的規定，樟腦製造業者准許將其製造牌照出租、買賣和轉讓㊱。這是為日本人打開方便之門，把樟腦製造的利益從漢人業者手中轉移到日本人手中的第一步措施㊲。然而侵犯「蕃人」「蕃地」的日本人愈多，被蕃民出草殺害者亦愈增加，為了保護日本業者的生命和財產，臺灣總督府當局才不得不重新檢討「蕃人」殺人事件的處理方法。實際上，撫墾署的重要業務在於管理樟腦製造業，策謀日人業者利益的增進。但是撫墾署獨缺「取締」功能，而其「綏撫」措施，也無法有效地開導「蕃人」或勸阻「蕃人」出草殺人，因而引起日人樟腦製造業者和治安當局的不滿，認為如此放任「蕃人」肆無忌憚地殺人，將嚴重地影響日本帝國的威信。

當時「蕃人」的出草殺人，不但在「蕃地」進行，甚至還成群結隊襲擊漢人居住的街莊㊳。然而「蕃人」在「蕃地」以外的一般行政區域內犯罪時，其行為根本沒有法律根據來加以處分。主管警政單位的民政局內務部長，於是在一八九六年六月向各警察署指示，警察應與守備隊和憲兵協調，嚴防「蕃人」下山犯罪㊴。

㊱『臺灣樟腦專賣志』，頁三七。
㊲根據專賣制施行前「樟腦許可表」，從一八九六年以後加入樟腦特許業的日本人，共六人。同上書，附錄，頁一—九。
㊳『陸軍幕僚歷史草案』第二卷，頁四八、五三、五七。同上書，第三卷，頁一一。
㊴『理蕃誌稿』第一編，頁二五。

對著警政單位的消極防患態度，樟腦製造業者要求更為積極的取締政策。例如在新竹縣管轄區內，日本人的樟腦製造業者連署向總督陳請：賦與撫墾署長對「蕃人」犯罪的即決處分權，指揮軍憲警和利用頭目「蕃丁」來搜捕犯人，並以連坐方法懲罰「蕃社」全體；對搜捕有功的「蕃人」給與恩賞等特別待遇；在撫墾署設「蕃兵訓練官」，以備將來編組「蕃人」為壯丁兵；在極需「防蕃」之處，可以編組「隘丁隊」；對鎗彈等武器，應特別嚴格管制。最後，業者們還表示願意提供各種「防蕃」經費，但是如果無法改善當前治安不良的狀況，導致業者陷於放棄營業等嚴重損失時，總督府經撫墾署的認定，應補償業者的損失。㊵

在全島管理「蕃人」「蕃地」的十一所撫墾署長，對於「以酒肉饗宴，賦與色絲、玻璃玉、色布，獎勵其就業而嚴戒殺害」的消極「綏撫」政策，也都有無力感，一致認為這種籠絡政策不但無效，反而引起更不良的後果，而紛紛提出改善撫墾署的業務和權限的意見㊶。然而在臺灣總督府之內，以殖產部長為代表的一派，重視「蕃地」的開發，主張以「蕃人」的教化來使其脫離野蠻未開發的狀況，並以擴張撫墾的權限來達成取締「蕃人」的目的㊷。

㊵同上書，頁六二—四。
㊶同上書，頁二三三。
㊷同上書，頁七六—七。

民政局殖產部長在一八九六年十一月，向各撫墾署長通知，為推行乃木總督「綏撫」為主的指示時，強調各署安撫的指示，先行「蕃人」的內情調查，以奠定今後的「蕃地」開發基礎，並提出其具體調查項目如次：

⑴蕃社的名稱，人口以及其增減。
⑵各蕃社之間的關係。
⑶蕃人住宅之間的距離以及其位置。
⑷通往蕃社的道路以及蕃社內道路的狀況。
⑸蕃人之間的階級區別，以及其互相之間的連鎖關係。
⑹蕃人生活的狀況（廚房用品、日常食物、各季穿著的衣服等）。
⑺蕃人的職業及其狀況（男女工作之別、打獵的種類、使用機具的種類等）。
⑻農耕的實況（耕作方法、農具的種類、農作物的種類、飼育的動物等）。
⑼蕃人鎗器的種類。
⑽彈藥供需的途徑。
⑾蕃人的疾病（疾病的種類、醫療習慣）。
⑿物品交換的狀況。
1.從事物品交易的人物及其人數。

2.交易品的名稱、用途、銷售及其價格。
3.交換所的位置，其與撫墾署之間的距離（附略圖）。
⒀蕃人寶物的種類及其名稱。
⒁有關蕃人殺人的原因。
⒂殺人累年的比較。
⒃蕃地的生產物。
⒄依日令二十六號而認可的開墾地的現況。
⒅有關隘丁之事。
⒆有關蕃租的起源、種類、蕃租定率、用途及納收方法等。
⒇有關從事蕃地的樟腦製造及其他事業，與蕃人訂契約關係（過去和現在）。
(21)蕃人對撫墾署的感想。
(22)宗教觀。
(23)對蕃人實施日語教習的意見。
(24)對蕃人實施撫育授產的意見。
1.給與蕃人農具種子等，並把蕃社集中在一所而設立共同開墾地，以及其位置的選定和施行辦法。

2.是否在蕃社內開辦出張所（支局），以實施物品的給與、子弟的教育、醫療及其他撫墾事務。

(25)有關蕃人之未來前途的意見。

(26)蕃地的山川名稱。

(27)蕃地地勢的略圖。

(28)收集天然物及土俗的標本。

(29)其他重要事項㊸。

從以上調查項目的眾多瑣細，可見撫墾署有兼作調查機關的性質。民政局長重視「蕃情調查」以及對「兇蕃」處分不依法嚴辦，僅以消極的「封鎖」或勸告頭目方式處理原則，剛好與乃木總督的經營「蕃地」以「綏撫」政策為主的方針一致。乃木總督於一八九七年四月二十一日召開「撫墾署長會議」商談有關「蕃政設施統一問題時，強調當前之務乃是「蕃語研究」與「蕃情調查」，而對延用清代隘制採取鎮壓措施，表示反對。乃木認為這違背「綏撫」政策，應逐漸撤去之。四月二十八日，乃木總督以「內訓」指示，總督府把「生蕃」的打獵視同其重要的生業，因此對擁有撫墾署長證明書的「營業者生蕃」和「非營業者生蕃」，一律可供應獵鎗火藥三百目、雷管五

㊸同上書，頁二九—三一。

百個以內數量的鎗砲火藥。撫墾署長則負責其交貨及統計每個月供應數量而向憲警報告。乃木總督堅持「綏撫」原則不變，於六月二十一日決定「生蕃內地觀光」，以達「綏撫」效果。

然而，「綏撫」政策的推展，不等於對「蕃地」開發而引發的「蕃害」會減少。七月民政局長向各地方長官下命收集土俗標本以利總督府內設立陳列館時，要求實施有關犯罪處分方面的舊慣調查，以利治罪法之研究。九月埔里社撫墾署長對有關供應鎗砲火爍一事，提出意見，認為該辦法可適用在「南蕃」（埔里社以南），不得適用「北蕃」，但僅對於前次參加「生蕃內地觀光」的頭目供應，可望有感化上的效果。「北蕃」樟腦利益地帶，當然是個危險地帶，大湖、新竹、苗栗、臺中等各地方首長紛紛主張嚴辦「兇蕃」或採用「隘制」以強化防禦的建議。於是以內務部長為代表的一派，則主張嚴格懲罰，認為「生蕃」的暴行不僅危害島內的治安，甚至有惹起外交問題的可能性㊹。內務部長所擔心的「外交問題」，是指當時仍留在島內從事樟腦製造業的外商㊺，他們的生命財產安全也必須加以保護。

內務部長於一八九七年九月提出「有關兇蕃取締要務」，共有三項：

第一　應組織蕃界警察。

㊹同上書，頁七二。
㊺『臺灣前期武裝抗日運動有關檔案』，頁二〇三——二一一。『臺灣樟腦專賣志』，頁四三——六。

對待蕃民固然不可以普通警察充之，若用隘勇、隘丁、或警吏等來組織特殊警察，則經費減少，並可防普通警察力之削減，而且悉知蕃民之性質習慣，在取締上來得方便。

第二　設定蕃民懲罰法，以舉膺懲之實。

對待蕃民固然不可以紀律行之，故應設定懲罰之法。

第三　撫墾署職制中第一條有關取締事項，應移為內務行政，屬內務部所管。如現行制度，僅止於蕃民之撫育及蕃地之開墾，則屬殖產部所管，尚無差錯。若組織蕃界警察，設定特別懲罰法，以勵行取締蕃民，其行政應脫離殖產部所管，而完全屬內務行政之一部分，故有必要加以修改之㊻。

於是，內務部亦草擬了「蕃界警察規則案」，以及「生蕃刑罰令案」，分別列舉於次：

蕃界警察規則案

第一條　蕃界警察以綏撫蕃民，兼預防其兇害，取締山林為目的。

第二條　蕃界警察署之位置及管轄區域，依縣知事廳長之具報，由總督定之。

第三條　蕃界警察署，置職員如左：

一、署長一人

㊻『理蕃誌稿』第一編，頁七三。

一、副署長一人
一、什長五人
一、警丁五十人

第四條　署長副署長以警部充之，什長以巡查充之。

署長承所屬長官之命，指揮監督署員。

副署長承署長之命，監督警丁、兼從事庶務。

第五條　蕃界警察署長及撫墾署長，得因方便而兼任。

第六條　警丁由熟蕃及北蕃之志願者當中選拔，巡邏查察蕃界。

第七條　警丁之俸給在一個月五圓以上，七圓以下之範圍內支給。

第八條　警丁之旅費，支給實際消費之全額。

第九條　警丁之被服，依另紙之樣式（樣式從略）㊼。

生蕃刑罰令

第一條　本令限適用於生蕃人之犯罪。

第二條　本令之刑，分為死刑及拘禁兩種。

㊼同上書，頁七四。

死刑為絞首。

拘禁為十一日以上，五年以下。

第三條　官吏執行其職務時，以暴行脅迫抗拒其官吏者，處三個月以上三年以下拘禁。

第四條　強奪囚徒，或以暴行脅迫助囚徒逃走者，處三個月以上三年以下拘禁。

第五條　不論何種目的，集合群眾、喧鬧官廳，強逼官吏或有其他暴行者，首魁處三年以上，五年以下拘禁，其他煽動助勢者，處五個月以上，四年以下拘禁，符合追隨者，處十一日以上七個月以下拘禁。

第六條　吸食鴉片煙者，處五個月以上二年以下拘禁。

第七條　在人之飲食用淨水，混入毒物或其他有害健康之物品者，處十一日以上二個月以下拘禁。因而使人致病者，處三個月以上三年以下拘禁。因而使人致死者，處死刑。

第八條　妨害陸路或水路者，處十一日以上二年以下拘禁。

第九條　毀損橋樑、鐵路、電信線及電信柱，或毀棄郵政物品者，處二年以上四年以下拘禁。

第十條　殺死人，或放火燒毀人所居住之家屋倉庫者，處死刑。

第十一條　毆打人而致創傷者，處十一日以上之拘禁；因而致廢疾者處二年以上五年以下拘禁；因而致死者，處死刑。

第十二條　竊取他人之財物者，處十一日以上二年以下拘禁；強取他人財物者，處二年以上四年以下拘禁。

附　則

第十三條　不抵觸本令者，適用帝國刑法之總則⑱。

「蕃界警察規則案」，可以說是以「蕃界警察署」的設置來代替撫墾署，而其業務則偏重於取締。換言之，這簡直是責難撫墾署為無能無用的廢物。「生蕃刑罰令案」是日本的統治史中，臺灣總督府內所擬的唯一有關處罰「生蕃」的法令，與一八九六年十一月律令第二十四號的「匪徒刑罰令」（匪徒乃指漢人的抗日份子）相同，以嚴刑峻罰為其立法精神。然而，內務部長的建議提出之後，遭受各撫墾署長的反對。其理由為，日本實施刑罰令時，必須有決心出動日軍掃蕩「蕃社」，否則「蕃人」會團結而堅決抵抗到底，甚至一直抵抗到「蕃社」全體死亡為止，因此刑罰令的實施定會刺激引發「蕃人」更激烈的抗日運動⑲。

殖產部長是反對「理蕃」政策專注於懲罰主義，認為偏於恩惠或偏於懲罰的兩極端政策，都無法達成駕馭「蕃人」的目的，必須以堅忍不拔的精神，在政策上「恩威並用」。因此，他建議撫墾署應擴大強化其「取締」的功能，在「蕃地」各要衝設立其「出張所」（撫墾分署或撫墾派

⑱同上書，頁七四—六。
⑲同上書，頁七八—八〇。

出所）㊿。殖產部長所建議的「取締」辦法如次：

蕃地取締方案

一、撫墾署之外，在各要所設立出張所，配置所長及所員，從事蕃人之撫育取締，樟腦業者、出入蕃地者、鎗器彈藥等之取締，以及其他一般事務。

二、預先劃定出張所負責區域，以擔任其區域內蕃人之取締，及與蕃地發生關係者之取締。

三、所長及所員基於撫蕃方針，在事情未發之前取締，其既已發生者，則以各種方法努力鎮撫之，如尚不能制止時，依時機施展正當防禦之手段，以保護良民。

四、前項之時際，若認為必須憲兵或警察官之派遣時，隨時請求之，以達其目的。

五、對蕃人之兇行者，不論其為現行犯或非現行犯，經過充分之調查後，使其適當地接受處分。其既已逃歸蕃地者，盡力搜查之，令酋長做適宜之處分，或將其身份引渡，執行適宜之處分。

六、在蕃地或與蕃人有關係而犯法律規則者，其現行犯立刻拘押交給憲兵或警察官，其非現行犯則告發之㉛。

經過九月二十二日和二十七日，由內務部、殖產部、財務部、法務部及軍方代表楠瀨中佐，

㊿同上書，頁七六—七。

㉛同上書，頁七七—八。

總督府大島參事官等所組成的「生蕃取締調查委員會」討論協議之後，乃木總督決定以下四項：

第一、蕃界警察署案依決議，將來不設置特殊警察。但為預防蕃人兇行，更增加警察費，擴張普通警察，依其必要，在蕃界或蕃界附近增設警察署分署派出所，尚可雇用化蕃或熟蕃，以充當專門預防蕃民兇行之事。

第二、蕃民之懲罰法，不另設定之。當然應適用現行之帝國刑法；但其現在有兇行者，應不失之寬宥，於該官吏在法律範圍之內，做臨機應變之處分。

第三、現行撫墾署，不變更其職別，照從前蕃民之取締由撫墾署執行。

第四、基於決議，警察官配置之方法、地點、警察官增加預定數等，各個詳細調查之後，由知事廳長具報㊾。

為了節約開銷，當時「取締」業務雖緊急擴大，但僅限於「蕃害」頻發的北部地區。臺北縣為憲兵管轄地區㊿，可以應付；實際擴張普通警察設施的地方為「蕃界」或「山腳接壤地區」，這是屬於新竹縣和宜蘭廳地方㊻。根據宜蘭廳長的報告，宜蘭、頭圍、利澤簡三警察署管轄區內，

㊾同上書，頁七六。
㊿『臺灣南部地區抗日份子名冊』第三冊（臺中，臺灣省文獻委員會，一九七八年）頁一五六。
㊻『臺灣總督府警察沿革誌』第一編，頁三八二。

十個派出所共派遣「巡查」（警員）七〇人，和「警丁」（補佐警員的一種雜工，由漢人或「熟蕃」充任）一五〇人，並從十一月十四日起實施⑮。新竹縣管轄區內，共採用警丁二五〇人，其中派遣苗栗者一〇〇人，派遣南庄者一五〇人。後來又增派南庄四五人，宜蘭三〇人的警丁⑯。

然而，乃木總督和軍方當局，還是非常擔心警察在「蕃界」地區過分制壓和取締，會增加警察和「蕃人」之間的衝突。因此在十二月十六日，以「總督內訓」聲明，總督府的「理蕃」政策不變，仍然採取「綏撫」政策⑰。

---

⑮同上書，頁三八二—三。

⑯『理蕃誌稿』第一編，頁二三二。

⑰同上書，頁八一。

第四節　總督「軍政」體制的挫折

臺灣總督府的官制，為日本統治殖民地臺灣的基本架構，其權力的重心所在，亦反映了臺灣總督府對臺的統治方式及施政方針。

臺灣總督府第一任民政局長水野遵，是制定以經濟主義為日本統治殖民地臺灣方針的首腦人物。因為在制度上既設定以民政局為施政中心的統治結構，即行政實權由民政局長執掌①，故即以擴大「民政」業務來推動殖民地的「殖產興業」進行施政。例如在一八九六年四月公佈的「撫墾署處務規程」第一條，即明確地規定撫墾署對民政局長負責②。然而，以軍人充任的臺灣總督府最高權力者總督，對水野以「民政」為中心的官制不以為然，認為治安問題未獲解決，哪能經濟開發？起碼在完全征服漢人武裝抗日運動，鞏固臺灣總督府統治權之前，應該保留給臺灣總督獨特而絕對的權力。第一任臺灣總督樺山資紀，對總督府的官制頗為不滿，屢次提出抗議性的修改意見③，但未被中央採納，因而辭職。

①『臺灣總督府警察沿革誌』第一編，頁七三。
②同上書三六三。『理蕃誌稿』第一編，頁二〇。
③『臺灣總督府警察沿革誌』第一編，頁六九—七一、七二—三。

第二任總督桂太郎，巡迴考察臺灣施政之後所撰寫的治臺「意見書」，對水野的施政方針亦表示不滿，認為臺灣當前未具備開發資源的經濟殖民地的各種條件，應先以治安的恢復和整體國防政策的配合為最優先考慮④。桂太郎批評水野依照臺灣「舊慣」採用三縣一廳制不智，認為臺灣山川隔閡，交通不便，土地未開發，民情未明，島民愚昧頑固，「舊慣」不值得採納，故行政區應該依照地理形勢來劃分，即臺北縣、宜蘭縣、新竹縣、臺中縣、嘉義縣、臺南縣、臺東縣、澎湖廳的七縣一廳，將基層行政機構增加擴大，才能夠有效地統治臺灣，而早日達成恢復治安的目的⑤。桂太郎的行政區劃分，雖未在其任期之內實施，但第三任總督乃木希典，繼承其整體國防政策的觀點，和治安的恢復為優先的統治方針。於是乃木總督對水野訂立的「臺灣總督府官制」加以調整，意圖排除以民政局為中心的體制，謀求掌握總督的獨裁權力。

乃木總督對民政局的打擊，是先從調整地方首長的指揮系統著手。根據一八九七年五月二十七日公佈的「地方官官制」（共四十五條），第一條規定在臺設置臺北縣、新竹縣、臺中縣、嘉義縣、臺南縣、鳳山縣、宜蘭廳、臺東廳及澎湖廳的六縣三廳制⑥。此行政區分，顯示乃木是根

---

④『公爵桂太郎傳』乾卷，頁七〇七—七一三。
⑤同上書，頁七一四—七。
⑥『臺灣總督府警察沿革誌』第一編，頁三九四、三九九—四〇〇。

據桂太郎的七縣一廳制，又依照地理形勢，把鳳山和恆春兩支廳合併增設「鳳山縣」，而把宜蘭、臺東二縣改為二廳。在六縣三廳之下，設立七十七所「辨務署」，及八十四所「警察署」為基層行政機構⑦。乃木所設的三廳都分佈在臺灣東部，而廳的官署組織結構較簡單，其主要職責可以說全是警察業務。六縣則分置在臺灣西部漢人居住的地方，除了設置「警察署」以外，另外由「辦務署」擔任有關殖產、土木、稅收、戶籍⑧等屬於純粹地方性的民政業務。然而，辦務署長和警察署長，是以「警部」（警官）身份者充任，並可兼任⑨。如此一來，雖然有兩個不同性質的官署，但是兩署的首長又由警部充任，地方基層的行政重心，自然地偏重於警察業務。

隨著地方行政機構的擴大，原先由民政局來統轄和指揮的多種業務，如今轉移到地方縣知事或廳長的權限之下⑩，連撫墾署的業務也是如此。根據六月公佈的敕令第一六三號「撫墾署官制」，其第三條規定「主事」（即撫墾署署長）受縣知事和廳長的指揮和監督；第六條規定縣知事和廳長，經臺灣總督的認可，得在需要之地設置出張所⑪。「主事」原八人，改為十一人，原

⑦同上書，頁四〇四—四一二，四一六—八。
⑧同上書，頁四一四。
⑨同上書，頁四一八—九。
⑩同上書，頁三九五。
⑪同上書，頁三六六。『理蕃誌稿』第一編，頁四七。

（表四） 一八九七年制定的臺灣總督府地方官官制組織

縣（知事）
- 知事官房
- 內務部—庶務課、殖產科、土木課
- 財務部—租稅課、會計課
- 警察部（警部長）—警部課、保安課、衛生課—警察署—警察分署
- 監獄署—庶務課、警保課
- 撫墾署

辨務署（署長）
- 內務科
- 財務科

廳（廳長）
- 庶務課
- 財務課
- 警察課—警察署—警察分署
- 監獄署
- 撫墾署

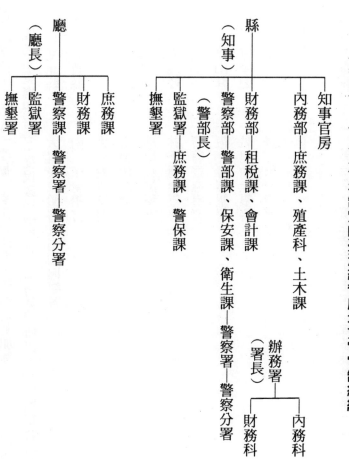

為技師、主事補、通譯生的五十五人，都改稱為「主事補」並增補為一〇四人（第二條、第四條），⑫。主事補的增補，是隨著「理蕃」業務的擴大，特別是為加強「取締」業務的需要而增加的撫墾署人員。因為主管撫墾署者，從民政局轉移到地方首長，所以十一所撫墾署各有新的指揮系統。

臺北縣……大嵙崁撫墾署五指山撫墾署
新竹縣……南　庄撫墾署
　　　　　大　湖撫墾署
臺中縣……東勢角撫墾署
　　　　　埔里社撫墾署
嘉義縣……林杞埔撫墾署
臺南縣……蕃薯寮撫墾署
鳳山縣……恆　春撫墾署
宜蘭廳……叭哩沙撫墾署
臺東廳……臺　東撫墾署⑬

---

⑫同上。
⑬『臺灣總督府警察沿革誌』第一編，頁三六六—七。『理蕃誌稿』第一編，頁四七—八。

撫墾署本來是由在中央的臺灣總督府民政局直轄，與「平地」的一般地方行政單位縣廳並立，分掌其管轄區「蕃地」。但經過乃木的修改行政制度以後，撫墾署不再是一個與縣廳並行獨立的機構，而降級為隸屬縣廳所管的一種職司特殊行政區「蕃地」的機構。如此調整官制的結果，警察的職權就跨越了「平地」和「蕃地」，亦可見這是為了解決治安而作的修改。撫墾署的降級，從臺灣總督府「理蕃」政策的演變來看，的確顯示其重點從「綏撫」政策改為「取締」政策，這是向廢止撫墾署的方向邁進了一步。

乃木總督的一貫作風，是嚴罰主義，他任總督時的抱負，就是要以嚴格的軍紀來整頓臺灣的施政。乃木面對漢人的武裝抗日運動時，內心感到軍人未盡鎮壓的職責而憤怒，對臺灣總督府內部官吏的腐敗則感到痛恨⑭。當時的臺灣，充斥了所謂「獵官」者，特別是第一任總督樺山資紀時代，以照顧鹿兒島同鄉的緣故，而任用大批冗員⑮。這些日本官員，大都是為攫取殖民地臺灣的利益而來，貪污腐敗，不擇手段，而直接影響整個臺灣總督府的政治風氣，甚至成為引起「土匪」（其實多數是抗日「義民」）和「兇蕃」擾亂的原因。乃木的作風是「打老虎而不打蒼蠅」，

---

⑭宿利重一『乃木希典』（東京，對胸舍，一九二九年）頁四〇四—四〇六。鷲巢敦哉『臺灣統治回顧談』（臺北，臺灣警察協會，一九四三年）頁八五—六。
⑮『現代史資料（21）臺灣（1）』解說，頁一七。

從總督府的高級官員開始整頓。在一八九七年三月揭發民政局事務官與商人勾結圖利的事件以後，連續發生類似的官商勾結疑案，這些揭發貪污腐敗案的發展，甚至牽涉到民政局長水野遵的清白，因而導致水野遵被免職⑯。民政局長水野的沒落，正顯示當時臺灣的政界之文官和武官、民政和軍政的勢力消長。排除「民政」的中心人物水野之後，也為乃木在其後施行所謂「三段警備」政策鋪路。

乃木在十月公佈的「臺灣總督府官制」，處處表現出為了強化臺灣總督本身的大權，將一切施政實權集中於軍人的總督手裡⑰。相反地，把民政局的職權解體，並將其機構降級為一般行政的規劃和監督單位，從此取消民政局長代替總督施行民政的大權⑱。另外把原屬民政局的財務部，昇格獨立為財務局⑲，使民政局懸空，成為名副其實的規劃和監督的機構。總督於是親自處理中央和地方各有關民政事務，並且另設「事務官」的助理制度，由事務官長來輔佐總督施政⑳。水野遵之後接任民政局長的曾根靜夫，曾歷任大藏省的公債局長和拓殖務省北部局長，而被稱讚為

---

⑯『臺灣統治回顧談』，頁八七—八。『臺灣總督府警察沿革誌』第二編（下卷），頁一三。
⑰『臺灣總督府警察沿革誌』第一編，頁八二—三。
⑱同上書，頁八四。
⑲同上。
⑳同上。

很有財經手腕㉑，但在民政局長架空的情況下，他也沒有辦法發揮潛能，特別是對軍人勢力的抬頭，簡直是無計可施。

（表五） 一八九七年制定的臺灣總督府組織

總督
- 陸軍幕僚
- 海軍幕僚
- 總督官房—秘書課、文書課
- 民政局長—外事課、縣治課、警保課、衛生課、法務課、學務課、殖產課、通信課
- 財務局長—稅務課、主計課、經理課、土木課

臺灣總督府的兩大支柱之一民政局解體，也引起另一支柱軍務局的廢止。乃木為了集中全力討伐抗日運動，認為連一般軍務都不必要，只要有參謀作戰的指揮部就可以。於是把軍務局長廢除，改為直接由總督指揮海陸兩軍幕僚團的體制㉒。總之，一八九七年十月依乃木的意思，臺灣

㉑『陸軍幕僚歷史草案』第三卷，頁五三。宿利重一『兒玉源太郎』（東京，對胸舍，一九三八年）頁三〇八。

㉒『臺灣總督府警察沿革誌』第一編，頁八四。

總督府整個改成為像作戰指揮司令部那樣的體制，從中央到地方，建立一貫地由總督直接指揮的警備系統。

臺灣總督府如此改組為「軍政」之後，乃木就以「三段警備」來實施全臺灣的警備體系。這是依照治安的狀況，把臺灣分為三等地區來戒備：第三等地區為西部平原，乃是治安較良好的安全區，由警察來管理；第二等地區為常有抗日的「土匪」出沒擾亂的不穩定地區，由憲兵和警察共同維持治安；第一等地區為內山區，乃是有「土匪」潛藏的根據地及「生蕃」居住的「蕃地」，這樣的危險區就由軍隊和憲兵來管制。第三和第二等地區為民政區，憲警利用各街庄的代表負責取締「土匪」，但是在臺北縣的內山地區、花蓮港、雲林、臺東等山陵地帶的第一等危險區，暫時由守備隊長來掌管行政，用軍憲採取戰時戒備㉓。此三段警備措施並非施政目標，只是手段而已，目標在將安全區逐漸擴大，最後達成完全征服所有殖民地人民的目的。

此「三段警備」的構想，一般說是根據陸軍參謀楠瀨幸彥中佐在一八九七年間提出的「行政改革意見書」㉔而來，再經當時的軍務局長立見尚文少將的推薦㉕，乃木總督才決定採行而下令

㉓同上書，頁四二二—六。
㉔同上書，頁四二〇—五。
㉕『陸軍幕僚歷史草案』第三卷，頁七六—八。

各有關地方單位劃分憲警各自的管轄區㉖。

然而「三段警備」，跟乃木計劃在臺推行士兵制度也有密切的關係。換言之，乃木先有所謂「熟蕃屯兵」的構想，然後才形成「三段警備」那樣的整體警備的藍圖。

一八九六年陸軍中尉長野義虎向當局提出「義勇蕃隊組織意見書」，其要點如次：

義勇蕃隊乃由蕃人之少壯者志願，或由頭目之選拔而來，以保護山間之蕃社為目的而組織之一種軍隊。其功用能以極少之費用，而使警備達到完全。使用蕃人之利便，可列示如下：

第一、身體強健。
第二、富尚武之心。
第三、能耐於負擔重量，跋涉山川。
第四、頗富忍耐力。
第五、經費僅少，幾乎使用日本人四分之一經費即足夠。
第六、在各蕃地進兵時，食物方面極為便利。
第七、性能已習慣該地方，不必憂慮罹患病症，且雖在盛暑當中，也不致減低其行軍之力。

㉖『臺灣總督府警察沿革誌』第一編，頁四二五—九。『陸軍幕僚歷史草案』第三卷，頁四六—八。

第八、性情樸直而富自信力，毫不為利慾所驅，且不畏死。

第九、蕃社人之叛逆，皆用蕃隊來討伐較方便。如用我常規軍隊，則對蕃社之地形及糧食等皆有困難，到底不能如意，相信此對蕃人之政策不可行，所以有必要組織蕃隊也。

第十、蕃隊之幹部，以陸軍退役或屬預備後備之士官或下士充之。除蕃隊之指揮訓練之外，掌握蕃社全盤的開化指導方針，就地形及物產等給與充分調查之任務。蕃隊之幹部，如以保護蕃社為己任，定居蕃地之內，他們必不挾疑念，也不抱不快之感情，而喜悅歡迎，此乃余之確信所在也。

第十一、在總督之下設置義勇隊司令部，其所屬士官掌管事務，並在各蕃社設置支部。至於如撫墾署者，殆乎無其必要，只在北蕃之地暫置之，亦須講究開化之方針。

第十二、蕃人之教育，兩個月即可終了。在最初半個月教授簡易之日語，後一個半月，教授日語和簡單軍事訓練。此教授完畢，即可就其職業，每週再召集一日複習即足夠也㉗。

根據下層的建議，乃木總督於一八九七年二月六日，向守備的三團長下命展開調查和策劃各團管區內可行的辦法㉘。二月十日楠瀨中佐奉命攜帶有關士兵編制的資料赴日，向日本國內政軍

㉗『理蕃誌稿』第一編，頁三三—四。
㉘『陸軍幕僚歷史草案』第三卷，頁一一。

界人士展開遊說㉙。乃木一方面遞呈意見書給陸軍大臣，促使其早日實行㉚；同時，在臺業已規劃完成，決定第一年先在宜蘭、臺東和埔里社三地區，募集「熟蕃」和漢人壯丁，預定訓練「熟蕃兵」和「土民兵」（漢人壯丁）各三中隊，訓練期限三年，期滿後服務四年㉛。宜蘭由第一旅團負責訓練，埔里社由第二旅團，卑南由第三旅團，分別負責訓練㉜。一年之內所需經費為十八萬圓㉝。

九月二十一日乃木總督經由陸軍次官的內訓，以「臺總軍發第一四九五號」公佈，臺灣總督府將開辦「護鄉兵」㉞，畢竟「義勇蕃隊」或「土兵」都沒有「護鄉兵」來得好聽，並於十一月在宜蘭、埔里社、臺東實施㉟。根據乃木遞呈給陸軍大臣和參謀總長的報告，三地區「志願者」相當踴躍，經體格檢查及格者，共有七五六人㊱。

㉙同上書，頁一二、一八—二三、二八。
㉚同上書，頁二八、五六。
㉛同上書，頁三三—三五。
㉜同上書，頁九四—五。
㉝同上書，頁二二。
㉞同上書，頁六九。
㉟同上書，頁八五—九一。
㊱同上書，第四卷，頁四。

（表六）　一八九七年護鄉兵編制

種類／地名	熟蕃人	土人 漢人（閩南人）	土人 廣東人	小計
宜蘭	一八一		一〇五	二八六
埔里社	一六四	四二	二	二〇八
臺東	二六二			二六二
計	六〇七		一四九	七五六

因為受名額限制，再經抽籤各錄取八〇人㊲，十二月一日起入隊受訓㊳。長野義虎的招募「義勇蕃隊」意見，頗反映了當時日本統治者在臺灣所面臨的治安難題。日本兵因為水土不服，容易患病，加上不熟悉地理環境，而減弱其戰鬥能力。特別是在內山和山腳

㊲同上書，頁四—五。
㊳同上書，第三卷，頁九九。

地區，當局特別感到警備力極為薄弱。「三段警備」中最難治的「第一等區」，如果能由日軍指揮監督的「護鄉兵」來擔任治安任務的話，不但能彌補兵力不足，且在非常節省經費的情況下能擁有樸實強悍的士兵。「護鄉兵」之所以大多數從「熟蕃」徵募，是日本當局想利用山地人種族之間的敵視，以達成「以蕃制蕃」的效果。「熟蕃」為漢人和「生蕃」之間的少數團體，在政策的運用上，可以扮演牽制且隔離漢人和「生蕃」的工具。加上當日軍討伐雲林的柯鐵時，埔里社「熟蕃」一五〇人曾來協助日軍㊴；卑南地方的「蕃人」也協助日軍攻破清將劉德杓㊵；宜蘭地區的「熟蕃」共三十六社，早在一八九五年底即被納入為一個管區，並設置堡社「役場」（鄉公所），雇用兩名「蕃丁」為辦事員㊶。故在日本人印象中，「熟蕃」強悍又可靠。至於錄取的當地「土人」當中，「漢人」是閩南人較少，所謂的「廣東人」之客家人較多㊷。客家人來臺較遲，西部平原已由閩南人佔據，而居住丘陵者多，而強悍的「土匪」是以客家人居多，日方採用客家人來維持治安，也是一種「以漢制漢」政策。

㊴同上書，第二卷，頁七六。

㊵『理蕃誌稿』第一編，頁一五七—八。

㊶『臺灣の蕃族』，頁五四五—六。

㊷例如，抗日份子苗栗生員吳湯興、頭份徐驤、北埔姜紹祖等，皆為客家人。洪棄父『臺灣戰紀』（臺北，臺灣書店，一九四六年）頁五—六。

「三段警備」和「護鄉兵」制，其主要目的在於鎮壓漢人的抗日運動，而非針對「生蕃」設立的。但是長野義虎的意見書也明白表示：「如撫墾署者，殆乎無其必要」，故一旦完成「熟蕃」「土兵」的訓練而成立「護鄉兵」時，撫墾署就變成不必要的機關了。乃木當時僅把撫墾署縮減，是因為在尚未完成「三段警備」和「護鄉兵」前，仍需要撫墾署擔任過渡時期的「理蕃」機關的角色。乃木雖然為促成實現「軍政」體制而努力，但日本中央政府卻擬定不另撥經費的方案牽制，飭令以刪減將領薪水的方法來增設「護鄉兵」㊸，致使乃木憤而提出辭呈㊹。

「三段警備」的構想可以說是「紙上談兵」尚可，在實際作業上，很難劃分到底哪一個地區為危險區或安全區。從一八九七年十月三十一日起在臺北縣管轄區內實施，結果是將原先依「地方官官制」而成立的警察署管轄地區㊺，變換為由憲兵來管制的地區，因而產生地方行政和治安系統的混亂，反而降低了警備的能力。臺北縣以外的中南部地區，更有難以劃分之苦，而遲遲無法實施「三段警備」。地方行政和治安工作，因此而呈現了一片停滯和混亂，更無法集中全力去對付漢人武裝抗日運動。在一八九七年到一八九八年間，全臺灣發生無數的抗日運動，軍憲警各

㊸『陸軍幕僚歷史草案』第三卷，頁九七—八。
㊹『乃木希典』，頁四一五。
㊺『臺灣總督府警察沿革誌』第一編，頁四二九—四三三。

單位東奔西跑，疲於奔命地去鎮壓，卻得不到什麼效果。

在「蕃地」，除了撫墾署之外，還有警察、守備隊、憲兵，在警備系統上無法互相協調，造成被「蕃人」出草殺死的人數反而激增㊻。不但沒有達成保護業者的任務，反而更顯示「取締」能力的降低。

當時日本朝野盛傳「放棄臺灣」之論，說臺灣有「土匪」「生蕃」難治，又有瘴癘毒氣，是一個不健康的地方；而且每年還要由國庫補助，是一個吃錢的地方，不如以二億圓賣給歐美算了㊼。

乃木在此大混亂的時期，奉命調職離開臺灣。其「三段警備」的失敗，顯示了日本在臺施行「軍政」是行不通的。

㊻『現代史資料（22）臺灣（2）』，頁四一二。

㊼『兒玉源太郎』，頁三〇六。『日本帝國主義下の臺灣』，頁一〇。

第二章　鎮壓漢人抗日時期的「緩和」政策

第一節　「理蕃」機構的萎縮和檢討

第四任臺灣總督兒玉源太郎為陸軍大將，一八九八年二月二十六日就職，一九〇六年四月十一日離職，統治臺灣共達八年之久。他與民政長官後藤新平是一個很好的搭配，其施政期間在臺灣確立「警政」體系，奠定日本經營殖民地的基礎。

長州出身的兒玉源太郎，與同鄉的桂太郎，薩摩出身的川上操六，同為創設日本近代陸軍的改革者。桂太郎於一八七〇年到七三年留學德國三年，調查研究德國軍制，回國後建議軍政與軍令分離，設立軍令的統轄機關「參謀本部」。他是第二任臺灣總督。川上操六在一八八四年隨陸軍大臣大山巖到歐洲考察軍制，一八八六年再到德國研究軍制，參與日本陸軍的軍制改革，從法國制轉換成德國制。川上曾在乃木初任臺灣總督的一八九六年十月下旬時，以參謀次長身分視察臺灣和廈門。當時軍方醫務局長石黑中悳隨同訪臺，後於十一月四日在臺軍方公佈軍務局防疫委員處務規定，以防黑死病的流行，並另設臨時鼠疫預防委員。兒玉在一八七七年當陸軍大學校長，介紹和導入德國的軍制和戰術，一八九一年視察歐洲，一八九二年到九八年任陸軍次官兼軍務局長，其間在中日甲午戰爭時為大本營參謀，極為活躍。故此三人，是日本在甲午戰爭時以現代化的軍制，打敗中國洋務運動以來的新軍（淮軍）的功勞者。乃木之後，兒玉出任臺灣總督，正是此三人為日軍此後的「南進」政策圖謀發展的一種表現。

一八九八年的中國，正面臨被瓜分的命運。日本為確保「南進」國策的發展，向中國政府提出劃福建省為其勢力範圍的要求，而於四月二十二日獲得承諾，日本於是將中國大陸（華南）納入其勢力範圍。與福建隔海相對的臺灣，從此在戰略地位上更成為「南進」的基地，可見兒玉的出任臺灣總督，並非日本當局偶然的安排。

日本既然要確立臺灣為南進的基地，則臺灣內部的安定乃成為首要條件。然而臺灣內部有漢人抗日份子活躍的紛擾，使臺灣總督府不得不為討伐抗日份子而奔波，無餘力去經營臺灣的開發，因此民政局也視同虛設，沒有什麼政績可言。新起用的民政局長後藤新平，是一位留德的醫生，對臺灣的鴉片問題提出「漸禁」政策，把鴉片制度列為日本統治臺灣的基本綱領①，而獲得伊藤博文的賞識②。本來在桂太郎當臺灣總督時，也想起用後藤為臺灣總督府的衛生院院長，讓

---

①『日據初期之鴉片政策』第一冊（臺中，臺灣省文獻委員會，一九七八年）頁一三—六、二〇—七。

②鶴見祐輔『後藤新平傳』第二卷（東京，後藤新平伯傳記編纂會，一九三七年）頁九。

他施展經營殖民地臺灣的抱負③。後藤出任臺灣總督府的民政局長，可以說早已在內閣的高階層當局中醞釀，而新派任的兒玉總督又欣賞後藤的行政能力④，在臺灣面臨鎮壓抗日「土匪」的重要時刻，後藤的出任民政局長可以說是當時獨一無二的最佳人選。

兒玉源太郎和後藤新平到任以後，先經過一番的觀察，於一八九八年六月二十日同時公佈新的「臺灣總督府官制」「臺灣總督府評議會官制」和「地方官官制」。

綜觀新公佈的「臺灣總督府官制」（共二十三條），其主要的改革事項為：總督府把民政和財務兩局合併而設立一個民政部⑤，將民政部門的權力集中和強化。並且為了提高總督府內的臨時應變能力，將總督府的事務官和參事官的排名位置調換⑥，亦即把專管各局課的事務官列為參事官之後，把參事官制度擴大，另設一個參事官長，負責監督各參事官，掌管各種法令案的審查，和兼管各局課的臨時業務⑦。

強化民政長官的權力，是這次官制改革的主要目的。依「臺灣總督府官房及民政部分課規程」

③『兒玉源太郎』，頁三一四—五。
④同上書，頁三一三—四。
⑤『臺灣總督府警察沿革誌』第一編，頁九〇。
⑥同上。
⑦同上。

第一條的規定：凡是任何涉及有關行政的業務，除了總督有特別指示以外，一切都由民政長官來監督處理⑧。這表示臺灣總督，把行政實權完全委任給民政長官，作風與乃木總督時代截然不同。

（表七）一八九八年制定的臺灣總督府組織

- 總督
  - 總督官房
  - 民政部（民政長官）
    - 參事官長
    - 人事課、文書課、外事課、縣治課、廳治課、警保課、土木課、衛生課、主計課、稅務課、法務課、學務課、殖產課、通信課、調查課、會計課
  - 陸軍幕僚
  - 海軍幕僚

行政實權集中於民政長官時，民政部各課的業務也擴大和增加。從前的民政局，類似附屬軍政的輔助機關，其業務也遲遲無法發展，然而民政部成為總督府的主要行政機構以後，其業務必

⑧同上書，頁九一。

然地擴大，增設為十六部門。特別是人事課的設立，顯示臺灣總督府不再是總督和民政長官私自用官私自用人的機構，而是由人事課來管理臺灣總督府之內各有關民政部門的人事任免⑨。而且，兒玉總督還繼承乃木時代的規則：「臺灣總督府事務委任事項」，並加以修改擴大，明確地規定民政長官和課長的權限範圍和公文形式⑩。於是，臺灣總督府的民政指揮系統才一貫地統合起來，確立由民政長官為中心的一種有組織、有系統的臺灣總督府官僚體制。

另外為了防止軍方干涉民政，兒玉總督還修改公佈了「臺灣總督府評議會官制」，把評議會改為審查有關民政法案的機構，並且規定陸海軍的幕僚參謀長如果參與評議會議，只限於內容牽涉軍事問題者⑪，從此排斥其參與例行的評議會議。

當臺灣總督府的中央機構進行改革時，地方官的官制也必須實行改革，其改革的目的乃與中央配合，在地方上統合行政的指揮系統，以便謀求行政的簡化和一貫。除此之外，兒玉總督還藉此地方官官制的改革，輕易地達到掃除和淘汰舊勢力的謀略。當公佈新地方官官制之時，被罷免的地方官包括縣知事、廳長、署長等地方首長共達一千零八十人⑫。前乃木總督曾嚴厲地執行官

---

⑨森山守次『兒玉大將傳』（東京，東京印刷株式會社，一九〇八年）頁二九三。
⑩『臺灣總督府警察沿革誌』第一編，頁九二—四。
⑪同上書，頁二二七—八。
⑫『兒玉源太郎傳』，頁三三一。

界的整風，卻因此遭遇抵抗而成為失卻其總督地位的原因之一⑬。因為一個總督的權威必須樹立在效忠的官僚群上，才能站得穩而發揮其威勢。兒玉運用制度改革，先打倒臺灣地方行政機構內的舊勢力，然後重新編組自己的新勢力，這是兒玉經營臺灣成功所具備的先決條件。

依照新公佈的「臺灣總督府地方官官制」（共四十五條），第一條規定：地方行政的劃分從六縣三廳改為三縣三廳，即臺北、臺中、臺南三縣和宜蘭、臺東、澎湖三廳⑭。第三十三條規定：除了臺東和澎湖兩廳以外，其他三縣和宜蘭廳，得在其要害之地設立「辨務署」⑮。第三十七條規定：各辨務署內設立三課，第一課為一般行政，第二課為警察，第三課為「蕃人蕃地」，分別掌管其業務⑯。第三十八條又規定：各辨務署下可設立「辨務支署」⑰，由警部、警部補及巡查組成，以負責管理「警察官派出所」⑱。

據此而新成立的「辨務署」共有四十四所⑲，這是將乃木時期所設的辨務署七十七所整頓淘

⑬『臺灣統治回顧談』，頁八六—九。
⑭『臺灣總督府警察沿革誌』第一編，頁四六八。
⑮同上書，頁四七一。
⑯同上書，頁四七二。
⑰同上。
⑱同上書，頁四七五。
⑲同上書，頁四六八。

（表八）一八九八年制定的臺灣總督府地方官官制組織

- 縣（臺北　臺中　臺南）（知事）
  - 知事官房
  - 內務部（書記官）
  - 稅務部（稅務官）
  - 警察部（警部長）
  - 監獄署（監獄署長）
  - 辦務署。。。
- 宜蘭廳（廳長）
  - 內務課（廳長）
  - 財務課（書記官）
  - 警察課（警部長）
  - 監獄署（監獄署長）
  - 辦務署
- 臺東廳
  - 總務課（廳長）
  - 警察課（警部長）
- 澎湖廳（廳長）
  - 總務課（廳長）
  - 警察課（警部長）
  - 監獄署（監獄署長）

汰，以及將警察署八十四所和撫墾署十一所全廢之後，在三縣一廳（臺北、臺中、臺南各縣、宜蘭廳）下重新設立的。從表面上看來，這是「辦務署」升格及民政的色彩突出；但在實際上，警察署以辦務署為外殼更加擴大伸張。四十四所辦務署長，完全地掌握警察權，指揮署下的「辦務支署」和「警察官吏派出所」，統轄地方基層業務。

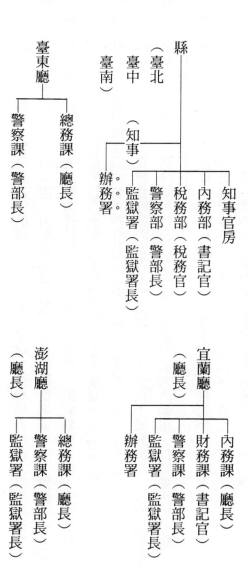

（表九）辦務署的組織

辦務署
- 第一課（一般行政）
- 第二課（警察業務）—辦務支署—警察官吏派出所
- 第三課（「蕃人蕃地」的業務）

民政長官後藤新平對「民政」的設計非常周密，是建立在各地方所設立的警察監督系統上。他完全是以「警察政治」為基礎，再配合「保甲制度」和「匪徒刑罰令」，對漢人的武裝抗日份子施展其所謂「招降策」。當時的抗日份子，遭受乃木總督的嚴厲鎮壓之後，失卻了村莊的根據地而退避到山區，從此他們與村莊隔離，而糧食的補給中斷，處境頗為窘困。抗日份子為了生存，也向一般老百姓勒索糧食和物資，其行為已經淪為強盜「土匪」之類⑳，而與原來反日抗暴的「義民」精神相矛盾。於是，當總督府採取寬容的「招降策」，不但不追究前非，反而以相當優厚的條件，如給與就業機會㉑誘惑時，抗日陣營內部即激起了很大的動搖，以及嚴重的分裂㉒，而使

⑳「第十回貴族院議事速記錄」（一八九八年十二月十日）官報號外（『臺灣ニ施行スヘキ法令ニ關スル法律律其ノ沿革並現行律令』，東京，內閣記錄課）頁三一。

㉑『後藤新平傳』第二卷，頁一二八。『臺灣南部武力抗日人士誘降檔案』第一冊，頁一三七、一四〇、一四一。

日方投下的分化瓦解政策發生效果。當局不但因此節省龐大的「剿匪」軍費，還能運用投降份子開闢道路㉓，解決若干問題。日警又乘此短暫平穩之機，發動偵查組織，暗中編造抗日份子的詳細名單㉔，經過一八九九年北中南部抗日份子全面棄械投降之後㉕，即準備一網打盡消滅漢人的武裝抗日運動。

辨務署第三課辦理「蕃人蕃地」㉖，是繼承舊撫墾署的業務，但其規模大為縮小。撫墾署早

㉒例如，出身為土豪，任過清代地方領導人物的徐祿、陳秋菊、鄭文流等想放棄抗日，與綠林出身的盧阿爺、李養等還堅持繼續抗日的發生分裂。『陸軍幕僚歷史草案』第四卷，頁五一。

㉓『臺灣ニ施行スヘキ法令ニ關スル法律其ノ沿革並現行律令』，頁四一、五一—二。『後藤新平傳』第二卷，頁一四〇、二二八。『臺灣北部前期抗日運動檔案』（臺中，臺灣省文獻委員會，一九七九年）頁七—九。

㉔『臺灣北部前期抗日運動檔案』，頁二一〇—二一四。『臺灣南部武力抗日人士誘降檔案』第一冊，頁一五七。『臺灣南部地區抗日份子名冊』第一、二、三冊。

㉕『臺灣南部武力抗日人士誘降檔案』第一冊、第二冊。『日據初期警察及監獄制度檔案』附錄：臺灣中部前期抗日運動檔案（臺中，臺灣省文獻委員會，一九七九年）頁二四六—二六一、二七三—六、二七九。

㉖『臺灣總督府警察沿革誌』第一編，頁四七二。

已被詬病無能；據一八九七年法制局參事官石塚英藏考察臺灣施政後的報告說：廢止撫墾署每年可以節省二十萬圓經費㉗。兒玉總督上任之後力求財政撙節，當然欣然同意石塚的說法而採納之。然而，辨務署是設置在「平地」的官署，雖然內部也增設「理蕃」機構的第三課，但離開「蕃地」很遠。因此，其「理蕃」業務又全靠設置在「蕃地」或山腳地區的「辨務支署」和「警察官吏派出所」㉘。當兒玉總督在平地對付漢人而實施「警察政治」時，在山地也同時開始有「警察政治」的佈署，只是當時重點仍然放在鎮壓平地漢人武裝抗日運動，故在山地方面僅設立第三課；或在被認為「蕃人蕃地」事務不多的地方，設立更下一級的「第三係」（即第三股）。這顯示在制度方面，「理蕃」事務萎縮了很多。

從現實的政治和經濟的觀點來說，當時無疑地「平地」重於「蕃地」。兒玉總督與後藤民政長官，為平地治安的維持，而把「警政」組織的力量集中在漢人武裝抗日運動的政策上，而相對地對「蕃人」採取「緩和」政策。因為漢人在「平地」的武裝抗日，除了在政治上直接地動搖總督府威信的問題以外，還對急需解決民地的財經問題影響很大。在兒玉公佈新官制之前，他的施政方針演說曾提到，要把臺灣財政獨立列為最重要的施政之一㉙。

㉗同上書，頁三六四—五。
㉘『理蕃誌稿』第一編，頁九八。
㉙『兒玉源太郎』，頁三三〇。

（表十）

縣廳	辦務署	設置
臺北縣	三角湧辦務署	設第三課
	景尾辦務署	
	新埔辦務署	
	新竹辦務署	
臺中縣	臺中辦務署	
	南投辦務署	
	埔里社辦務署	
	斗六辦務署	
	苗栗辦務署	
臺南縣	蕃薯藔辦務署	設第三課
	阿緱藔辦務署	設第三係（股）
	潮州庄辦務署	
	東港辦務署	
	恆春辦務署	設第三課
	嘉義辦務署	設第三係（股）
宜蘭廳	宜蘭辦務署	設第三課或第三係（股）
	羅東辦務署	設第三課㉚

㉚同上書，頁九七—八。

一八九七年二月公佈實施「臺灣總督府特別會計法」，預定臺灣總督府的財政，將於一九〇一年起獨立而不再受國庫補助㉛。在此之前，也逐漸改善臺灣的財政狀況，減少國庫的補助。在剛接收臺灣的一八九六年，萬事在草創之中，支出的範圍頗廣，國庫補助六九四萬圓，佔臺灣歲收的七一・九%。翌年一八九七年，國庫補助略降為五九五萬九千圓，佔歲收的五二・八%。一八九八年國庫補助三九八萬四千圓，佔歲收的三二・六%。

（表十一）臺灣財政一覽表（一八九六—一九〇〇年）㉜

年度	收入	公債	國庫補助	累計
	圓	〇　圓	圓	圓
一八九六年	二、七一〇、〇〇〇		六、九四〇、二七五	九、六五〇、二七五
一八九七年	五、三二〇、〇〇〇		五、九五九、〇四八	一一、二七九、一二三
一八九八年	八、二五〇、〇〇〇		三、九八四、五四〇	一二、二三四、五四〇
一八九九年	一一、七五〇、〇〇〇	二、二〇〇、〇〇〇	三、〇〇〇、〇〇〇	一七、九五〇、〇〇〇
一九〇〇年	一四、九〇〇、〇〇〇	五、五〇〇、〇〇〇	二、五九八、六一一	二三、九九八、六一一

㉛『臺灣銀行二十年誌』（臺北，臺灣銀行，一九一九年）頁一〇六。
㉜『兒玉源太郎』，頁三〇五。

國庫的補助，其實是將甲午戰爭清廷戰敗的賠款，轉撥一部分過來㉝。但是中央政府需款擴張陸海軍備，不能時時補助。何況日本經營臺灣的目的，在抽取殖民地的利潤，為日本的經濟發展有所貢獻，故臺灣財政的獨立自給是必然的要求。因此，民政長官後藤新平才考究了鴉片專賣制度以增加歲收。另外，臺灣的平地也早已由漢人開發為富庶的農業生產區，如果治安問題解決，臺灣總督府僅地租就有相當可觀的歲收。為鞏固財政基礎，地租的增徵即被臺灣總督府列為重要的施政方針㉞，於是公佈了「臨時臺灣土地調查局官制」，著手臺灣土地調查㉟。

既然臺灣總督府要開闢財源，「蕃地」也是不可忽略的富源之地，當時一年的樟腦和腦油稅收就有三、四十萬圓之多。如果更進一步地開發「蕃地」，每年預期可收一五〇萬圓。再加上其他建材、燃料等副產品的收入，其對臺灣財政就有更大的貢獻㊱。殖產課為一注重殖財增產的單位，對當時由辦務署第三課及基層警察單位來管理「蕃人蕃地」，難免偏重「取締」而忽略具有經濟意義的措施，頗感不滿。於是殖產課從財經著眼，特別是從保護樟腦收益的觀點，於一八九

㉝東鄉實、佐藤四郎共著『臺灣殖民發達史』（臺北，晃文館，一九一六年）頁三五〇。安藤良雄『近代日本經濟史要覽』（東京，東京大學出版會，一九七五年）頁六八。
㉞『日本據臺初期重要檔案』，頁一三七。『臺灣殖民發達史』，頁三五九。
㉟『臺灣殖民發達史』，頁三五九。
㊱『理蕃誌稿』第一編，頁一三〇。

八年九月，向民政長官提出「設立蕃政局之議」。

擬設的蕃政局，與舊有的撫墾署有很大差異。撫墾署的業務重點在於如何對付「蕃人」，以「綏撫」政策達成「蕃地」的開發，甚至為了迴避「蕃人」的猜疑，連取締或防備都盡量避免。例如林圮埔撫墾署齋藤音作所制定的「施政要領」㊲，以及五指山撫墾署的「事務辦理要點」㊳，其主要內容都是給與各種恩惠物品籠絡，或跟「蕃人」接觸時所應注意各事。但是蕃政局的構想，明顯地以「蕃地」的經濟開發為重點，認為對付「蕃人」而採取「全部滅絕」或「全部導化」都不經濟，最好採取「威力」和「恩惠」兼施的辦法㊴。不過「恩惠」是指給「蕃人」就業機會的「授產」，以及施展醫療教育等「教化」措施，與撫墾署以酒食煙布等招待籠絡有所不同。

根據十一月提出的「蕃政局官制」（共十條）案，其第一條規定了五項業務：

一、有關蕃民之教化、授產、取締事項

二、有關蕃地之山林事項

三、有關樟腦之粗製、再精製、保管、出售事項

㊲同上書，頁一〇三—一一八。

㊳同上書，頁一一八—一二五。

㊴同上書，頁一三一—三。

四、有關蕃地之拓殖事項

五、有關蕃地蕃民之警察事項㊵

從以上五項可見，這是要將當時的辦務署第三課的業務，以及殖產課有關「蕃人蕃地」和森林原野等業務，綜合由蕃政局來統轄。其中第三項有關樟腦事業，當時臺灣總督府蕃政局構想在臺北特設「樟腦精製所」，從事樟腦的精製事業。依其構想㊶，蕃政局直屬總督府，局長由民政局長兼任，指揮蕃政官十六人、蕃政官補一七二人㊷，限期三年達成「理蕃」事業㊸。當殖產課提出「蕃政局官制」案時，也附上了「蕃政局分課規程」案㊹。至於蕃政經費，殖產課長說：

蕃政所需經費，一切以蕃地所得之收入充之。即樟樹、其他樹木及副產物之出售所得之收入，官方製腦所得之收入，至少不下一百五、六十萬圓。其中抽取三、四十萬圓充當蕃政費，國庫尚可收一百二、三十萬圓之數也㊺。

㊵同上書，頁一三五—六。
㊶同上書，頁一三六。
㊷同上。
㊸同上書，頁一三七。
㊹同上書，頁一三七—九。
㊺同上書，頁一三七—八。

殖產課長的蕃政局構想，可以圖表示之如次：

（表十二）　一八九八年蕃政局構想㊻

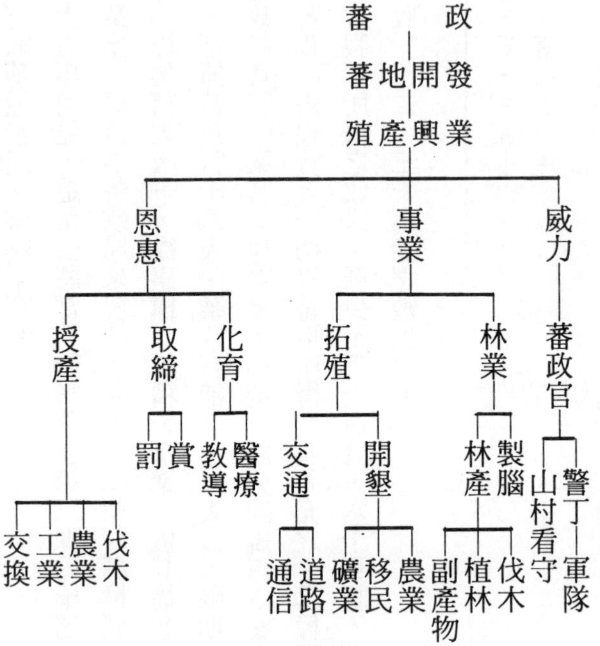

㊻同上書，頁一三四。

其中「威力」項目之內的「山林看守」，是意在利用親日的「蕃人」來牽制抗日的「蕃人」㊼。

當時臺北縣轄區的五指山「蕃人」，在一八九七、八年間曾誘殺日警和撫墾署員，因此臺北縣知事有意利用大嵙崁的「前山蕃」為「蕃地看守」，來發揮其「以蕃制蕃」政策。「以蕃制蕃」㊽政策當時未被採納，而在七、八月間動員軍隊討伐泰雅族㊾。但是「討伐兇蕃」之意，影響了當局擬定蕃政局以加強「威力」方面的措施。

另外，殖產課的總督府技師有田正盛，也乘機提出「林政廳創設之意見」，向決策當局提供具體而又詳細的經營「蕃地」和處理「蕃人」的方法。有田技師在殖產課擔任林務，經他實地勘察臺灣林況和調查產業之後，估計臺灣樟腦的分佈量經得起一百年的輪流砍伐，而每年能維持六百萬斤的產量，可供應世界需求量五百萬斤，且足足有餘而多出百萬斤。然而樟樹的分佈地帶和北部「蕃人」的分佈地方約略相同，樟腦生產和「蕃人」棲身有密切關係。因此有田技師首先建議，樟腦製造業必須官辦，這樣才能與「蕃政」配合。一方面「理蕃」，一方面取得樟腦的利潤

㊼同上書，頁一三四。
㊽同上書，頁九〇—二、五七九—五八〇。
㊾同上書，頁一二九。

⑩。

有田技師的第二個建議，是在「蕃地」開闢三條橫貫道路。因為隨著道路的開闢，樟腦製造業也擴大，沿途又可興辦各種生產事業，因而在道路兩旁就出現聚落村莊，「蕃人」自然而然地被感化，最後就能把「蕃地」化為普通行政區域。這三條道路當中，臺北縣大嵙崁至臺東廳花蓮港線應列為最優先，因為這條路為開拓奇萊平原的開端。至於其他兩條路，即埔里社至璞石閣線和臺南經蕃薯寮至卑南線，也分別橫貫「北蕃」的居住地、北南「兩蕃」的交接地、及「南蕃」的居住地，可以促進「蕃人」的開化，增進全臺灣農林礦業的發展⑪。

要開闢大嵙崁至花蓮港的橫貫道路，預計需五年才能完成，總工程費約三〇五、〇〇〇圓。有田認為這些經費，可以從道路開闢後，所獲得的樟腦增產收入約兩百萬圓之中，抽取三十多萬圓支付⑫。

「蕃政局」和「林政廳」的構想，前者為總督府中央的統轄機構，後者為設置在地方的殖產單位，但都扮演日本的「開山撫蕃」角色：即一邊開闢山路，一邊開發山地資源，也就不愁「理

⑩同上書，頁一三九——一四〇。
⑪同上書，頁一四〇——三。
⑫同上書，頁一四一——二。

蕃」和開發的資金了。當局雖然有如意算盤，但是隨著「開山撫蕃」推行山地的經濟開發時，卻引發了意料之外的後果。殖產課長以下的官員，埋頭於經濟開發的理論，卻忘了臺灣原住民族會起來抗拒日本「理蕃」政策的事實。所謂「蕃人的出草」，就是臺灣原住民族對侵略山地者的報復行為。其被害者，一八九六年為七九（死六三、傷一六）名，一八九七年為一六六（死一五一、傷一五）名，到了一八九八年竟高達六九一（死五五七、傷一三四）名。從此到一九〇一年間，每年有六百多名被殺傷者，列表如次：

（表十三）一八九六—一九〇二年遭「蕃害」死傷者一覽表㊸

年代	死	傷	合計
一八九六	六三人	一六人	七九人
一八九七	一五一人	一五人	一六六人
一八九八	五五七人	一三四人	六九一人
一八九九	五三一人	一五〇人	六八一人
一九〇〇	五二五人	一一五人	六四〇人
一九〇一	五一〇人	一二三人	六三三人
一九〇二	三一一人	一二一人	四三二人

㊸『現代史資料（22）臺灣（1）』，頁四一二。

當時兒玉總督和後藤民政長官，正忙著對付漢人抗日份子的「招降」，對於殖產課官員所擬「蕃政局」或「林政廳」案也就暫緩採行，只採納可行性最高而又最能賺錢的方法：即樟腦事業「官辦」的建議，因為這對增加歲收，改善臺灣的財政狀況，是最有效的。一八九九年六月臺灣總督府特設了「樟腦專賣施行方法調查委員」，其召集委員長為總督府參事官石塚英藏㊹。石塚後來還當第十三任臺灣總督，引發了臺灣原住民轟轟烈烈的「霧社抗日事件」而下臺。

㊹『理蕃誌稿』第一編，頁一四六。

第二節　樟腦專賣與隘勇制度的留存

「專賣」是由政府專營的販賣，不許人民自由經營，換言之，這是政府的獨佔，與民爭利。但是專賣制度的實施，對財政尚未健全的殖民地有莫大的幫助①。臺灣總督府指定某些產品為專賣品，並與政府的整體政策配合，由政府獨家經營銷售，自然可以達成穩定的收支，還能掌握民生經濟的領導權。如果專賣品為民生必需品的話，那就更可以成為一個永久性的可觀的財源。

臺灣的專賣制度是由後藤新平奠定基礎。後藤就任總督府民政局長之前，在國內擔任過陸軍檢疫部事務長官和衛生局長，於一八九七年創辦「鴉片專賣制度」。依照他的鴉片「漸禁」政策和專賣特許辦法，估計每年將有二四〇萬圓的收益②。然而實施之後，卻有驚人的成效：在開辦第一年的一八九七年，就有一，六四〇，二一〇圓的收入，佔歲入三〇・八%，第二年的一八九八年，竟達三，四六七，三三八圓收入，佔歲入四二・〇%，成為當時極為可觀的殖民地財源③。後藤於一八九八年就任民政長官之後，先於一八九九年五月十五日公佈實行「食鹽專賣制

①『臺灣殖民發達史』，頁三六〇。
②『日據初期之鴉片政策』第一冊，頁一六。『臺灣經濟史研究』，頁一一二。
③『臺灣の專賣事業』（臺北，臺灣總督府專賣局，一九三〇年）頁六。

度」。當時在臺灣的食鹽自給率不高，北部常從中國大陸進口食鹽，這種情形在改隸臺灣總督府統治之初，也是如此，一直持續到一九〇六年為止④。食鹽專賣是為提高產量，改良品質，並達成食鹽在島內的自給自足；然後促進農產品加工業，例如蘇打、肥皂等工業的發達⑤；當然開闢財源也是其主要目的。食鹽為民生最重要必需品之一，由總督府掌管食鹽的生產和供需權，算是掌握了殖民地臺灣人民的生死權。特別是居住內山的「蕃人」，食鹽簡直是他們的命根，無疑地食鹽可以成為臺灣總督府政策運用的重要工具⑥。

食鹽專賣實行不到一個月，接著進行樟腦專賣事業。六月十日公佈「臺灣總督府樟腦局官制」（共八條），規定臺灣總督監督之下設立臺灣樟腦局，掌理有關樟腦和樟腦油的收納、買賣、檢查及製造等業務（第一條），在各局設局長及專任書記（第二、三、四條），並且還可以聘請有經驗技術的人為「技師」、「技手」（第五、六、七條）⑦。根據其第八條，於六月二十三日設定各樟腦局的位置，並劃定其管轄區域⑧。

④『專賣事業』（臺北，臺灣總督府專賣局，一九二四年）頁二〇。
⑤『臺灣の專賣事業』，頁二一。
⑥『理蕃誌稿』第二編，頁三〇七。
⑦『臺灣樟腦專賣志』，頁七六四。
⑧同上書，頁七六三。

（表十四）一八九九年臺灣總督府「樟腦局」位置與管轄區域

名稱	位置	管轄區域
臺北樟腦局	臺北縣臺北	臺北、三角湧、景尾、桃仔園、滬尾、基隆、水返腳、頂雙溪、新埔辦務署管內
新竹樟腦局	臺北縣新竹	新竹辦務署管內
苗栗樟腦局	臺中縣苗栗	苗栗、大甲辦務署管內
臺中樟腦局	臺中縣臺中	臺中、梧棲港、彰化、北斗、員林、埔里社辦務署管內及南投辦務署管內南投堡、北投堡、沙連下堡
林圮埔樟腦局	臺中縣林圮埔	斗六、北港辦務署管內及南投辦務署管內集集堡、臺南縣管內
羅東樟腦局	宜蘭廳羅東	南蘭廳、臺東廳管內

當公佈六個樟腦局的名單時，也同時公佈了「臺灣樟腦及樟腦油專賣規則」（共十七條），和「臺灣樟腦及樟腦油製造規則」（共十條）。依以上的規則，凡是在臺灣製造樟腦（指「粗製樟腦」）和樟腦油（製造「粗製樟腦」時所產生的副產品）的業者，必須向臺灣總督府訂約申請

製造數量和期限，並依總督府所訂定的收購價格，把一切生產品賣給樟腦局，不得另行販賣、轉讓或移作別用。對違反者，各有罰款、沒收、停業、取消特許等處罰措施⑨。換言之，臺灣總督府設樟腦局，先估計每年的供需量，再與特許的製造業者訂約設限。如此可以防止對樟樹的濫伐和樟腦的濫造，維持一定的品質和產量，達成天然資源的保護，以及掌握穩定的財源。

樟腦為大宗的外銷產品，除防蟲藥用和無煙火藥用途之外，也是賽璐珞（celluloid）工業的原料，產地以臺灣和日本為最有名。臺灣總督府在此時刻採取樟腦專賣政策，最大的動機在於保護日本國內樟腦業者的利益和驅逐德、英外商在臺經營樟腦業的勢力。

當時，日本神戶的樟腦製造專家，即再製腦株式會社社長松田茂太郎，在一八九八年九月向總督府所提出的「臺灣樟腦專賣私見」，批評當時的臺灣樟腦政策為：只對灶數設限卻不嚴格監督樟腦製造過程，業者往往僅利用樟樹中含腦分量多的部分而捨棄其餘九成，造成嚴重的濫砍和天然資源的暴殄，僅一八九七年之間即砍伐了二十三年份的樟樹；只求增徵樟腦稅收，卻不能防止走私出口和逃稅行為。如果採取嚴格監督和取締的措施，把粗製產品悉為官收，經過再製造成為精製樟腦時，不但品質平均貯藏方便，在販賣時也可以維持一定的價格⑩。

⑨同上書，頁六四—六。
⑩同上書，頁四九—五五。

依照松田的統計，一八九七年臺灣出產七百萬斤樟腦，加上日本出產兩百萬斤（其中一五〇萬斤為從臺灣進口三百萬斤粗製樟腦再製造為精製樟腦），總共輸出九百萬斤，遠超過世界市場的需求量四至五百萬斤，而造成市價的暴跌，使日本國內業者面臨經營危機。因此，松田建議臺灣總督府設法把產量限於年產三百萬斤，並且從外商手中收回樟腦販賣的權利和精製過程的介入，達成隨心所欲地獨霸世界樟腦市場的目的⑪。

對於掌握樟腦既得利益的外商，如何把他們從臺灣驅逐，是臺灣總督府據臺當初就一直思慮的一個極為棘手的問題。外商在清代即不顧一八六九（同治八年）年的「樟腦條款」，私自入山居住，開店舖，設貨物屯積站，並且貸款給當地漢人，藉漢人名義經營樟腦製造，包攬貿易的利益⑫。當一八八六（光緒十二年）年劉銘傳上「官辦樟腦硫磺開禁出口片」奏，獲准而設立「全臺樟腦硫磺總局」，並在北路大嵙崁和中路彰化各設「腦務總局」，至於南莊、三角湧、雙溪、罩蘭、集集、埔里社等設分局，宜蘭和恆春另設腦務局，開始官辦樟腦事業時，即遭受外國公使反對，而於一八九〇（光緒十六年）年廢止官辦，撤去防勇⑬。從此臺灣的樟腦業也就由外商把

⑪同上書，頁四八—九、五四—五。
⑫註十二：同上書，頁四—八。
⑬同上書，頁九—一四。『臺灣蕃政志』卷下，頁一一。

持，官方命令無法照辦。日本據臺之初，曾公佈「官有林野及樟腦製造取締規則」，規定非持有清代正式證件而重辦申請執照者，要禁止營業，因此遭受外國的非難，只好決定延期到一八九七年十月底前要整理外商業務，但日方的這種措施也遭受主張其既得利益外商的反對⑭。一八九六年雲林事件時，發生一名英國人被殺疑案，拓殖務大臣為此特地電令派兵保護外僑⑮。當時在林圯埔有英商慶記、怡記、唻記（謙記棧）、仁沙慶記、美打和德商怡記；在集集街有德商東興、英商唻記（大川棧）、美打、怡記和西商瑞記等商行店舖陳列⑯。這些外商非常蔑視日本官方，跋扈而強橫，日方為避免外交糾紛只好容忍默許，一直到實施樟腦專賣才撤銷外商的營業。

樟腦在臺灣總督府的專賣制度下，從粗製、再製、販賣，都有一貫作業，分別委託經營⑰。在製造業方面，申請專利者不再限於從前持有清代證件者，而鼓勵業者之間的合併經營⑱，於是資本額較大的日本人企業家和漢人土豪得享厚利。從灶數來看，實施專賣以前，被准設營業的有一四、五九三竈，一八九九年時減為九，〇九九竈（其中實際營業的三，〇五七竈）⑲，而總督

⑭『臺灣樟腦專賣志』，頁四三—六。
⑮『臺灣前期武裝抗日運動有關檔案』，頁二〇二。
⑯同上書，頁二〇四—二一〇。
⑰『專賣事業』，頁四四、五〇。
⑱『臺灣樟腦專賣志』，頁一三一。
⑲同上書，頁六〇。

府當局仍嫌太多，因此採取期滿以後不再許可的政策，並且公佈適當的數目為二，六四七⑳竈。至於把粗製樟腦再製為精製樟腦的經營，先委由日商鈴木和池田包攬，到一九〇〇年授權委由三井合辦會社經理㉑。關於樟腦的販賣，起先委由英商薩繆爾商會，後仍然讓給三井商會來包攬㉒。

樟腦專賣制度是一個典型的日本帝國主義利用殖民地發展經濟的政策。亦即，日本國內樟腦製造業的發展，全靠臺灣粗製樟腦提供原料，將其再製為高品質的精製樟腦，在此一貫過程上官權的強制和介入，是促使日本落後的資本主義發展經濟的重要因素。專賣制度是一方面保護日本國內業者的利益，特別是幫助大財閥三井在殖民地發展成長；另一方面是乘外商尚未發展為產業資本而仍在商業資本階段時，發揮國家公權力，成功地把這些外商從利潤高的企業中排除㉓。換言之，樟腦專賣是日本官僚和日本的大資本家勾結，把臺灣的經濟動脈從列強手中奪取成功的一個例子。

樟腦事業既然成為日本在臺灣「蕃地」經營的官辦國營事業，有關樟腦的業務也就脫離從前辦務署第三課所管轄的「蕃人」「蕃地」業務，而由總督府直接統轄。在重視「蕃地」的樟腦利

⑳同上書，頁五九—六〇。
㉑同上書，頁二二五。
㉒同上書，頁三五四、四〇七。
㉓『臺灣經濟史研究』，頁一〇九—一一〇。

益的前提下，「蕃人」無疑地成為阻礙經濟發展的因素。政策即明顯地轉變為加強取締「蕃害」，以強有力的警備措施來積極地保護樟腦事業。於是，清代的「隘勇」制度即斷然地被利用為推展樟腦專賣事業的前衛警備措施。

隘勇制度的淵源，可以追溯到明鄭時期的所謂「土牛」「紅線」，但是從制度的設立來說，是始於清代乾隆五十三（一七八八）年，福康安設立「隘丁」，以鞏固「漢」「蕃」接壤地帶的安全㉔。臺灣總督府據臺之前，臺中和新竹地區有隘寮八〇所（其中五所為私設）、隘丁一，七五八人（私隘四〇人）、隘勇線為二十五里十町（町為一長度單位）。然而到一八九五年末，官隘解散，只留存私隘寮一三一所、隘丁五六八人、私隘一六四人、隘勇線為三十一里十町。

臺灣總督府肯定隘勇制度的存在意義，並積極地加強利用隘勇，其原因在入臺統治初期，部分隘勇非僅未曾參加抗日，且曾協助日軍。早在一八九五年北白川宮親王率領日軍南下，攻破劉永福為首的抗日軍時，到處遭受臺民義勇軍的抵抗，但是臺中地區的豪族林朝棟一族，擁有武裝的隘丁，卻不曾加入抗日義勇軍，並在一八九六年柯鐵等中部抗日義軍聯合採取抗日行動的雲林

㉔『臺灣蕃政志』卷下，頁六六。臺灣省文獻委員會編『臺灣省通志稿』卷三（政事志防戍篇）（臺北，一九六五年）頁五七、一〇〇、一七七—一九二。

㉕『臺灣治績志』，頁二八〇—一。

事件中，協助日軍守備隊鎮壓抗日義軍㉖。林朝棟曾與丘逢甲等擁戴臺灣巡撫唐景崧建立「臺灣民主國」領導抗日㉗，但及唐、丘等「棄臺」內渡，林朝棟也慨然地說：「我戰而朝廷不我賞，我遯而日本不我仇，我何為乎？㉘」其本人隨之亦內渡，而留在臺灣的「林族多承朝棟意，無敢生事㉙」。當然，隘勇之中也有英勇抗日的。新竹客家銐首姜紹祖，年僅二十二歲，率領手下隘丁參加抗日義民軍，為保衛鄉土而死守新竹枕頭山，壯烈犧牲㉚。由於上述不同的情況，故臺中林家的隘勇線即被留存而加以應用，新竹客家樟腦業者的隘勇即被消滅。甚至一八九七年臺中林族的代表林紹堂與臺北李春生、鹿港辜顯榮、彰化楊吉臣等，因此獲得日方當局授予旭日三等勳章，以酬其協助鎮壓「土匪」有功㉛。

一八九六年九月十九日，總督府以「民內第六六九號」的機密訓令，通知臺中縣知事和混成

㉖『理蕃誌稿』第一編，頁二二九。

㉗鄭喜夫「林朝棟傳」（臺中，『臺灣先烈專輯（第四輯）』，臺灣省文獻委員會，一九七九年）頁一〇一。

㉘『臺灣戰紀』，頁四。

㉙同上書，頁一三。

㉚同上書，頁五—六。

㉛『陸軍幕僚歷史草案』第三卷，頁五。

第二旅團把臺中地區的隘勇利用為日方「爪牙」，並從九月一日起，每月撥兩千圓補助金加以僱用㉜。經過日方調查，在林紹堂、廣泰成、劉宏才屬下的隘勇隘丁中，只有林紹堂的被認定值得留用㉝。根據十月一日實行的「僱傭方法」（共六條），林屬下的隘丁隘勇今後可在臺中縣知事的統轄指揮下，擔任「蕃地」的防禦任務，但日軍隨時可以調用隘勇隘丁；至於撫墾署長要借用隘勇隘丁時，必須向縣知事申請；補助金二千圓是由警察經費中撥出，鎗彈等武器則由總督府軍務局支給㉞。林紹堂的隘勇共有四〇〇人，隘勇線在臺中管轄內水底寮至埔里社之間六里㉟。臺灣總督府每月撥二千圓補助金，而林家對每一隘勇還要負擔八圓㊱。

林紹堂的隘勇線被存留，又受日方武器和經費的援助，在當時漢人抗日勢力洶湧的情況下，顯然是臺灣總督府對臺中望族所施展的一種籠絡政策。林紹堂被納入日本統治圈內時，不但對中部的治安和漢人的抗日情緒有莫大的穩定與抵消作用，而且從經濟效益的觀點來看，日方也確實需要把臺灣中部樟腦大盤商的林家拉攏過來。

㉜『臺灣總督府警察沿革誌』第一編，頁三八〇。『理蕃誌稿』第一編，頁二二九。
㉝『臺灣總督府警察沿革誌』第一編，頁三八一。
㉞同上書，頁三八〇—一。『理蕃誌稿』第一編，頁二二九—二三〇。
㉟『理蕃誌稿』第一編，頁二八—九，五五二。
㊱『臺灣治績志』，頁二八〇。

林朝棟在清代為劉銘傳官辦腦務的支持者，又是與德商公泰洋行訂定合約的買辦，接受其四萬五千圓資金，在中路彰化腦務總局轉貨給樟腦製造業者，替德商一手包攬收購㊲。林家把產地一擔十二元的樟腦，以三〇元價錢賣給公泰洋行，公泰洋行再把臺灣樟腦運到香港，約以四〇元的價格賣出㊳。後來林朝棟不滿德商所訂的三〇元，要求漲價而被拒，於是在一八九四（光緒二〇）年春夏之間，與蔡振聲、曾君定合資設立腦館「福裕源」公司，自行用船配送至香港兜售㊴。由此可見林朝棟一族，在臺灣中部地區的樟腦業中，所擁有的雄厚勢力和領導地位。臺灣總督府要驅逐外商勢力，必須先摧毀買辦制度，從外商的經濟動脈處著手，切斷其樟腦的供應來源。林紹堂的隘勇線被日本當局肯定，首要在於利用林族所擁有的經濟勢力和對樟腦供銷的規模，其次才是隘勇線的警備能力。因為當初日本的「理蕃」採「綏撫」政策，對於含有征剿「蕃人」性質的隘勇制度採取漸撤的方針㊵。

然而，隨著樟腦業者進入深山砍伐樟樹製造樟腦，對加強警備措施的需求也趨殷切，撫墾署不能扮演保護業者的角色，不能有效地勸阻「蕃人」之「出草」砍頭殺人，所以「撫墾署無用論」

㊲『臺灣樟腦專賣志』頁九—一〇。
㊳『臺灣產業調查錄』，頁一六三—四。
㊴『臺灣先賢先烈專輯（第四輯）』，頁七七。
㊵『臺灣總督府警察沿革誌』第一編，頁三八一。

的批評逐漸興起，連撫墾署長本身都提出官辦隘勇的主張，但是並不贊成隘勇由漢人充任㊶。一八九八年六月調整官制而設辦務署第三課，這在制度上已顯示「理蕃」業務的萎縮，代之而起者卻是擴大輔助民設隘勇的辦法。

根據一八九八年十月十五日臺中縣知事的報告，林紹堂主張每百斤樟腦收腦稅來辦理「官辦隘勇制。因為林紹堂為維持屬下的隘勇線，每月虧損六九〇圓，而該隘勇線所保護的不僅是自己的產業，還有其他十一個業者和往來埔里社的交通支線，所以林紹堂才提出抽腦稅以補虧損的辦法㊷。除此之外，當初沒有被認定補助僱用隘丁的苗栗廣泰成、劉宏才等，也一再地提出申請設置官辦隘勇㊸。官制調整以後，苗栗從新竹縣劃歸臺中縣管轄㊹，臺中縣知事也極力聲言設置隘勇的功能㊺。於是從一八九八年十二月一日起，擴大所謂「官督商辦」的隘勇線，林紹堂每月接受二、八〇〇圓補助金，苗栗的黃連添則南從罩蘭，北至大河底的隘勇線共有三五〇名隘勇，每

㊶『理蕃誌稿』第一編，頁二三四—五。
㊷『臺灣總督府警察沿革誌』第一編，頁三八三—五。
㊸『理蕃誌稿』第一編，頁二三五。
㊹同上書，頁二三六。
㊺『臺灣總督府警察沿革誌』第一編，頁三八四。

月接受一、四〇〇圓的補助金㊻，鎗彈仍然由日方提供。這是為監督和防止鎗彈私自帶進「蕃地」，也防止「蕃地」私自製造鎗彈㊼。補助隘勇總共七七四人的經費，由一八九八年度的警察費中撥出，如果經費不足時，再由地方稅收來補貼㊽。因為經費來源為警察費用，所以把臺中縣內從前「警丁」「隘丁」「隘勇」等不同名稱，全改稱為「隘勇」㊾。然而，臺北縣竹北至南庄一帶仍稱為「警丁」的有一九五人，至於宜蘭、羅東樟腦局和叭哩沙樟腦局試驗所的僱用者，稱為「樟腦局壯丁」的有五〇人㊿。

樟腦局壯丁，原為乃木總督在宜蘭地區策劃「護鄉兵」時所採用的「熟蕃」訓練兵，兒玉總督將其改稱為「軍役壯丁」㊿¹，訓練試用一年後解散㊿²。此宜蘭地區的訓練兵，旋即改用於樟腦局，擔任警備任務，並由三名陸軍士官指揮㊿³。其他，埔里社地區的護鄉兵，因為在一八九八年

㊻『理蕃誌稿』第一編，頁二三六。
㊼『臺灣總督府警察沿革誌』第一編，頁三八五。
㊽『臺灣樟腦專賣志』，頁一六三。
㊾『臺灣總督府警察沿革誌』第一編，頁四七。
㊿『臺灣樟腦專賣志』，頁一六三。
51『陸軍幕僚歷史草案』第四卷，頁三五──六。
52同上書，頁六六、六八、七九。
53『臺灣總督府警察沿革誌』第一編，頁三八七。

底鎮壓漢人抗日運動時，表現良好㊹，所以從其中選拔三八名任用為臺中縣巡查補㊺。然而這些「熟蕃」的壯丁，無法抵禦「生蕃」的勇敢善戰，僅在一八九九年七月至九月宜蘭地方樟腦局剛開辦時，共發生五次「蕃害」，死傷者達四十餘名之多㊻。雖然十月補了二〇名，十二月再補十名，而使備用警丁有一五〇名，但仍無法阻止「蕃人」的襲擊。

臺灣總督府為了保護樟腦事業的利益，採取加強警備的措施，以國家預算把「隘勇」整頓擴大，變成一支由警察直接指揮的警備系統。然而，隘勇步入制度化的過程，也是「蕃人」團結抗日日趨激烈的時期。

㊹『陸軍幕僚歷史草案』第四卷，頁六七—八。
㊺同上書，頁七九。
㊻『臺灣樟腦專賣志』，頁一三六。
㊼同上書，頁一六四—五。

第三節　警察政治與隘勇制度的相互為用

一九〇〇年，中國發生了義和團事件，日本的「南進」政策也面臨一次錯誤的嘗試。當義和團在山東興起，以赤手空拳襲擊列強時，日軍即乘機實行其聲東擊西「北攻」「南進」的侵略政策。日本當局，一方面派兵二萬二千加入八國聯軍進攻北京，意圖確保日本在朝鮮半島的優勢地位；另一方面藉口保護廈門的日僑而派兵襲擊廈門，企圖佔領廈門和吞併福建。此「廈門事件」，是當時山縣有朋內閣中，以陸軍大臣桂太郎為首，自一八九八年一月至一八九九年五月之間，與主戰派的參謀總長川上操六，以及臺灣總督兒玉源太郎，共同籌劃而發動的。

兒玉自從就任臺灣總督以後，除了統治臺灣以外，也同時為實行向對岸的大陸（福建）「南進」，做全盤性的準備。當一八九八年實施官制改革時，兒玉即在民政部外事課，設立了一個專管福建事務的「對岸係」①，以經濟、文化、教育等手段，開始著手廈門的經營，而預先為日本的軍事侵略佈置。當然日本對廈門的控制，也可以阻止廈門成為臺民抗日的基地。當華北發生義和團事件，列強無暇干預華南時，兒玉總督乘機於八月發動了出兵佔領廈門的事件②。而且，為

①『兒玉源太郎』，頁三四二。
②『後藤新平傳』第二卷，頁四四四。

了順利地達成其目的，兒玉還利用中國的革命黨魁孫逸仙，以日方援助革命的藉口讓革命黨員發動惠州起義③，日軍即乘華南兵慌馬亂的動亂時刻，企圖進攻廈門而佔領之，以便在中國大陸獲得一個「南進」的據點。

然而，日軍在華南的出兵，自然引起列強的注意和干涉。因為日本已佔有臺澎，如果再加上廈門的話，日本在東亞即完全掌握通過臺灣海峽到南海的航海權，勢必打破列強在東亞的均勢，直接影響到列強的共同利益。一九〇〇年八月二十八日，當日軍先鋒隊出兵廈門時，英法等國即提出強烈的抗議④，迫使日本的野心無法得逞，而不得不中途放棄，致使兒玉總督在海峽對岸廈門獲得據點的企圖終成泡影。於是日本不得不暫時擱置以軍事行動佔據廈門的政策，將其「南進」基地的重點再重置於臺灣島上，亦即專心謀求臺灣「平地」和「蕃地」的經濟開發，以鞏固臺灣成為將來實行「南進」政策時的基地。

廈門出兵的失敗是受「外在」的條件限制，那麼臺灣總督府只好專注於經營殖民地臺灣，特別是財政問題，而「內在」條件最允許的糖業政策被列入優先施政的措施。

糖為當時日本的主要進口消費品，除了琉球改隸的沖繩縣出產外，全依靠外國進口，而其消

---

③葛生能久『東亞先覺志士記傳』上卷（東京，黑龍會出版部，一九三三年）頁六七一。

④『兒玉源太郎』第二卷，頁四七四—六。『兒玉源太郎』，頁三四九。

費量也逐年增加，原在德川幕府時代為納貢品的，到了明治時代成為大眾消費品，在「割臺」那一年的輸入量為二五二萬擔，三年後一八九八年已經高達四五四萬擔⑤。

由附表生產量和消費量的對比來看，日本對糖的需求量日益增加，但是臺灣糖的生產量反而降低，殖民地臺灣沒有替其母國扮演提高糖自給率的角色。兒玉總督為了日本帝國的利益，必須採取斷然措施，以維持臺灣治安，因為治安不良是臺灣經濟發展遲緩的重要阻因。糖業這種農產品加工業，全靠農民種植甘蔗的土地面積而定其生產量的多寡，然而臺灣中南部地區仍被抗日「土匪」所佔據，這對日本的糖業增產政策，不可諱言地形成阻礙⑥。用什麼手段達成消滅抗日份子，維護中南部的治安，並奪取「土匪」所佔據的土地，以奠定日本帝國糖業政策的基礎，為「南進」政策失敗後兒玉總督當前最要緊的課題。

於是，臺灣總督府在「平地」對漢人的武裝抗日運動，採取總清算，實行直到完全消滅為止的徹底鎮壓政策。後藤民政長官在一八九八和九九年間所施展的「土匪招降策」，使日方掌握了抗日陣營的一切詳情，將混沌的抗日勢力化暗為明，因此對付抗日份子的政策才佔了上風，進而

---

⑤『朝鮮・滿州・臺灣林業發達史論』，頁四四七—八。

⑥例如，三井投資設立的臺灣製糖株式會社的橋仔頭，陳中和所設的新興製糖株式會社的後壁林，被日方認定為「土匪」巢窟。『後藤新平傳』第二卷，頁二九〇—一。宮崎健三編『陳中和翁傳』（臺北，一九三一年）頁一九—二〇。

（表十五）日本的砂糖消費量所佔輸入量的比率（一八九五—一九〇〇年）

（單位：擔）

年次	生產量			輸入量(A)		消費量(B)
	內地	臺灣	計	數量	A/B	
一八九五	七三八、二六九	九二〇、八九一	一、六五九、一六〇	二、五一八、五六一	六六・一%	三、八〇七、八七四
一八九六	八三三、一八五	八一八、九四七	一、六五二、一三二	二、三五二、一六二	六四・七	三、六三三、九四五
一八九七	六二八、九三三	七七九、九四二	一、四〇八、八六五	三、三六〇、六三四	七六・三	四、四〇七、二〇九
一八九八	九〇七、九五二	六八三、四九九	一、五九一、四五六	四、五三八、一五九	七九・二	五、七二九、五〇三
一八九九	一、〇三二、七六三	八一五、一〇二	一、八四七、八六五	二、八六〇、一九六	六四・九	四、四〇三、八七一
一九〇〇	一、〇二二、二〇八	四四五、三八〇	一、四六七、五八八	四、一六五、一八〇	七五・六	五、五〇八、四九七

（臺灣製糖KK『臺灣製糖株式會社史』頁2）

採取更為準確的粉碎政策。換言之，總督府可主動地選擇時機和方法實行攻擊，也可隨心所欲地對投降份子藉口殺戮，真是攻守自如。在一九〇〇年曾短期出現的一時寧靜，這只不過是抵抗者和鎮壓者經「招降策」妥協而產生的短暫休戰，抗日份子雖獲得了短暫的生機和補給，卻給日方時間去深入偵察，再做攻擊的周全準備。

一九〇〇年兒玉總督為解決當前的重要課題，對地方行政的劃分加以全盤性的調整，將若干管理「蕃人」「蕃地」的辦務署廢止，減少效率低的「蕃人」「蕃地」機構。被廢止的有臺北縣新埔辦務署、臺中縣埔里社辦務署、臺南縣潮州庄辦務署及宜蘭廳的全部辦務署⑦。到了一九〇一年十一月九日，又將總督府官制和地方官官制加以大幅度的改革，在總督府民政部特設「警察本署」⑧，把「剿匪」的任務交由此機構專責辦理。為了配合警察「剿匪」的業務，地方行政的劃分也從大管轄區制改為小管轄區制，確定採取密切監視和搜索「土匪」的警察系統。

在「臺灣總督府官制」的改革方面，因為民政部成為一手包辦臺灣內政的機關，而民政各課又皆直屬民政長官，然而隨著民政業務的擴大，民政長官再也無法親理民政部各課的繁雜業務。雖然尚有參事官來幫辦的制度，但這不過是一種臨時性的，並非正規的行政體系。為了適應民政

---

⑦『理蕃誌稿』第一編，頁一五六—七。『臺灣總督府警察沿革誌』第一編，頁五〇一—二。
⑧『臺灣總督府警察沿革誌』第一編，頁九五—一〇三。

業務的擴大和發展，因此決定改組民政部而立五局，把十七課依其性質調整，分屬於總務局、財政局、通信局、殖產局、土木局，各局由局長來指揮所屬各課，各局長對總督和民政長官負責⑨。這使臺灣總督府官僚體系的發展，以及財務局、通信局、殖產局、土木局各局的設立，與臺灣的經濟開發，發生密切的關連。而且這些關係經濟的各局業務，也變成民政部中的主要業務。由此顯示，臺灣總督府民政部在經營臺灣事務上，是扮演了推動殖民地資本主義發展的角色，使日本在臺灣的經營，積極地朝向經濟殖民地的方向邁進。

這次官制改革的焦點，在於如何強化「警政」，以貫徹和發揮「警政」本身的特長。因此，民政部除了設立五局之外，另設立警視總長，由他擔任警察本署長，專管各有關警察業務。並且，如果地方行政事務牽涉到警察業務時，警視總長還可以指揮地方長官⑩。但是警察本署與其他民政部五局的名稱和組織都不相同，因此日本中央政府內務省法制局，在審查官制時，要把警察本署、警視總長等職權修改為警務局，以便謀求全國在法制上的統一⑪。然而後藤民政長官堅持己見，不肯讓步。後藤認為，今後的地方行政業務，例如徵稅、專賣、大租權的整理、保甲制度的

⑨同上書，頁九六—七。
⑩同上書，頁九七。
⑪同上書，頁九九。

（表十六） 一九〇一年制定的臺灣總督府組織

- 總督
  - 總督官房—秘書課、文書課
  - 民政部（民政長官）
    - 警察本署（警視總長）
      - 警察管區
      - 警務課、保安課、衛生課
      - 高等警察
    - 總務局—外事課、地方課、法務課、學務課
    - 財務局—主計課、稅務課、會計課
    - 通信局—庶務課、郵務課、電務課、海事課
    - 殖產局—農商課、拓殖課、權度課
    - 土木局—土木課、營繕課、經理課
  - 陸軍幕僚
  - 海軍幕僚

普及等，非靠警察難以推行，因此警察本署是推展民政所必須的一種警政體系，其組織結構必須與其他五局不同，應具有更強大的特殊功能⑫。後藤批評法制局的修正案為紙上談兵，不切實際，

⑫同上書，頁九八—九、一〇〇—一、一〇二、一〇三。

而強調必須配合實際的需要。最後兒玉總督支持後藤的意見，使原案得以通過⑬。

另一方面，地方官制也因應時勢所需，作大幅度的改革。後藤為了強化臺灣總督府民政部對地方行政機構的指揮權，決定廢止三縣三廳及辨務署制度，而改革變成二十廳制度：即臺北廳、基隆廳、宜蘭廳、深坑廳、桃仔園廳、新竹廳、苗栗廳、臺中廳、彰化廳、南投廳、斗六廳、嘉義廳、鹽水港廳、臺南廳、蕃薯藔廳、鳳山廳、阿猴廳、恆春廳、澎湖廳及臺東廳⑭。

（表十七）　一九〇一年制定臺灣總督府地方官官制

- 廳（警視）
  - 總務課—文書係、庶務係、殖產係、土木係、會計係、蕃務係。。。
  - 警務課—警務係、保安係、衛生係
  - 稅務課—直稅係、間稅係、地方稅係
  - 。
- 支廳。（警部）—派出所
  - 警察官派出所。。。。
  - 總務課員派出所（共一〇一所）

---

⑬同上書，頁一〇三—四。

⑭同上書，頁五一三。

依後藤的構想，地方行政長官的廳長應以特別任用令，全由臺灣總督府的二十名「警視」來擔任⑮，而各廳聯合採取警察行動時，皆由警視總長統一指揮，以便提高「警政」的效率。警察行動時的指揮系統，是依照警察管區制度來做決定：第一管區是從臺北廳到彰化廳，共十廳；第二管區從斗六廳到臺東廳，亦共十廳。各警察管區設立管區長，由臺灣總督府的「警視」來擔任⑯。

並且為了貫徹地方行政機構的警政特色，後藤決定將從前地方所分擔負責的土木、殖產、稅收等各事業，全由總督府直接經理⑰。於是各地方廳的員額雖然增加為一，二三〇人⑱，但是警察以外的機構反而縮小，僅設立總務課、警務課及稅務課三課而已。

另外，在地方行政機構的二十廳以下，還設立支廳。即依新的地方官官制第三十八條，廢除辦務支署而改設支廳⑲。各支廳長皆由「警部」擔任，其支廳課員也幾乎都由警察來擔任，業務則以警察的工作為日常事務⑳，因此支廳也可以說是純警察機構。後來，隨著民政局的五局擴大

---

⑮同上書，頁一〇一。
⑯同上書，頁一〇四。
⑰同上書，頁五一二。
⑱同上書，頁五一三。
⑲同上書，頁五二〇。
⑳同上書，頁五二一。

業務，而其最基層的行政機構「支廳」，即扮演實際推行總督府施政的角色，除了要負責警察本身的維護治安的工作以外，還要掌管稅收、糖業、農作物的改良、防禦病蟲害和傳染、水利、衛生、學校等工作，一切都非經過警察之手不可，並且逐漸擴大其規模，完成臺灣獨特的「警察政治」㉑。在一九〇一年時，全臺的警察人數共達五、六九二人，其中以「巡查補」名義採用當地臺民來負責治安的人員共有一、七三四人㉒。由此可見日本正以「警察政治」擴大其統治權，而為增強和鞏固其在臺灣的統治，也就儘量採用臺民來充當治安人員了。

一九〇二年警視總長大島久滿次，構想非常毒辣的「土匪招降策」，南下對抗日運動展開斬草除根的清剿㉓。他一方面發動激烈的武力討伐，但另一方面驅使保甲民到山上搜查㉔，並威脅利誘抗日份子投降㉕。當抗日份子受騙出來舉行歸順典禮時，警方即採取殘酷的處分措施，加以

㉑同上書，頁五五九—五六〇。持地六三郎『臺灣殖民政策』（東京，富山書房，一九一一年）頁七七—八五。
㉒『臺灣總督府警察沿革誌』第一編，頁七一三—四。
㉓同上書，第二編（上）領臺以後の治安狀況（臺北，臺灣總督府警務局，一九三八年），頁四五一—二、四五四—五。
㉔嘉義廳警察課『嘉義剿匪誌』（東京，東京國文社，一九〇六年）頁一八九—二〇六、二〇七—九。
㉕同上書，頁二〇六。

集體屠殺，以達其消滅抗日運動的目的㉖。據說，在一九〇二年被判處死刑者有五三九人，但被臨時處分而屠殺者竟達四，〇四三人，這時從民間沒收的槍枝共達六萬支㉗。

兒玉總督在「平地」確立「警察政治」的統治體制，把一切警力集中在鎮壓漢人的抗日運動上，因為不能分散警力，只好暫時把「蕃人」「蕃地」的業務，交由非警政單位來分擔。臺灣總督府民政部的殖產局拓殖課，擔任森林、原野、礦山及「蕃人」「蕃地」的經濟開發業務；民政部的警察本署警務課，擔任隘勇事務；保安課擔任山林及「蕃人」取締事務㉘。在地方官府方面，因辨務署廢止，其第三課所專管的「蕃人」「蕃地」業務，全移到十三個廳的總務課掌管，即宜蘭廳、深坑廳、桃仔園廳、新竹廳、苗栗廳、臺中廳、南投廳、斗六廳、嘉義廳、蕃薯寮廳、阿猴廳、恆春廳及臺東廳的總務課。因為各廳總務課㉙暫時兼管「蕃務係」業務，所以在支廳下，又設立「總務課員派出所」共一〇一所，其中，除了臺北、基隆、彰化、鹽水港、臺南、鳳山、澎湖等七廳三十七所與「蕃務」無關，其餘十三廳六十四所（宜蘭廳三所、深坑廳二所、桃仔園

㉖『臺灣總督府警察沿革誌』第二編（上），頁四五五—四七五、四七四—五、六一四—六二八。
㉗『後藤新平傳』第二卷，頁一四九—一五〇。另外，有被捕殺者為八、〇三〇人之說法。秋澤烏川『臺灣匪談』（臺北，杉田書店，一九二三年）頁六二。
㉘『臺灣總督府警察沿革誌』第一編，頁一〇六。『理蕃誌稿』第一編，頁一七一。
㉙『臺灣總督府警察沿革誌』第一編，頁五一八。『理蕃誌稿』第一編，頁一七一—二。

廳八所、新竹廳八所、苗栗廳六所、臺中廳五所、南投廳三所、斗六廳九所、嘉義廳八所、蕃薯寮廳一所、阿猴廳六所、恆春廳二所、臺東廳四所）皆與「蕃務」有關㉚。但其業務縮小了很多。支廳方面，雖然官制上有「屬」「技手」等擔任一般行政業務者，但實際上全數由警察人員來擔任㉛，並且為搜索逮捕漢人抗日份子已經忙不過來，無暇處理「蕃人」「蕃地」業務㉜。於是，在行政制度上顯示了重視「平地」忽略「蕃地」的現象，即平地治安措施迅速擴大和膨脹，相對地，「蕃人」「蕃地」的治安反而退縮到沒人去管的不平衡地步。

然而從整個經濟和治安的觀點來看，「蕃人」「蕃地」的業務也不能完全不顧。為了彌補行政制度上對「蕃人」「蕃地」施政的縮小，即決定擴大採用隘勇制度並改行官辦。

一九〇〇年一月，臺灣總督府在該年樟腦專賣所的樟腦製造經費裡，以追加預算的方式增加了「防蕃費」二四、六二〇圓㉝，二月又以總督的秘密訓令下達：從三月以後在臺北縣三角湧、景尾、南庄三所，及臺中縣東勢角、罩蘭、鎗櫃三所，設立官辦隘勇㉞。接著四月九日公佈「隘

㉚『臺灣總督府警察沿革誌』第一編，頁五二七—八。
㉛同上書，頁五二一。
㉜同上書，頁五二二。
㉝『臺灣樟腦專賣志』，頁一六三。
㉞『臺灣總督府警察沿革誌』第一編，頁三八七。

勇傭使規程」（共五章十九條）。根據此規程，隘勇限於十八歲到四十五歲，由品德優良而無犯罪紀錄，不抽鴉片，無酒癖和粗暴行為，並且有強壯的體格，能耐艱險困苦，視力、聽力及精神俱優，發聲明亮通達的男子來充任。隘勇每月的薪水在七至十五圓之間，被解僱或死亡時，官方支付該月薪俸的全額。其執勤任務為住在山上隘寮，從事二十四小時的監視巡邏，發現「蕃人」有可疑行動或有害治安等事情時，立即通報日警，並且接受日警指揮，執行防衛或保護等任務，如果隘勇有怠慢或失誤、曠工等違規行為發生，衡量輕重，各有課罰金、降給、解僱等處分。但隘勇表現傑出，可選拔為隘勇伍長，給與下士待遇，以鼓勵其勤勉效勞㉟。

隘勇由警察來指揮監督的規定（第三章第九條），可以說是日本的臺灣總督府企圖把傳統的隘勇制度移接在「警察政治」的系統上，藉此謀求加強「蕃地」的警備功能，進而達成「蕃地」和「平地」兼顧的治安目的。但是隘勇如果是由抽鴉片、酒鬼、賭徒、無賴或老人來允任的話，就無法達成此警備和治安的功能。因此對隘勇素質的提高和加強，才是真正達到加強「蕃地」警備的具體辦法。在日警的指揮監督之下，隘勇被佈置在「蕃地」和「平地」的境界線上，二十四小時執行取締和防犯任務，而形成一條隘勇線，一方面戒備「蕃人」的出草，以保護樟腦業的拓展，另一方面防止漢人的抗日份子潛逃，藏匿「蕃地」騷亂山地的治安。強化「隘勇」的警備功

㉟同上書，頁三八七—九。『理蕃誌稿』第一編，頁二三九—二四一。

能，的確對漢「蕃」兩面都能夠發揮鎮壓的作用，進而達成「以夷制夷」、漢「蕃」分化政策的目的。隘勇的來源，為山腳地區的漢人或「熟蕃」，他們不但熟稔地勢，不易罹患疾病，而且比乃木總督所設計的「護鄉兵」來得省事省錢，非常符合節約開支的財政條件。

隘勇制度雖然是為了彌補警察的人手不足，而在「蕃地」擔任維持治安的任務，但這不是全臺灣都佈置的警備措施，而是只限於樟腦製造事業的北部地區，即設置於臺北和臺中兩縣而已。臺北縣方面，原有的「警丁」、「樟腦壯丁」全改稱為「隘勇」㊱，並且還制定了隘勇的制服㊲：在三角湧有二名警部，二六名巡查，指揮二二〇名隘勇（名額為二五〇名）；景尾有五名巡查，指揮六〇名隘勇；南庄有九名巡查，指揮八〇名隘勇㊳。在臺中縣方面，有純由民間製腦業者自辦的，和所謂「官督商辦」的隘勇，以及由日警指揮的「官辦」隘勇三種，為了分別其不同，決定把民間所設的總稱為「隘丁」，官辦的才稱為「隘勇」㊴，臺中縣轄的官辦「隘勇」不如民辦「隘丁」之多，且罩蘭有六〇名隘勇，而沒有派日警指揮；東勢角有一名巡查指揮十名（隘勇名

㊱『臺灣總督府警察沿革誌』第一編，頁三八七。
㊲『理蕃誌稿』第一編，頁二四一—二。
㊳『臺灣樟腦專賣志』，頁一六三。
㊴『臺灣總督府警察沿革誌』第一編，頁三九〇。

額為二〇名）；鎗櫃有二名巡查指揮十五名隘勇㊵。在一九〇〇年初，官辦隘勇的名額有四八五名㊶，但實際上的人數為四四五人㊷。

官辦隘勇的數目不斷增加，其速度相當驚人，到一九〇〇年末時已經達到一、五九三名㊸，加上「平地」的警察人員五、五一一人㊹，全臺總共有七、一〇四名官派警備人員，嚴密監視漢「蕃」兩地，一方面防止漢人抗日份子逃入深山「蕃地」，另一方面限制「蕃人」自由下山。當時在「平地」已經設立了「派出所」七百多所㊺，實行「警察政治」；但在「蕃地」只有二個派出所，其他是隘勇監督所四一所、隘寮三八六所，合計共有四二九所㊻警備措施；到一九〇一年，隘寮再增加為四三九所㊼可見北部的隘勇措施，日趨加強其警備功能，當然其預算中的「防蕃費」，也同時增加到二〇萬圓左右㊽。

㊵『臺灣樟腦專賣志』，頁一六三。
㊶『臺灣總督府警察沿革誌』第一編，頁三八七。
㊷『臺灣樟腦專賣志』，頁一六三。
㊸『理蕃誌稿』第一編，頁二三七—八。
㊹『臺灣總督府警察沿革誌』第一編，頁七一一。
㊺同上書，頁七一四。
㊻『現代史資料（22）臺灣（2）』，頁四〇四。
㊼同上。
㊽『臺灣樟腦專賣志』，頁一六五。

日方當局佈置了隘勇隘丁的警備線之後，發現這些警備線實際上還有多處缺陷，無法達成預期的警備效果。特別是名為「官督」實際上由製腦業者自行設立的隘丁線，弊竇叢生，成為日本臺灣總督府採用隘勇制度的一大漏洞。

官辦隘勇注重隘勇的僱用，以加強隘勇的素質和體能為錄取的基本條件，但是樟腦製造業者僱用的隘丁，相反地大都是抽鴉片的體弱者，加上平時缺乏武器的保養和戰鬥訓練，又各自分派系，缺乏連絡，即使二、三十個「生蕃」來襲也無法抵擋㊾。對業者來說，在「蕃地」冒著生命危險從事艱苦工作的腦丁難求，而隘丁只不過是替腦丁送死，以其生命來抵抗「蕃人」的出草，完全是製造樟腦利益的犧牲品而已。所以對腦丁和隘丁的素質或來源，並不去講求，使得漢人抗日份子亦夾雜其間，謀求生機。臺中縣知事為此特地公佈：腦丁隘丁必須攜帶牌照，以便查明身份，並且告誡不得擅自進入「蕃地」㊿。

臺灣總督府提供經費和武器給私設的隘丁，是盼望此隘丁線對該地區具有維持治安的警備線功能。如果業者只顧本身的利益而不顧交通路線或村莊的安全，甚至對「蕃害」也採取不負責任的態度㊿，則官方的補助對治安的維持就沒有發生效果。尤有甚者，某些業者連官方的補助金和

㊾『臺灣總督府警察沿革誌』第一編，頁三八九—三九〇。
㊿『理蕃誌稿』第一編，頁一五九。
(51)同上書，頁二四五。

提供給隘丁的日用品都想辦法私吞52，原為改善隘丁待遇而提高警備功能之善意，竟成為業者賺外快的差事，隘寮仍舊簡陋破爛，隘丁缺額也不補充，隘丁的效用因而大打折扣。

在樟腦製造業者旺盛的追求利益的心態下，北部的製腦產地早已跨越隘勇線，將各製腦地得寸進尺地設置在「蕃地」。這是業者違背了臺灣總督府所規定的「蕃地」為「國有地」，「蕃地」的一切產物悉為官方所有之原則，他們擅自與「蕃人」交涉訂約，以納租貢的方式獲得「蕃人」的允許採伐，而從事樟腦製造業。這種清代舊慣的「和蕃」方式，對臺灣總督府來說，是絕對不准許的違法行為。但是臺北縣知事當時尚無餘力來將「和蕃」問題一律加以解決，只好下令各有關單位採取監督或干涉漢「蕃」之間的交涉，以增強日本對「蕃地」的「主權」53。

總而言之，當時在總督府內掌管「蕃人」「蕃地」事務的共有四個機構：一為民政部警察本署警務課，是管理隘勇事務；二為保安課，管理山林及取締「蕃人」事務；三為殖產局拓殖課，管理森林原野、礦山及一般「蕃人」「蕃地」事務；四為臺灣總督府專賣局，管理樟腦製造專利及其取締事務。表面上看起來，各單位似乎都有其主管的業務，而責任各自明確地劃分，但實際上卻顯示根本沒有主腦的核心單位來統轄「蕃人」「蕃地」事務，而是各自為政的。甚至在地方

52同上書，頁二四六。
53同上書，頁一五九—一六〇。

上也沒有專管的機構，連警備線都分為隘勇、隘丁而不統一。在此種情況下，製腦業者採取舊慣的「和蕃」，即與「蕃人」訂約製腦，以求自保利益，這簡直是否定了臺灣總督府的「蕃地」為國有地的原則，而不遵守日方的政令。使臺灣總督府當局不得不重新檢討迄今的「理蕃」政策，而開始積極地策劃新的剿滅「蕃人」勢力的辦法。故而臺灣總督府參事官持地六三郎，擬定了「理蕃大綱」。

第四節　塞夏族為主體的抗日事件

塞夏族是居住於新竹苗栗一帶山腳地區的「蕃人」，人口少，土地面積小，生活以狩獵為主、農業為副①。因與竹東的泰雅族接鄰，而有通婚的姻戚關係。竹南大湖的塞夏族，又與漢人，特別是客家人，時常接觸，故也有原為平埔族一支的說法。所以清代稱他們為「南庄化番」或「合番」，以與內山的「生番」有所區別②。所謂「化蕃」，是指文化程度介於「熟蕃」與「生蕃」之間。塞夏族抗日事件的主謀為南獅里興社頭目日阿拐，據說他是漢人子弟，只因被「蕃人」養育而入「蕃」籍③。

臺灣總督府警務局編纂的「理蕃誌稿」第一編，塞夏族為主體的抗日事件是「討伐南庄蕃」事件，其記載如下：

一九〇二年七月，討伐新竹廳下的南庄支廳管轄內蕃人（塞夏族），當初，在該蕃地

---

①臺灣番族調查會編『臺灣番族慣習研究』第一編（第一卷）（臺北，一九一八年）頁二三。

②同上書五。『新竹縣采訪冊』卷二（臺北，臺灣文獻叢刊第一四五種，臺灣銀行經濟研究室，一九六二年）頁九九。

③一八九七年調查「新竹縣南庄地方林況」（『殖產部報文』，臺北，臺灣總督府民政局殖產課，一八九八年）頁三一七。

的南獅里興社，有一頭目稱日阿拐，從所在地製腦者取得山工銀（依灶數支給的和蕃費），累積數萬金，役使漢人開墾水田，擁有佃戶數十，稱雄於蕃界的一角。旋因該地方有人企圖開墾山場而使其不滿，且製腦者之中有人怠納山工銀而使其憤怒，決然起來燒卻南庄街，欲驅逐當地居民及製腦者。於是糾合招來附近的各蕃族（塞夏族和泰雅族），及潛伏桃仔園、新竹、苗栗三廳之下的匪徒殘黨。七月六日忽然襲擊並包圍南庄支廳。在事發的前一天，因該地方有不穩的傳說，派遣新竹守備的一中隊及警察官若干，得以援助其急。接著有步兵二中隊及砲兵若干到來增援。經討伐五旬，至八月始平定之（其後，日阿拐逃亡病死，殘徒的凶惡者數十人加以殺戮，其他餘族完全喪失反抗氣力，而悉納槍器給官方，進入隘線之內，從事農耕）。隨著該廳下的北埔支廳管轄內蕃人大隘社，及樹圯林支廳管轄內蕃人畢萊社，也都各奉官命，於翌一九〇三年一月，將槍器納官。至此，塞夏族之亂全部掃蕩平定④。

以上的記載，雖然是從日本統治者的立場敘述，但是也提供了多方面的線索，值得加以深入探討。

首先，可以發現南獅里興社頭目日阿拐，是非常富有的「蕃人」，跟一般所想像的貧窮落後

④『理蕃誌稿』第一編，頁一七五—六。

的野蠻人完全不同。他收漢人製腦業者所納的「山工銀」，積蓄成數萬金，又擁有漢人佃戶數十戶，從事開墾水田，而收其租金。他有錢又有勢，有聰明過人的理財能力，算是非常不簡單的「蕃人」，可與漢人大地主或豪族匹敵。

南庄的塞夏族之中，另外還有像日阿拐那樣有資產的「蕃人」。這些「蕃人」，不是光收租金享受的游手好閒之輩，而是吸收知識，自己去主持樟腦事業，懂得去爭取更多的利潤，對有利益的生產事業是不甘落後，具有一種企業家精神的「蕃人」。根據「專賣制施行前的製腦許可表」，南庄地區的特許專利者中，有三名「蕃人」被臺灣總督府特許從事製腦事業。其中日阿拐，在竹南一堡獅里興聯興庄，設灶一四〇、大鍋八三個、小鍋一二九七個；獅頭驛的張有准，在竹南一堡獅頭驛，設灶十一、大小鍋三〇二個、獅里興庄的絲大尾，在竹南一堡獅里興，設灶一九五、大鍋一六五個、小鍋三〇四個。此三人都是在一八九六年十一月十三日獲得特許，其許可期限至一八九九年十二月一日，為期三年⑤。其中，日阿拐和絲大尾，是南庄塞夏族的代表人物。

臺灣總督府當時決定准許「蕃人」從事製腦業，是基於一種政策性的考慮。這是延續清代「蕃人」使用土地和地上產物時的「舊慣」，以「民木」的名義准許「蕃人」砍伐，即准「蕃人」對私有的樟樹採伐製造樟腦，而與一般漢人對「官木」獲准特許專利不同。一八九六年九月，南庄

⑤『臺灣樟腦專賣志』附錄，頁三。

撫墾署長水間良輔給民政局長水野遵的報告說：臺灣總督府的「蕃地」為國有地政策，一時難以貫徹實施，對「蕃人」仍依照舊慣，其既得權益暫時採取保留措施，亦即對既墾的田園，仍承認為「蕃人」的「私有地」，對未墾的林野，依照部落人口多寡，把部分林野劃為部落的「共有地」，至於頭目所申請的製腦業，則以「民木」的名義處理，准許其製造樟腦⑥。

民政局長水野遵接獲下層的請示後，並沒有直接的回答問題，但為了在不損害「蕃地」為國有地的原則下，圓滿解決南庄「蕃人」案，該局於九月十七日以「秘密訓令」通知各撫墾署長如次：

關於民木製腦案

如有申請民木製腦者，凡該當下列各項之一者，以民木論：

一、具有民有之證據文件完整者。

二、在有樹木種植或森林養護事跡之土地，其植樹者或養護者之情況明瞭者。

三、在其他事實上，所有者的事跡明瞭者⑦。

南庄撫墾署長鑑於南庄「蕃人」早在清光緒十二、三年（一八八六、七年）間即受大嵙崁撫

---

⑥『臺灣樟腦專賣志』，頁三〇一一。

⑦同上書，頁三一一二。

墾局的招撫歸化，改習漢俗，並且也有清廷官方發給的「墾單」，從事誘導「生蕃」務農，並且也自勉開墾而積蓄資產，故把南庄「蕃人」看成「熟蕃」，向決策當局建議承認其土地「私有權」。但是水野民政局長，對南庄撫墾署長的建議，並沒有做任何肯定的答覆，僅以「民木」的形式通告，只承認「蕃人」對樟樹有種植和養護的效能，並不承認南庄「蕃人」對那塊土地有「私有權」。換言之，水野民政局長在將「蕃人」傳統所有的土地轉變為日本國有土地的過渡時期，很巧妙地以「民木」處理，僅承認那土地的「地上權」，即樹木的私有權而已。南庄「蕃人」本來就對土地有強烈的所有權觀念。這對臺灣總督府認定「蕃地」為國有地的政策，構成障礙，而且非剷除不可，但在過渡時期，手段暫緩，以「民木」看待。

據上述「理蕃誌稿」記載，日阿拐不滿有人擅自侵佔「山場」，從事開墾，又有些製腦業者怠納「山工銀」，因此他才憤而決定起事。由文中所述可以推斷，臺灣總督府當局不承認日阿拐的土地所有權，所以使用「山場」這種形容原野山林的詞彙，而不使用「私有地」「土地」或「佔有地」等詞。『理蕃誌稿』的記錄實際表明了統治者的立場和政策。再說投入日阿拐起事行列的，除了塞夏族以外，還有泰雅族和漢人。泰雅族被認為是兇悍的「生蕃」，與塞夏族有姻族關係，參加起事是可以理解的。但漢人是依照舊慣納「山工銀」，照理說與日阿拐利益相反⑧，為什麼

---

⑧據一八九七年調查「近竹縣南庄地方林況」的記載，「山工銀」原為一竈一個月五毛錢至一圓，後來漲價為三圓以上（『殖產部報文』，頁三四八）。

也加入日阿拐的起事呢？還有塞夏族的另外一個有勢力者絲大尾，為什麼不參加日阿拐的起事？就事件性質言，很明顯地這是一次「蕃人」和漢人聯合起來發動的抗日行動。「蕃人」和漢人站在同一條利益陣線上，抵抗日本的經濟侵略。至於不加入抗日行列者，早已被日本當局懷柔「撫育」，成為日本臺灣總督府推行「理蕃」政策的「爪牙」了。

塞夏族的抗日，是起因於日本國家權力，剝奪其樟腦製造權。

一八九八年三月六日，在南庄成立了「南庄腦業組合」，日本人稱「行會」或「工會」為「組合」。接著三月二十四日，日本興業會社小川真一，得絲大尾的轉讓，而在竹南一堡獅里興社的小東河地方，設灶一八個⑨。這是日本人在南庄開辦樟腦製造業之始。到了一八九九年十一月二十八日，日本興業會社退出製腦業，名義變更為松田時馬所有⑩。不過松田時馬接到此製腦專利權時，期限快要屆滿，而於該年十二月一日，與其他南庄地區的製腦專利業者日阿拐、絲大尾等同時被廢止⑪。但是根據「專賣制施行後的製腦許可表」，松田時馬又與五人合股用同一名義，繼續從事樟腦製造業。從一九〇〇年一月至十二月設灶五〇〇⑫，其製腦地，除了從日本興業會

⑨『臺灣樟腦專賣志』附錄，頁三。
⑩同上。
⑪同上。
⑫同上書，頁九。

社繼承里興社小東河以外，還包括從前日阿拐的製腦地獅里興社大楠、小楠、八卦力、石壁下，張有准的獅頭驛，絲大尾的獅里興社爐慢窟，甚至更擴大領域到大東河上流、風尾東西、鹿場社⑬。

松田時馬從一九〇〇年一月後的製腦地，即獅里興社、獅頭驛社、大東河社、鹿場社等地，都是樟樹密集地區，特別是日阿拐從前製腦的地方為樟樹最多的好產地。從前日阿拐擁有的灶數不如絲大尾，但是日阿拐的生產能力比絲大尾多出一倍。絲大尾生產樟腦一六、四四〇斤、樟腦油二一、四四五斤；而日阿拐生產樟腦三四，一九五斤、樟腦油一、四一四斤⑭。

松田把最好的產地納入自己的生產地之後，再申請增設四〇〇灶，合計設灶九〇〇⑮，大力生產樟腦。在日阿拐的抗日事件發生的一九〇二年時，松田和其他五名合股者減為三〇〇灶，其製造專利期限則到一九〇四年三月為止，但是因為在七月間發生日阿拐為首的所謂「蕃害」，所以在八月二十三日即被廢止⑯。從此，松田時馬的名字從專賣局記錄中消失，該地區的製腦業由

---

⑬同上。
⑭同上。
⑮同上書，頁一三。
⑯同上書，頁一四。

漢人徐泰新合併⑰。

日阿拐為什麼抗日呢?其反抗的對象,無疑的是松田時馬所代表的日本製腦業者,和「南庄支廳」所象徵的日本臺灣總督府的樟腦專賣制度,以及其剝奪「蕃人」生業和土地的「理蕃」政策。

在清代,漢「蕃」之間雖然也有多次的衝突和不斷的經濟紛爭,但是從中謀求妥協,互以安然息事的辦法來共圖生存。漢人如果要來「蕃地」從事開墾,製造樟腦、開鑿埤水、採伐樹木,以及畜牧等時,必先與代表該地區的「蕃社」頭目交涉訂約,並以相當的代價補償「蕃人」,亦即以豚、牛、酒或金錢納租,這些漢人用「蕃大租」、「蕃費」、「蕃水租」等名稱來稱呼⑱。在南庄塞夏族則稱此為「山工銀」,每大腦灶一份,小腦灶十份,每月約一元四角,伐木一根、製板一張各一角半,每月一次或二次付清。頭目收租後,按照人口再分配給各戶,如果收入不多而難分配的話,購買牛酒以供各戶⑲。漢「蕃」之間的「蕃租」關係,已經成為舊有的習慣。臺

⑰同上書,頁一六、一一八。
⑱『臺灣蕃政志』卷下,頁四三一—四六九。一八九八年調查「臺中縣東勢角地方林況」(『臺灣總督府民政局殖產報文』第二卷第二冊,臺北,臺灣總督府民政部殖產課,一八九九年)頁一〇二。
⑲『臺灣蕃政志』卷下,頁四六九。

灣總督府殖產部在一八九八年調查北部各地林況時，發現漢人早在一二〇年前的清嘉慶年間，就與「蕃人」訂約，一直履行到日據時代。按照此「舊慣」，北部的漢人還送「蕃租」到埔里社去，而山上的泰雅族「蕃社」也有每年收租的例子⑳。例如馬那邦社每年也收四頭牛㉑，後來也曾發動抗日事件。

「蕃人」也是人，為了生存，嚴防外人侵犯領土，對森林懂得保護，特別是對樟樹極細心地照顧，以謀求其部族靠此永遠地生存。那美麗而整齊的樟樹林，並不是完全天然的，而是「蕃人」從幾百年前開始盡心栽培的㉒。水野民政局長也因為承認「蕃人」對保護森林，對樟樹林的形成有貢獻，才不得不答應以「民木」的名義准許南庄塞夏族製造樟腦。漢「蕃」之間的「蕃租」訂約關係，雖然日本當局不肯承認，而在一八九七年曾把依「蕃租」砍伐樟樹的行為當「誤伐犯」，而決定以行政處分來申誡處理㉓，但是這種威嚇並沒有發生任何效果，「和蕃」方式仍舊有增無減。這種情況，對臺灣總督府將「平地」和「蕃地」分開，而把「蕃地」保留給日本人的土地政策，形成嚴重的障礙。

---

⑳『臺灣總督府民政局殖產報文』第二卷第二冊，頁一〇三。
㉑同上書，頁一〇四。
㉒同上書，頁三六—七。
㉓『理蕃誌稿』第一編，頁八五。

那麼日阿拐為什麼卻要等到一九〇二年七月六日才發動抗日事件?塞夏族的抗日事件，其實與臺灣總督府從一八九八年開始實施的臺灣土地調查事業有直接的因果關係。

「臨時臺灣土地調查事業」是根據一八九八年七月十七日公佈的「臺灣地籍規則及土地調查規則」，開始實施地籍調查、三角測量、地形測量㉔。調查以各業主向官方申報為原則，經地方土地調查委員會查定該地皮的業主、境界、種目㉕。此調查經七年的歲月，耗費五二二萬五、八八九圓餘的經費㉖，調查區域原則上也只限於西部的「平地」，故東部和一些島嶼並不列入調查範圍，就是西部屬於山林原野的地帶也只做部分的調查而已㉗。土地調查事業，對臺灣總督府控制漢人，鞏固統治基礎，有決定性的輔助作用。僅清楚地了解地形，對治安也提供了不少防範之便。以土地所屬關係來說，整理清代的大租戶、小租戶、佃戶的土地關係，把小租戶確定為有納稅義務的業主，而取消大租戶的業主權，確實使土地的所屬關係單純化。其後到一九〇三年十二

㉔『土地調查提要』（臺北，臺灣總督府臨時臺灣土地調查局編，一九〇〇年）頁四五、五五、七四—五。『臨時臺灣土地調查局第一回事業報告』（臺北，臺灣總督府臨時臺灣土地調查局編，一九〇二年）頁一五。

㉕『土地調查提要』頁五五—七。『臨時臺灣土地調查局第一回事業報告』，頁四四—五。

㉖『土地調查提要』，頁一三二。

㉗同上書，頁九五。『臺灣林業史』第一卷，頁九一。

月公佈「大租權之確立」而禁止新設大租權㉘，一九〇四年五月公佈「大租權之整理」而消滅大租權㉙，同年十二月公佈新的「臺灣地租規則」，規定從下半年依新地租規則徵收㉚。

南庄所屬的新竹地區，也在一九〇二年六月三十日查定了業主權㉛。在此之前的五月十九日，新竹廳長曾向兒玉總督提出有關「蕃人」業主權的問題如下：

屬蕃界的土地全部認為國有乃當然之道理，然而在普通行政區域內蕃人所占有的土地，應承認蕃人的業主權呢？還是不問所在何地，蕃人所占有的土地全部看做國有呢？從前對此種土地也有賦課地租的實例，但因為沒有明確承認其業主權的法律條文，在實際處理上常發生疑義，因而提出此問題。仰望指令㉜。

在土地調查事業過程，發生「蕃人」的業主權是否承認的問題，這牽涉到臺灣總督府對「蕃人」如何定義和今後如何處置的問題，及其整個「理蕃」政策的未來方針。換言之，在土地所屬

㉘『臺灣總督府民政事務成績提要』第九編（臺北，臺灣總督府編，一九〇五年）頁二六四—七。

㉙同上書，第十編，頁三〇三—三一〇。『土地調查提要』，頁一一九。

㉚『臺灣總督府民政事務成績提要』，頁三一〇—三。

㉛『臨時臺灣土地調查局第三回事業報告』（臺北，臺灣總督府土地調查局編，一九〇四年）頁二七八。

㉜『理蕃誌稿』第一編，頁一七八。

關係的明確化過程中，引起了是否把「蕃人」當人看待的問題，特別是像南庄塞夏族居住在普通行政區而負納稅義務的「蕃人」，是否看成「生蕃」而無視其人格，還是「熟蕃」或稱之為「化蕃」，看成半個人？

當初臺灣總督府也考慮到在土地調查過程中將發生的若干問題，而在一八九八年公佈「有關民事商事及刑事之律令」，其施行規則第一條規定，對漢人的民刑商事承認其舊慣㉝，但是對「蕃人」則不得施行此規則㉞。

是否把「蕃人」當人看待，有兩個標準可以判斷。一為「蕃人」是否為依法統治的對象，二為對「蕃人」是否承認其土地所有權。

臺灣總督府在一八九九年二月以「秘密訓令」通知各法院檢查官長，對於「蕃人」的犯罪不得適用普通刑法，不必提起公訴送法院審查㉟。這是在法令上首次對「蕃人」確定不依據普通法處理而可以依行政命令任意處分。接著一九〇〇年二月進一步公佈「有關佔有蕃地之法令」，規定非「蕃人」者不論任何名義不得占有「蕃地」或為其他權利之目的使用，但有別的規定或經臺

㉝『臺灣總督府警察沿革誌』第二編（下），頁一〇三。
㉞『理蕃誌稿』第一編，頁一七八。
㉟同上書，頁一五三。

灣總督許可者不在此限㊱。此法令的首要目的在針對「和蕃」的土地利用關係，凡是一切與「蕃人」的訂約，官方一概不承認。這不但禁止「和蕃」關係，還進一步訂定了嚴厲的法律制裁，亦即如有違法者，可處五圓以上五百圓以下的罰金，或可處十一天以上六個月以下的徒刑㊲。當然依此法令，處罰的對象是漢人。

從這些行政令或法令，可見臺灣總督府認定「蕃人」為「無智矇昧」，「未能瞭解何為刑罰」與「農耕不定而輾轉，難以認定有土地所有權的觀念」㊳，故對「蕃人」是否依法行使其權利和其土地所有權的問題，也就根本無視而不做定論。

因此，當新竹廳長提出有關「蕃人」業主權是否承認的問題時，起先以「未定論」敷衍㊴。但是土地調查局調查地籍時，按照規則調查實際的狀況，凡是在普通行政區域內曾經有過納稅的土地，不論是漢人或「蕃人」，均公平地給予業主權㊵。臺灣總督府日後改變主意，收回「未定論」，而有「承認土地調查局所做的決定為妥當」的指示㊶，但此已在日阿拐抗日事件發生之後

㊱同上書，頁一五三—四。
㊲同上書，頁一五四。
㊳同上書，頁一五三、一五四。
㊴同上書，頁一七八。
㊵同上。
㊶同上。

的一九〇二年九月三十日。

對南庄「蕃人」來說，土地調查局已經查明並承認其業主權，但南庄支廳採取「未定論」的拖延政策，因此引起塞夏族不安和不滿。土地是關係其部族生存的唯一財產。如果被沒收土地，那等於是奪取其生存，宣告其死亡一樣地慘重。南庄塞夏族和加入抗日行列的泰雅族，與那些投入武裝抗日運動的多數漢人一樣，為了確保自己的鄉土，保護自身的經濟權益，和維繫民族的生存，非起來抵抗侵略者不可。一向都很溫順的南庄塞夏族，是因為他們傳襲下來的土地權益未被尊重，才結合桃仔園、新竹、苗栗的漢人，發動武裝抗日事件。土地調查局對業主權的查定，六月三十日在新竹，九月四日在桃園，翌年四月八日在苗栗㊷，從時間先後可以推定其與事件的因果關係。至於漢人為什麼也參與抗日的行列，因為這些漢人的業主權也遭受日方的否定，而喪失其辛勤開墾的土地。

一九〇二年七月六日，日阿拐率領八百人包圍南庄支廳，七日天未明時襲擊大南、風尾及大河東的隘勇監督所，乘著暴風暴雨之際，切斷隘寮之間的電話連絡線，又襲擊日方軍營㊸。日本軍方為此激烈的抗日運動，設定「阿拐居宅攻擊計劃案」，從八月二日到九日，投入步兵五中隊、

㊷『臨時臺灣土地調查局第三回事業報告』，頁二七八。
㊸『陸軍幕僚歷史草案』第八卷（臺北，臺灣總督府陸軍幕僚，年月不詳）頁二六一七。

山砲兩門、臼砲四門及工兵一中隊，鎮壓之㊹。到九月一日，日軍才達成鎮壓任務而陸續歸隊，但憲兵仍留在南庄，壓迫「蕃人」，促使投降。至十月二十日和十二月六日，分別舉行「歸順典禮」。但是依日方記錄，十二月十七日日阿拐和泰雅族鹿場社頭目薛大老等，「因為提出非法的要求，而突然發動暴行，所以日軍開槍殺戮薛大老等三十九名暴行蕃人」㊺。又說他們在歸順典禮時恃人數之多而叛亂，所以引發軍「蕃」戰鬥，「蕃人」死三十八名、傷十五名；虜獲軍械有鎗五挺、蕃刀七十把㊻。被沒收的既墾地達八十八甲，未墾的原野有一三五甲㊼。另外，漢人李阿貴、徐阿潭，在七月二十三日被憲警逮捕處死㊽。

日方在事發的前一天，得知有不穩的傳說，事先派遣新竹守備的一中隊及若干警察去應急。到底此不穩的傳說是誰告的密，實有加以探討的必要。

據推測，告密者可能是同一塞夏族的十八兒社「蕃人」。他們居住在上坪地方，從事農耕並受僱幫傭從事樟腦製造業。一八九九年八月官方亦准許其獨立製腦而設灶十個，用被遺棄的樟腦

㊹同上書，頁二八—三二、三四。
㊺臺灣憲兵隊編『臺灣憲兵隊史』（臺北，臺灣憲兵隊，一九三二年）頁二八五。
㊻『陸軍幕僚歷史草案』第八卷，頁五三。
㊼『理蕃誌稿』第一編，頁一九五。
㊽『臺灣憲兵隊史』，頁二八五。

根來製造，預定月產一灶六十斤、十灶六百斤、一年可以生產四、二〇〇斤㊾。然而一九〇〇年五月，其腦寮遭暴風雨打擊，受損一半以上，取水陷於困難，當地又流行感冒，加上漢人從大坪或上坪進山，競相從事製腦業，迫使十八兒社「蕃人」放棄製腦業，而改行充當隘丁㊿。

雖然沒有任何記錄顯示，一九〇二年日阿拐等要在南庄起事，是由十八兒社告密給日方的，但次年（一九〇三年），馬以哇來社再遭日方鎮壓，是根據十八兒社的告密，日方才得以採取「先發制人」的對策(51)。隘丁當時是充當日方的「爪牙」，而且同為一族，對部族內部的偵探較方便而正確，日方在塞夏族的抗日事件發生時，能先行採取防備措施，保護南庄的日本人，是因為善於運用此「以蕃制蕃」政策的影響。

另外，有「化蕃」絲卯乃在南庄抗日事件發生後，被停止納稅義務，他為了維護自身利益，向當局請求保留他的資產權益(52)。臺灣總督府參事官持地六三郎，受命調查北部「蕃情」以後，提出了「關於蕃政問題意見書」，其中提到絲卯乃為「化蕃」平埔族頭目，辮髮漢服，能談漢土語，擁有三十餘甲土地出租給漢籍佃戶耕種，因此建議：「像他已經表現了服從之實，居住普通

㊾『理蕃誌稿』第一編，頁一四九—一五一。
㊿『臺灣樟腦專賣志』，頁一三四—五。
(51)『理蕃誌稿』第一編，頁三六〇—一。
(52)同上書，頁一七八、一九九。

行政區，履行納稅等義務，是與漢人同等的熟化蕃人，應該以熟蕃看待，承認其土地所有權。對於蕃人投入勞力和經費而開墾的田園，國家也不能無故沒收，這才是招撫之道也㊸。」

從持地參事官的以上建議，可以發現日本當局當時並沒有明確地將山地人劃分為「生蕃」「化蕃」「熟蕃」或「平埔族」等，只是依照對日本統治權的「服從」和「抵抗」來區分而已。對殖民地統治者來說，「蕃人」的種族並不很重要，但服從或抵抗才是最重要的劃分基準。絲卯乃在激烈的抗日事件之後，才得到持地參事官的關懷和支持；但是堅決抗日的日阿拐，持地參事官卻鐵面無情地只注意如何處分從日阿拐處沒收過來的「既墾地」㊹。

日軍警藉歸順典禮集體屠殺「投降者」，是警察本署長大島久滿次在招降漢人抗日份子時，所採用的絕招。故對南庄抗日「蕃人」，臨時也採取同樣的集體殺戮方法。南庄抗日事件為塞夏族、泰雅族和漢人的聯合抗日，其抗日情勢，直接影響北部「漢」「蕃」雜居的山麓地區及「蕃地」。日軍因此在該年十月為討伐泰雅族馬那邦社，展開嚴厲的掃蕩攻擊，企圖消滅此「漢」「蕃」聯合抗日的活動㊺。在南庄抗日事件之後，有些漢人從南庄逃到馬那邦社㊻，使原來就被日方估

㊸同上書，頁一九九—二〇〇。
㊹同上書，頁一九九。
㊺同上書，頁一七八—九。『陸軍幕僚歷史草案』第八卷，頁三六—七、四九—五二、五四—六。
㊻『臺灣總督府民政局殖產報文』第二卷第二冊，頁五五。

計難以「綏撫」的馬那邦社，馬上點燃了抗日的火炬。根據專賣局的資料，是年八、九、十二月中，從桃仔園馬武督、新竹大湖、南庄、苗栗洗水坑山、細道邦山等地，都發生「蕃害」，而製腦業者也陸續被迫廢業㊼。日方軍警熄滅了南庄抗日事件之後，對塞夏族的北埔支廳所管轄的大隘社，和樹圯林支廳管轄的畢萊社，也採取逼迫其投降歸順，提出鎗彈的強硬政策，並在一九〇三年一月達成解除塞夏族的武裝㊽。

被解除武裝而又被剝奪土地和生業的「蕃人」，其命運就完全操在日方的殖民地統治者手掌中，淪為只能出賣勞力的無產農民，甚至於像十八兒社那樣地充當隘丁，被利用為「以蕃制蕃」的工具，或像大隘社那樣地，充任「奇襲隊」，專門擔當替日警討伐同胞的工作㊾。

至於從日阿拐等處沒收的八十八甲既墾地，一九〇四年一月決定編入普通行政區㊿。二月臺灣總督府指示，把竹南一堡北獅里興社、獅頭驛社等地，以遺漏的「舊普通行政區」名義追補編入，編入時不用「社」名而改用「街庄」(61)。三月三十一日，南庄塞夏族居住的地區，正式編入

㊼『臺灣樟腦專賣志』附錄，頁一四—五。
㊽『理蕃誌稿』第一編，頁一七六。
㊾同上書，第四編，頁六四〇—一。
㊿同上書，第二編，頁三三三—四。
(61)同上書，頁三三三—六。

普通行政區域之內。塞夏族也從此被認為「已經達到一般人民的水準」，成為施行普通行政的對象⑥²。換言之，他們已變成為接受日方的殖民統治而不抵抗的溫順農民。

⑥²同上書，頁三三六。

第三章　日俄戰爭時期的「圍堵」政策

第一節　持地六三郎的「蕃政」策略

日本據臺初期的所謂「綏撫」，只不過是一種不知山地情況摸索階段時所採取的暫定政策。然而兒玉源太郎就任臺灣總督以後，為制定「蕃政」方針，在一八九八年四月二十三日，組織官民共同參與的「蕃情研究會」，廣泛徵求各方面意見①，並且於一八九九年四月，以給獎方式，募集有關「臺灣蕃人統治策」的論文，但是結果沒有一篇論文因值得參考而錄取②。當時美國的駐臺領事大衛生（J. W. Davidson），親眼看到日本對「蕃人」、「蕃地」政策的無所適從，於是準備將美國政府為對付印第安人所採取的政策等詳細資料，提供給日本當局參考。他認為臺灣的「蕃人」和美國的「印第安人」很類似，美國對付印第安人的辦法可以應用在臺灣「蕃人」的

---

①『理蕃誌稿』第一編，頁九二—六。『臺灣治績志』，頁三二一—二。
②『理蕃誌稿』，頁八七一。

統治政策上③。

臺灣總督府參事官持地六三郎所以能對「蕃政」提出精闢的意見書，是因為一方面有美國駐臺領事的協助，以西洋列強的帝國主義理論為借鏡，另一方面他又親自實地去調查塞夏族的南庄抗日事件，以及吸收歷史上的經驗，終於構想出一套最適合日本在臺灣統治「蕃人」、「蕃地」的理論。

持地六三郎在一九〇二年奉命去實地考察北部一帶的「蕃情」④，於是年十二月向兒玉總督提出一份「關於蕃政問題的意見書」，內容分為⑴緒言、⑵蕃人之身份、⑶蕃地之處分、⑷蕃政之沿革、⑸蕃政之現況、⑹理蕃政策、⑺行政機關及其經費、⑻決策要點。持地的意見書是一個關鍵性的建議書，為日本政府將來的「理蕃」政策制定了明確的方針，亦即日本帝國在「蕃地」追求經濟利益為最優先的前提下，在「蕃人」政策上徹底地運用「弱肉強食」的社會達爾文主義理論，這也正代表了帝國主義殖民地統治論的一個典型。

一九〇三年三月四日，兒玉總督訓令在臺灣總督府內設立「臨時蕃地事務調查掛」（掛為股或組），組織「蕃地調查委員會」，其委員為民政長官、陸軍幕僚、參謀長、參事官長、警視總

③同上書，頁八七一—二。
④同上書，頁一七九。

長、財務局長、殖產局長、專賣局長、參事官共同商討和決定今後的「理蕃」大綱⑤。持地因提出「意見書」對「蕃政」有獨到見解和可行性計劃，即被任命為該「調查掛」的掛長（組長）⑥。從此到一九一〇年四月該調查機構被解散為止，持地一直是策劃和推動「理蕃」政策的權力樞軸⑦，故一般稱他為山地行政的「智慧袋」⑧。

持地在其「意見書」的緒言中，表明他對「蕃地」、「蕃人」的基本立場說：

> 這裡只談蕃地問題，因為在日本帝國主權的眼中，只見蕃地而不見蕃人。蕃地問題，必須從經濟上的觀點好好地解決，而其經營必須要有財政上的方策。大概國家的各種問題，最後沒有不歸結到經濟上財政的問題。至於殖民地的經營，更特別需求從經濟上、財政上的觀點，來解決各種問題⑨。

既然日本帝國以「蕃地」在經濟上或財政上的利益為主，因此並不需要把「蕃人」當人看待。

---

⑤同上書，第二編，頁二七九—二八一。
⑥同上書，頁二八八—二九四。
⑦同上書，第三編，頁八六。一九一〇年持地六三郎轉任為臺灣總督府通信局長。
⑧『兒玉源太郎』，頁三〇四。小島麗逸「日本帝國主義の山地支配——霧社蜂起事件まで——」（『臺灣霧社蜂起事件——研究と資料』），頁五〇。
⑨『理蕃誌稿』第一編，頁一八〇。

他說對待「蕃人」不以宗教家或慈善家的人道主義處理，也不必從法律技巧去謀求解決方案。因為「蕃人」為類似禽獸的「劣等人種」，與「優秀人種」一接觸，即被同化或走向滅亡之途。故不可以把「蕃人」當做宣揚國威的對象⑩，更不能當做日本「皇民化」的對象。他暗中批評從前撫墾署時代，第一次與「蕃人」接觸時，以宣揚日本入臺和日本在臺施行德政等當做首要工作。對持地來說，「蕃人」、「蕃地」問題之所以被認為重要，是因為這是日本帝國第一次在臺施展殖民地統治，其成敗關係「蕃地」資源和經濟的開發。至於「蕃人」，只不過是一種進步或開發資源的阻礙因素罷了，當前最實際而最迫切需要解決的問題，是要用何種方式去排除「蕃害」，促進「蕃地」利源的開發，從經濟和財政上增進國家利益。持地特別提醒總督府決策當局，「理蕃」政策應放在世界帝國主義殖民地政策的一環，還要考慮到如何對付內外輿論，以合理的解釋來實施⑪。

對於臺灣的「蕃人」，持地排除以種族區分的論法，提出以「進化」和「服從」的程度為標準，劃分「蕃人」為「熟」、「化」、「生」三階段。因為過去在實際行政的施行上，並沒有所謂「生」、「熟」之分，清乾隆五十年（一七八五年）林爽文之亂時，因立功而被召至北京授五

---

⑩同上書，頁一八〇——一。

⑪同上書，頁一八一。

品並賜白麻縫姓的北勢老屋峨社頭目為「生蕃」。當外國人遭受「蕃害」時，清廷有「生蕃」為「化外之民」的說法，但這只不過是外交上的託辭，與實際施政的事實不合。

到了日據時期，也有「生蕃」潘文杰獲得日本天皇賜與勳六等，也有檢察官提起公訴判審「生蕃」，又有任用「生蕃」為巡查補等，不同的事實存在。所以關於「蕃人」的生熟之分，只能以歸順且接受國家統治權的層次來分類，才符合日本推行「威撫兼用」的「理蕃」政策⑫。於是他提出三種區分法：

> 熟蕃乃蕃人之中，其進化達到與支那人種（土人）同一程度，在普通行政區域內，事實上為日本帝國臣民狀態者。
>
> 化蕃乃蕃人之中，其進化稍進，有幾分服從日本帝國主權的事實（例如納稅），但在普通行政區之外，事實上尚未能完全為日本帝國臣民狀態者。
>
> 生蕃乃蕃人之中，其進化屬劣等，在普通行政區之外，完全沒有服從日本帝國主權的事實者。

依此解釋，熟蕃是在今日普通行政區域之內，享有臣民權，包含帝國臣民的各熟蕃部落，對這些熟蕃不需要特別立法。化蕃則指稱，如南庄的半漢化平埔蕃，恆春管轄下蕃社射麻裡族等，

---

⑫同上書，頁一八二—三。

將來依其化育而進化的程度如何，如果得以舉出完全成為日本帝國臣民的事實者，則編入普通行政區域內，應該准許給與臣民之籍。生蕃是泛稱此外的種族，毫無服從日本帝國主權的形跡者，化蕃與生蕃，非日本帝國的臣民，因此對他們不應該有立法或適法的事實⑬。

以上三種之中，「生蕃」是主要的「蕃害」來源，為了排除列強對「蕃害」的干涉，日本對「生蕃」必須實行強制服從的政策。持地首先展開他的法理邏輯說，「蕃人」從舊主權者割讓土地時，同時被轉讓給新主權者，所以「蕃人」問題可由日本的國家主權完全處理⑭。其次，持地以服從為標準來評斷「生蕃」，認為他們「自日本帝國取得臺灣以來未曾服從，對帝國主權繼續維持叛逆狀態」⑮。「生蕃」的「馘首跳梁」是積極的叛逆，「不納稅不守禁令」是消極的叛逆，因此他主張：「國家對此叛逆狀態的生蕃，擁有討伐權，其生殺予奪，只在於我國家處分權的範圍之內」⑯，換言之，持地在此明確地判定「蕃人」的「出草」砍頭行為是對日本帝國的叛逆，而在理論上肯定日本對「蕃人」擁有討伐權，甚至於可以採取滅族政策。

如此一來，凡是犯過「出草」的「蕃人」，不管是那一種族，即可被視為掃蕩殲滅的對象。

---

⑬同上書，頁一八三。
⑭同上書，頁一八四—五。
⑮同上書，頁一八五。
⑯同上。

並且因為不承認「蕃人」的人格而被當做「禽獸」看待。後來日本當局反而以「馘首」手段鼓勵「熟蕃」、「化蕃」或漢人去殺戮「生蕃」⑰，這種以夷制夷的行為，日本帝國的殖民主義者卻以「狩獵」稱之，其絕滅人性的手段，真是野蠻已極。

至於「蕃地」的所有權又如何看待呢？持地也以服從為標準。他說：「生蕃」不服從帝國主權而處於叛逆狀態，所以國家對「生蕃」不能容許其任何權利；「蕃人」佔有土地，把土地當做其部落所有等等，只不過表示有這麼一個「事實」而已⑱；故「生蕃」沒有土地所有權，「蕃地」當然是屬於國家的國有土地。

關於「蕃人」、「蕃地」如何定義，在一九〇三年三月十六日、二十日、二十五日召開的「蕃地事務委員會」會議中，與會委員曾更進一步且具體地討論，做出以下的決定：所謂「熟蕃」，原是為平埔族，百年前漢化，在平地定居，對國家主權服從，現在被編入於普通行政區內居住，故與漢人一樣視為「本島人」，將來在法律上和行政上，不以「熟蕃」稱之；「化蕃」是不「出草」、定居農耕、納地租、服從的「蕃人」；「生蕃」是「出草」砍頭殺人，無定居、不農耕、不納租、不服從者。當局對「熟蕃」、「化蕃」加以保護，特別是對「化蕃」承認其佔有耕作納

---

⑰桂長平編『理蕃誌稿』第五編（臺北，臺灣總督府警務局，一九三八年），頁二〇三。
⑱『理蕃誌稿』第一編，頁一八六—七。

租的土地，待「化蕃」進化成為「熟番」而完全脫離「蕃人」境域時，即當做「本島人」看待，對其既墾的田園及佔有的土地給與「業主權」，並且加以教育和授產等措施，促其更進化。但是對「生蕃」，取恩威兼用的臨時應變措施⑲。至於「蕃地」和「非蕃地」的區分，不以隘勇線為界線，因為隘勇線為移動性的設施，只設在北部，南部則無，所以只好依從前的慣例來區分⑳。其中，「化蕃」的居住地橫跨隘勇線，所以對「化蕃」應特別多加以監護㉑。暗示「化蕃」在當局對「生蕃」執行「恩威兼用」政策時，是要扮演「爪牙」角色的。

持地在上述「意見書」討論「蕃政之沿革」時，特別讚揚從前鄭氏在短期內討伐「兇蕃」，而大力推展拓殖，其範圍達及臺北、新竹、宜蘭、諸羅（嘉義）、鳳山、瑯嶠（恆春），並且佩服漢人生存競爭的能力強大。對劉銘傳的「開山撫番」、「威撫兼施」的「理蕃」計劃，也特別讚美為卓越策㉒。可見持地的注意力都集中在積極的討伐政策及漢人侵略「蕃地」的事蹟上，他巧妙地把從前漢人在臺灣拓墾史上的經驗和技術，移接到日本殖民政策的發展策略上。

持地檢討日據初期以來的「蕃政之現況」，提出九要點：⑴防蕃，⑶撫蕃，⑶換蕃，⑷封鎖

⑲同上書，第二編，頁二八九—二九一。
⑳同上書，第五編，頁三〇二—四。
㉑同上書，第二編，頁二九一—二。
㉒同上書，第一編，頁一八七—九。

的結果，⑸採腦，⑹開墾，⑺伐木採礦等，⑻林制及治木，⑼蕃人的土地所有。對於以上九項，分別提出若干問題，加以檢討得失。

「防蕃」是指在北部地區所設置的隘勇線。當時從宜蘭、深坑、新竹到苗栗、南投一帶，共設四條隘勇線。持地主張將這四條已有的隘勇線連接起來，就可以包圍濁水溪以北的泰雅族㉓。「撫蕃」不可只饗宴惠施酒肉，而且要對「生蕃」予以教育、授產等，這才能真正發揮撫育的意義㉔。「換蕃」為「蕃產」和「蕃人」日常需用品的互換交易的略稱。當時各廳各自為政，某些廳採取開放民「蕃」自由交易，但他廳卻採用特許官辦制，不許民「蕃」自由接觸。持地認為必須先定一律的交易方法，以謀求「蕃政」的統一，特別是對北部泰雅族，必須統一官辦㉕，不然封鎖政策就不發生效力，對「生蕃」不構成任何威脅和痛苦，他們不缺鹽也不缺子彈，反而各製腦業者和開墾者都被迫停業㉖。

當然，專賣局為了達到預定的製腦目標，鼓勵業者跨越隘勇線深入「蕃地」採腦，這引起主管隘勇的警察單位不滿，認為製腦業者攪亂「蕃情」，而專賣局則說隘勇線沒有發揮保護業者的

㉓同上書，頁一九〇—一。
㉔同上書，頁一九一。
㉕同上書，頁一九一—二。
㉖同上書，頁一九二—四。

作用，設置在沒用的位置等。結果專賣局為了追求本身的營利，破壞森林河川，防礙了山林保護，治水涵養，國土保全等「林政」計畫的推行㉗為了解決此惡性循環的互控爭論，今後專賣局不得給予多數的小資本家製腦專利，改為由少數資本家製腦，並且儘量縮緊製腦特許地，而與警備單位配合㉘。

「封鎖」實施之後，山腳地區的村莊街市陷於一片蕭條，失業人口激增，桃仔園到宜蘭這一帶做工者，在三角湧方面有七、八百人，大嵙崁方面有兩千餘人㉙。如果利用這些人力投入「蕃地」的開墾，比起日本人的農耕移民價廉方便。持地反對增加由日本移民來經營殖民地的政策，他說難道不靠本國人的愛國心就沒有辦法統治殖民地的異民族嗎㉚？持地主張指導有力的漢人資產家或企業團體移墾，隨著隘勇線的前進，而從事「蕃地」開墾，並以之作為隘勇線的後盾。而在每一屯墾區的設立時，當局必同時設警察官派出所，以管理保護㉛。這不但省事省錢，也相當地方便，這是統治異民族的一種訣竅。

㉗同上書，頁一九九。
㉘同上書，頁一九四。
㉙同上書，頁一九六。
㉚同上書，頁一九七。
㉛同上書，頁一九七—八。

「蕃地」事業的範圍甚廣，將來必須要有一套完整的「林政」計劃，「理蕃」政策是實施「林政」計劃的前提，而與財經政策配合推行，才能達到提高效率的目標。同時，為達到高效率的「威撫兼用」政策，必須深入調查和研究「蕃人」、「蕃情」，這需要培養優秀的「蕃通」人才，俾供應用㉜。

在此前提下，隘勇隊在平時應採取攻勢，以推進隘勇線來包圍和逼迫「生蕃」，以行其征服的任務。而且，為了提高「以夷制夷」的效果，日方擬訂「討蕃兵法」，雇用熟悉地理、「蕃情」的壯丁，訓練成為嚮導，做討伐時的先鋒，以協助和掩護日軍。再則，日本又可操縱「蕃社」間的仇敵關係，運用「以蕃制蕃」以收征服的效果。除此之外，平時當以「換蕃」控制「蕃人」的互換交易脈絡。如此日人方可以隨心所欲地「威撫兼用」，主宰「生蕃」的生死要害㉝。

在「蕃政」的策略上，北部的「蕃地」應比南部重要。北部「蕃地」具備優先開發的有利經濟條件：靠近縱貫鐵路，有大嵙崁淡水河航運之便，並且接近權力中心的首府，又有基隆及淡水兩出口港。在交通、水利、金融等各方面的條件皆佳。北部「蕃地」因為利用價值高，應先從征服北部泰雅族著手。但為顧及事情的輕重緩急，以及各地的「蕃情」因素，再加以財政經費的限制，原則上必須採取「南守北進」政策㉞。

㉜同上書，頁二〇二。
㉝同上書，頁二〇三。
㉞同上書，頁二〇四。

從政治效果來看，接近權力中樞的「蕃地」，如果沒有控制得好，很難建立政府威信，一旦征服了盤據北部「蕃地」的泰雅族，其他比較進化的南部「蕃人」也容易征服。「南守北進」政策就是對南部「蕃地」暫採「撫育」政策，而於利源所在，又影響政治威信的北部「蕃地」泰雅族，必須採取緊急的「討伐」措施。在採取緊急「討伐」時，其討伐行動也應盡量地採取逐步擴大範圍的辦法。如果某地區採取「討伐」行動時，其他鄰近地區則採用「綏撫」政策來控制「蕃情」，以免抗日趨勢擴大，出現難以收拾的局面。例如討伐桃仔園、深坑、宜蘭、新竹地區的「蕃社」時，苗栗、臺中、南投、斗六地區則暫時採取撫育措施，以確保全盤性的控制㉟。

總之，持地的「理蕃」政策實行要點，可歸納以下幾點：(1)「撫育」政策是南北「兩蕃」都應一律實行的，但這限於宗教、教育及授產三方面，其經費由專利官辦的「換蕃」來籌措㊱；(2)「攻蕃」政策是武力討伐的策略，為使隘勇線負起為國家利益奮鬥的使命，必須改善警察和隘勇的待遇，並且還需另定論功行賞辦法，以鼓勵前往討伐「兇蕃」㊲；(3)山腳接壤地區的治安和「防蕃」，可由該莊的保甲壯丁來擔任㊳；(4)「蕃地」事業為大企業者共同均霑，依照地形加以區

㉟同上書，頁二〇五—七。
㊱同上書，頁二〇七—八，二一一。
㊲同上書，頁二〇八。
㊳同上書，頁二一二。

分，互不侵犯，以免發生不必要的糾紛㊴；⑸企業者為獲得「蕃地」事業的安全保障，應該負擔若干「防蕃費」，並且在各專利事業區域，開闢山地道路㊵；⑹經費，除了由企業者負擔以外，當時每年的預算三十萬圓，森林收入有十二萬圓，其他在警察經費中，減少普通行政區域的警察費，將之改為「蕃地」警備費㊶。

最後，持地認為當前牽涉「蕃政」的機關太多，而無法形成指揮系統的統一，建議調整官制，特設臨時性的「蕃政事務局」來專管，將來「理蕃」事業成功以後，可將「山林局」改隸民政部。然而目前因經費、人力等條件的不夠，可暫時將其業務由警察單位來承辦。在調整官制時，也要重新釐訂廳的管轄範圍，因為當時所實施的小行政區制，是為配合鎮壓漢人的抗日運動而規劃的，為了配合這一次的「理蕃」事業，地方廳制應變更為採大行政區制，以簡化行政手續，達成「蕃政」的統一㊷。

從以上持地的「關於蕃地問題的意見書」，可以窺見持地三六郎是從頭到尾以經濟主義為出發點的，他要徹底地追求日本帝國的利益，為此犧牲「蕃人」的人格、生存和其固有文化亦在所

㊴同上書，頁二一二—三。
㊵同上書，頁二〇九、二一三—四。
㊶同上書，頁二〇九—二一〇。
㊷同上書，頁二一四—二二八。

不惜。故他的建議書是一種典型的帝國主義殖民地統治政策。而在此種政策之下，「蕃人」只有絕對「服從」和變為無產的貧農，以賣勞力為生，是無任何的平等權利的。特別是被認定為重要利源寶庫的北部泰雅族，其遭受日本帝國的侵略最早，亦最大。故而他們的抵抗也最強烈。所以，日本統治者對泰雅族稱之為「最劣等的兇蕃」，而藉征討「兇蕃」來正當化日本帝國的侵略理論。

第二節　人事制度化和設施科技化

一九〇二年七月塞夏族的抗日事件，給予臺灣總督府的「理蕃」政策很大衝擊，最直接的反應是：一面將防禦的人事制度化，一面將防禦的設施科技化。

本來在最前線的防隘人員有「隘丁」和「隘勇」兩種，但委託民間業者所設置的隘丁，對「漢」「蕃」聯合抗日沒有發揮阻止的作用，這由南庄事件得到證明。抗日事件發生之後，證明了隘丁在維持山腳接壤地區的治安上，功能有限，而其存在的正面意義也消失，反而成為臺灣總督府統一「蕃政」方針的阻礙之一。因此，臺灣總督府藉此機會，採取斷然措施，立即停止撥款業者，決定廢止隘丁，而將既存隘勇線全改為官辦的隘勇制①。不過，臺灣總督府考慮樟腦製造業者的需求和彌補官辦警備線的不足，另定法令准許業者申請設置所謂「請願隘勇」。這是經由自願而設的隘勇，經費全由業者負擔，是一種純粹民辦的隘勇，但是其設置必須經官方許可，至於要撤銷，也必須聽從官方指令②。

隘勇的官辦，使臺灣總督府當局獲得了對警備線的全盤控制，同時也掌握了對「蕃地」資源，

①『理蕃誌稿』第一編，頁二四八。
②同上書，頁一七九。

即樟腦製造區域重劃分配的決定權。臺灣總督府一方面輕易地將「蕃地」利源轉移給日本的企業家，另一方面也刻意地在各主要地區扶植親日的漢人資產家，以便鞏固日本在殖民地臺灣的統治基礎。塞夏族的南庄抗日事件以後，一九〇三年，得製腦特許專利的人數激減，那些小資本的業者已經不再在特許專利表中出現。像陳秋菊、鄭文流、徐祿、李伍、高蘭、王胚等舊抗日份子投降以後，基於政策性的考慮，所給與的製腦專利，也都在一九〇三年被取消資格③。一九〇四年的製腦專利，當局依照地勢重新劃分專利區，把每個區域都集中分配給較大的業者：臺東廳由賀田金次郎；宜蘭廳由製腦合名會社小松楠彌；深坑廳由土倉龍次郎和陳燈煌；桃園廳由陳國治；新竹廳由徐泰新；苗栗廳由黃南球；臺中、南投、斗六、嘉義、蕃薯藔各廳由劉慶業、林季商、林烈堂、黃春帆、林月汀、蔡春海及臺灣採腦拓殖合資會社荒井泰治等，分別包辦④。

隘勇在行政組織系統上，由警察單位直接指揮監督，日漸趨於制度化。在此種情形下，於是隘勇乃真正成為日本帝國在「蕃地」追求利益而效勞賣命的尖兵。一九〇三年一月，臺灣總督府調整民政部警察本署的部分業務，將取締「蕃人」業務，從保安課轉移到警察本署長專屬的「高等警察掛」（掛為股或組），其理由是為了對付「漢」「蕃」聯合抗日行動，需要機密而迅速地

---

③『臺灣樟腦專賣志』頁一三一—四。同上書，附錄，頁一四。
④同上書，附錄，頁一七—九。

採取行動⑤到了三月，經過臺灣總督府「蕃地事務委員會」的研討，決定了「理蕃大綱」（共三條）。其第一條為，從前「蕃人」、「蕃地」事務由殖產局、專賣局、警察本署來分別掌管，現在改為全由警察本署來主管，以謀求「蕃政」的統一；第二條為，對「北蕃」（泰雅族）主以施威，對「南蕃」（布農族、鄒族、排灣族、阿美族、雅美族、卑南族、魯凱族）主以施撫；第三條為，對「北蕃」以隘勇線包圍施加壓力，建立嚴密周全的「防蕃」設施⑥。

基於「理蕃大綱」第一條，四月四日以訓令第六二號調整「臺灣總督府官房及民政部警察本署及各局課規程」，將從前屬殖產局拓殖課主管的有關「蕃人蕃地」事務，及「高等警察掛」的有關取締「蕃人」業務，轉移到新設立的警察本署「蕃務掛」，由警察本署長專管⑦。同時，公佈訓令第六三號調整「地方廳分課事務規則」，將屬總務課的「蕃人蕃地」事務，轉移到警務課⑧。並且以秘密訓令通知殖產局長，有關森林原野及礦山事務中涉及「蕃人」、「蕃地」事項，必須先取得警察本署長的同意；又以訓令六四號通知專賣局，有關樟腦製造專利的許可或取消，

---

⑤『臺灣總督府警察沿革誌』第一編，頁一一二。
⑥『臺灣治績志』，頁三二〇。
⑦『臺灣總督府警察沿革誌』第一編，頁一一四—五。
⑧同上書，頁五二九。

必須先徵求警察本署長和地方廳長的意見才能實行⑨。

因為這一次「理蕃」機構的調整，並不算是官制本身的大幅改革，也沒有著手行政區域的重

（表十八）　一九〇三年制定的臺灣總督府組織

總督
- 總督官房——秘書課、文書課
- 民政部（民政長官）
  - 警察本署（警視廳長）
    - 警察管區
    - 警務課、保安課、衛生課
    - 高等警察——蕃務掛（四月設置）
  - 總務局——外事課、地方課、法務課、學務課
  - 財務局——主計課、稅務課、會計課
  - 通信局——庶務課、郵務課、電務課、海事課
  - 殖產局——農商課、拓殖課、權度課
  - 土木局——土木課、營繕課、經理課
- 陸軍幕僚
- 海軍幕僚

⑨『理蕃誌稿』第二編，頁二九六—七。

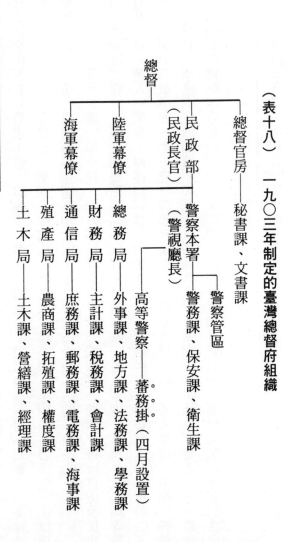

新劃分，只不過是把民政部及專賣局有關「蕃人」、「蕃地」事務詰整或裁減而已，所以在一九〇三年度預算中並沒有特撥經費給「蕃務掛」，只是把專賣局的「蕃界」經費和平地警察的部分費用等盡量轉移到警察本署的「蕃務」上。使一九〇三年度「蕃界」經費從一九〇二年的二十三萬圓，提高為三十四、五萬圓⑩。這是在一九〇三年度預算範圍之內辛苦籌措來的錢，並不是為了設立「蕃務掛」而特別增設的經費。另外，從人力籌措方面來看，在地方行政廳總務課執行「蕃人」、「蕃地」的事務人員，這回轉移到警務課繼續執行任務，其中有任用資格者可兼任警部等⑪。可見，臺灣總督府一方面為了實際需要而決定邁進「蕃政」的統一，另一方面受到經費和人力雙重限制，無法大力推行「蕃政」的革新。

「蕃務掛」雖然是個小單位，但是因為是警察本署長專管的直屬單位，直接由警察本署長指揮監督，故對下層的「蕃地」警備單位，即隘勇組織，也可以透過地方廳警務課作實質的掌握，進而能推動臺灣總督府的「理蕃」政策為上下一貫的「警政」體系。因此，所謂「蕃政」改革或加強警備功能，其重點措施乃在建立「蕃地」專勤警察制度，以及加強隘勇線本身的現代化設施上。

⑩同上書，頁二九九。
⑪同上書，頁二九七。

（表十九）　一九〇三年制定的臺灣總督地方官官制

廳—總務課—文書係、庶務係、殖產係、土木係、會課係
　　警務課—警務係、保安係、衛生係、蕃務係
　　稅務課—直稅係、間稅係、地方稅係
　—支廳—派出所—警察官派出所

建立「蕃地」專勤警察制度，與放寬任用辦法及改善待遇的措施是一體的。一九〇二年二月以訓令第三五號公佈「巡查、看守採用規則」，其第三條規定：從事「蕃界」警備的巡查，其任用可依特例免除考試等條件，但不得轉調到普通行政區域為警察⑫。一九〇三年九月以敕令第一九四號公佈從事「蕃人」、「蕃地」事務的「警部、警部補特別任用令」，其第八條規定：任職「蕃人」、「蕃地」事務滿三年，實務成績優良者，可任用為警部或警部補，警部補滿一年成績

⑫同上書，第一編，頁一七四。

優良者，可任用為警部；而以上警部或警部補任職滿一年，經警察任用考試及格，可轉任普通警察⑬。一九〇四年二月以訓令第九八號，在「巡查、看守採用規則」中追加一項有關退休後的優待特例，凡是任職滿一年以上，勤務成績良好的「蕃地」巡查，退休之後經考試及格，可轉任普通行政職務，或退職後兩年之內而品德體能均良好者，可任用為普通巡查⑭。

「蕃地」警察的任用不必經過考試，其前提為「蕃地」不施行法律，是不必依法處理的地區。但是因為如此，「蕃地」專勤警察的素質極為低落，更使「蕃地」成為無法無天的日警統治地區，而「蕃人」是在殖民地臺灣最受野蠻壓迫和欺搾的人民。

臺灣總督府當局，除此之外，還對「蕃地」專勤警察採取優待和獎勵的措施，以提高其對職務的責任心。依一九〇三年五月訓令第一五七號的規定，執行「蕃地」勤務的警察官吏，每月差旅費最高支付額，警部八圓，警部補七圓，巡查五圓，巡查補三圓⑮。一九〇四年十月以府令第七六號修改「臺灣警察賞與規程」第一條第二號，規定對討伐「生蕃」、「土匪」有功勞者，賞予獎金，特別獎為五〇圓到五〇〇圓，其次為五〇圓以下，以及只給予獎狀等⑯，以鼓勵其賣命

⑬同上書，第二編，頁三〇八—九。
⑭同上書，頁三二五。
⑮同上書，頁二九七。
⑯同上書，頁三六三—四。

冒險的盡職精神。

「蕃地」專勤警察制度化的最明顯措施，是在一九〇四年七月發佈了訓令第二一〇號「隘勇線設置規程」、訓令二一一號「蕃界警備員勤務規程」、訓令第二一二號「隘勇傭使規程」，及以秘密訓令訂定「蕃界警備員勤務細則標準」。

「隘勇線設置規程」（共三條），第一條規定，凡是任何有關隘勇線的設置和變更，必須具狀向總督報告並得總督許可。其報告內容範圍為：⑴隘勇線設置或變更的理由，⑵隘勇線的延長、監督所等設施的名額，預期要分配的人數以及地圖，⑶經費預算數額，⑷其他可供參考的意見。第二條規定隘勇線的結構為：⑴隘勇監督所（警部、警部補、巡查、巡查補及隘勇），⑵隘勇監督分遣所（巡查、巡查補及隘勇），⑶隘寮（隘勇），而其各個分配名額則另行規定之（第三條）⑰。

根據「蕃界警備員勤務規程」（共九條），隘勇監督所有其監視區，隘勇監督分遣所亦有其監視分區，負責監督區域內的警備，同時各應填具「勤怠表」、「日誌」，以記錄屬下的警備狀況。隘寮，有其分擔區，從事警備工作。因為隘勇線上的警備，為全天候的，所以不定勤務時間，而以日勤為基準，每連續上班六天，可休息一天。各警備人員在平時與各鄰接區互通聲息，一旦

⑰同上書，頁三五〇——一。

發生事件時，互相協助應變⑱。

為了鼓勵隘勇對職務的勤勉效勞，「隘勇傭使規程」（共五章二十二條）中，特別訂定選拔「隘勇伍長」，月薪為十五圓以上（一般隘勇為七圓到十五圓），隘勇如果編入討伐隊或搜索部隊時，可另加發一天五十錢（即五角）⑲。

「蕃界警備員勤務細則標準」（共十六條），詳細地規定隘勇線上所有勤務人員的權限及其責任範圍，其第二、三、四條規定，隘勇線上的最高主管警部或警部補的權責。警部或警部補在其監視區內，指揮監督區內的警備人員，並巡視或考察紀律的嚴弛、服務的勤怠等，在部屬的訓練項目中，除了精神、服裝、禮貌上的教育以外，還有警戒、防禦、操練及操砲等項⑳。

巡查或巡查補，除了負責監督區或分區內的警備，及監督屬下的隘勇勤務狀況以外，其主要的任務乃在取締漢「蕃」之間的來往，特別是漢「蕃」不經過日警許可而私下互換物品從事交易的活動（第五條）㉑。

⑱同上書，頁三五一—二。
⑲同上書，頁三五三。
⑳同上書，頁三五六。
㉑同上書，頁三五六—七。

「隘勇伍長」是隘勇的隊長，協助巡查或巡查補監督隘勇（第六條）㉒，但隘勇伍長的工作與一般隘勇一樣。隘勇的任務既煩雜且危險，是真實負責前線警戒任務者。根據其第七條的規定，隘勇的勤務內容如次：

一、防禦兇蕃。
二、晝夜不斷地看守及巡迴，不讓蕃人濫入隘勇線上。
三、溝通隘寮之間的交通聯絡。
四、保護在蕃地各地方的營業者。
五、在隘勇線及其附近蕃地，如有通行者，適宜地傳達警告或加以援護。
六、隘勇線的兩側，至少在其三十間（五十四公尺）以內，要除掉草木及其他障礙物。
七、清潔隘寮內外，如隘寮或掩堡等有破損，立刻修理。
八、改良隘路，以利交通。
九、監視電話線。
十、前列各項之外，長官所命令之事項㉓

㉒同上書，頁三五七。
㉓同上。

如果發現有可疑的現象，或聽到不尋常的消息，甚至於發生「蕃人」出草或襲擊等事件時，如何採取行動通報，應付緊急狀況，以維持堅強的防禦警戒能力，這在其第八、九、十、十一條，有特別指示。其中以三響鎗聲傳達緊急信號，最為要緊。聽到緊急信號者，不論其在輪番或休假中，立即裝備武器赴援㉔。因此，在其第十二、十三、十四條規定，平時注意對鎗的保養，子彈也要妥善保存，並且使用經過、耗費數量等，一律須向監督所或監督分遣所報告。監督分遣所把報告轉送監督所，監督所再把報告送到警察本署或所屬地方支廳㉕。最後，第十五條規定監督所將其監視區內的有關「蕃情」、「蕃地各地營業的狀況」、「警備人員勤怠狀況」等，每月寫成報告，呈送地方廳或支廳㉖。

報告方式，根據一九〇四年三月「蕃社臺帳樣式」㉗，四月「蕃人加害報告樣式」㉘，五月「蕃地事務報告手續」㉙等表格填報。其中「蕃社臺帳樣式」是對「蕃人」、「蕃地」做檔案的

㉔同上書，頁三五七—八。
㉕同上書，頁三五八—九。
㉖同上書，頁三五九。
㉗同上書，頁三二一—四。
㉘同上書，頁三四〇—一。
㉙同上書，頁三四一—三。

工作。另外「蕃地事務報告手續」到了一九〇五年五月，指令必記錄隘勇線的推進，所佔據的「蕃地」面積和林況，預估製腦的產量等，是利用價值極高的統計㉚，到了一九〇六年十二月，再要求在報告中，必須附上地圖或草圖㉛。

除了使「蕃地」專勤警察和隘勇線本身日益制度化，以加強警備功能外，在設施方面也逐漸地採取現代科技，俾能發揮加強防禦和準備出擊的功能。

一九〇三年在「蕃地」各樞要地方，設置了山砲和臼砲等共十五門。為了操作大砲，在二月和八月間，曾邀請日軍砲兵大尉開辦砲術講習會，訓練警部、警備補、技手等共二十九名㉜。

到了一九〇四年，在宜蘭、深坑、桃園、苗栗各廳的「蕃地」各樞要地方，埋伏了地雷，並且在「蕃害」最嚴重的宜蘭、深坑二廳，同時設置了高壓電流鐵絲網。因為地雷和電流鐵絲網的威力，引起「生蕃」很大的恐懼，大大地提高防禦能力。所以臺灣總督府當局決定擴大使用範圍，委託日軍駐紮臺北的工兵隊及兵器分工廠，再做研究，以便裝設適合「蕃地」而又效力強大的地雷；至於高壓電流鐵絲網的採購和設計等，則委託日本國內政府的遞信省來辦理。到一九〇五年

㉚同上書，頁三八五—三九〇。
㉛同上書，頁三九〇。
㉜同上書，頁三一三。

埋設地雷的地區，擴大到新竹、臺中二廳，一九〇六年再擴大到南投、斗六、蕃薯寮、臺東西廳。電流鐵絲網，到一九〇五年也在各地廣泛地應用㉝。

到了一九〇六年，隘勇線的警備設施，經過幾次的研究改良，已經進步到能攻守兼顧，而且極為完善堅固。試以宜蘭廳所制定的「隘勇線作業心得」為例，來瞭解臺灣總督府在「蕃地」所設警備線的真實情況。當時是以宜蘭廳「隘勇線作業心得」，為其他各廳設置或改善隘勇線的參考模範，於隘勇線各種作業規定最為詳細，其細則如次：

第一章論「隘寮」，隘寮是隘勇全天候保持戒備的前線堡壘，所以搭蓋隘寮時，必須選擇地險凹地或山頂有大樹的凸地，以迴避東北颱風。因為隘勇的飲食起居均在隘寮內，所以也必須考慮到取水的方便。隘寮在結構上，不但要注意選擇搶眼的位置，但也要考慮到光線和排水的衛生問題。廁所的位置，必須選在安全地帶線內，而且應在線外不容易發現的地方為佳，隘寮附近的樹木必須保存，俾做木柵或電柱之用，平時也可作防風避暑之用。隘寮普通只有房屋一間，如果隘勇攜帶眷屬則可分為兩間；隘勇監督分遣所是巡查以下的宿舍，所以要有房屋兩間以上；隘勇監督所為警部或警部補以下官階的宿舍，所以要分有房舍三間以上，如此方能符合官階及身份的要求㉞。

㉝同上書，頁三七二。
㉞同上書，頁四七七。

第二章論「隘路」。隘路是隘寮之間的連絡道路，也是運輸糧食及其他用品的交通道路。如果隘路經過險要之地時，必須另在山坡斜地上開幾條路線，以備萬一。隘路應寬六尺左右，在山坡斜地則利用木、石頭做階梯道路。在沿路線外一百公尺和線內五十公尺，必須清理竹木雜叢，不使「蕃人」有潛藏埋伏之可能。但是隘路上的樹木要加以保存，以免過於空疏，而遭「生蕃」襲擊㉟。

第三章論「副防禦」，分作地雷、鐵絲網、木柵、掩堡、探照五項，分別規定其作業和維護上應注意之事項。

地雷的埋設地點，是由警部和警部補選擇，而由巡查去作業。因為地雷的埋設地點極需保密，所以指揮官必須把隘勇等警備人員疏導到遠方，不讓他們目睹作業狀況。埋設作業完畢後，必須要做試驗性的爆炸，然後才裝上電池㊱。

鐵絲網，為高壓電流線，一觸即立刻斃命，所以對警備線外的「生蕃」進行封鎖時，可與埋設在地下的地雷發揮同等威力。鐵絲網與隘路平行，設置在隘路線上險要或「蕃害」頻發難以控制之處，以彌補安全上未能周全的缺失。電柱高度為四尺五寸，裝上四條電線，每條電線隔八寸。

㉟同上書，頁四七七—八。
㊱同上書，頁四七八—九。

其架設地點，約寬六尺，必須清除雜叢，整理為平坦狀態。電柱盡量利用山上既有的樹木，把枝葉等砍掉，以防止漏電，警備人員必須每天早上檢查鐵絲網，如發現異狀，立即切斷電流，除去障礙物，以維護其正常的送電。送電時間遵從廳長指揮實施，因為此高壓電流必須與山上發電所的設備相配合㊲。

木柵，為未裝設鐵絲網的障礙物，在隘路沿途設置，以防「蕃人」潛入㊳。掩堡，是為防禦「生蕃」襲擊，藉此藏身或作反攻之用的堡壘㊴。

探照燈，是為防止夜間「生蕃」從溪流潛入線內而設，燈光照射前方，線內則以隔板遮斷燈光，不讓「生蕃」能看到警備人員㊵。

電話線，另制定「電話線保護內規」管理，但與其他副防禦設施一樣，隨時注意維護保存。

以上這些主副警備設施的現代科技化，是「蕃地」專勤警察和隘勇線制度化以後的產物。這是臺灣總督府當局要進一步採取「圍剿」政策時，事先準備周全的備戰措施。

㊲同上書，頁四七八。
㊳同上書，頁四七九—四八〇。
㊴同上書，頁四八〇。
㊵同上。
㊶同上書，頁四八〇—一。

第三節　日俄戰爭時期隘勇線「圍堵」行動

日俄戰爭時期臺灣總督是兒玉源太郎。兒玉是日治時期歷任臺灣總督當中，唯一同時兼任日本國內軍政要職的總督。他於一八九八年二月二十六日就任臺灣總督以後，一九〇〇年十二月到一九〇二年三月兼任陸軍大臣，一九〇三年七月出任內務大臣兼文部大臣。一九〇三年那一年，日本的桂太郎內閣決定對俄宣戰，兒玉源太郎即於十月辭文部和內務大臣，轉任陸軍參謀本部次長，到一九〇四年六月六日升陸軍大將負責日俄戰事，二十日任滿州軍總司令部總參謀長，戰後因戰功封為子爵，到一九〇六年四月十一日，就任陸軍參謀總長，才辭去長達八年之久的臺灣總督職務①。由於兒玉總督所兼任的都是政府要職，因此他以臺灣總督身份停留臺北的時間很短，特別是出任滿州軍總參謀長指揮日軍與俄國作戰時期，更無暇兼顧臺灣事務，故臺灣總督府的施政是由民政長官後藤新平全權處理。

日俄戰爭對臺灣最直接的影響，是臺灣總督府權力中樞的空虛，一切由後藤民政長官代理。兒玉的臺灣總督職位虛留而不由他人取代，是因民政長官後藤新平聲望不足，其在臺的一切施政，仍須依恃兒玉的支持，方能控制全局。另外，從軍事上的觀點來看，臺灣軍司令部是以總督

---

①『兒玉源太郎』，頁四一——五。

為最高指揮官，在日俄戰爭時期由滿州軍總參謀長兒玉兼臺灣總督，在體制上出現由兒玉來統轄指揮南北雙方的形態。當時日本的滿州軍在中國東北進行「北進」，這時臺灣軍司令部在南方必須擔任戒備的任務②。特別是當俄國的波羅的海艦隊從歐洲經印度洋繞航來遠東作戰的消息傳出後，位於日本最南端的殖民地臺灣，即陷入緊急和危險的情況之中。一九〇五年四月十四澎湖島及其沿海實施戒嚴，五月十三日全臺也進入戒嚴，五月二十八日日本海軍大敗俄國艦隊，七月七日才解除臺澎的戒嚴令③。

日俄戰爭爆發時，臺灣總督府立即實施報導管制，盡量不讓殖民地人民知道真相，特別是日本戰費不足，財政拮据等實情④。但是民間謠傳紛起，甚至對日本能否繼續統治臺灣也遭受猜疑。這種社會的不安和人心的動搖，直接地反應在拋售大租權公債和搶購銀幣上。

大租權是在一九〇三年十二月五日被凍結而禁止新設。一九〇四年五月二十日公佈了大租權

②『陸軍幕僚歷史草案』第十卷（一九〇四、五年之部）。名倉喜作『臺灣銀行四十年誌』（東京，臺灣銀行，一九三九年），頁一一八。

③『臺灣銀行二十年誌』，頁一三七。『臺灣統治回顧談』，頁　五二—九。當時辜顯榮受臺灣總督府的命令替日本海軍在臺灣南海巡邏偵察，一直到日俄海戰結束。辜顯榮翁傳記編纂會編『辜顯榮翁傳』（臺北，一九三九年），頁五六—六三。

④『理蕃誌稿』第二編，頁三二〇—一。

整理令，即臺灣總督府對於被廢止的大租戶補償其損失，其總款額為三、七七九、四七九圓一六錢，其中大部分，即三、六七二、四三六圓，是給予日本公債，而真正給以現金補償的款額只有一〇七、〇四二圓六六錢而已⑤。當臺灣殖民地的人民收到公債時，立即以廉價拋售，每張值一〇〇圓的公債，竟然暴跌到四〇或五〇圓⑥。當時由於日俄戰爭爆發的關係，國際銀價上漲，臺灣人民對銀幣的需求量激增，加上大租權公債的大量發行，更促成了搶購銀圓風潮⑦。

臺灣銀行所儲備的銀幣有限，應付殖民地人民的銀幣需求能力也有限，為了避免宣告金融破產，當局竟藉此機會，於一九〇四年六月四日公佈律令第八號，斷然實施幣制改革，採用與日本國內統一的金本位制，同時授權給臺灣銀行在臺發行銀行券⑧。另外，發動官權召集街庄長及資產家，強迫捐獻軍費（到一九〇四年五月為止，共收了一九、九八二圓三錢）⑨，又迫使他們購買國庫債券。根據臺灣銀行的統計，從一九〇四年二月至一九〇五年九月，在臺共招募國債五次，預定募集總額一、八一四萬圓，但實際募入款額為四四九萬圓，其中臺灣人民付出的款額為九〇

⑤『臺灣銀行二十年誌』，頁一〇〇—一〇一。
⑥同上書，頁一〇一。
⑦同上書，頁五三。
⑧同上書，頁五一、五五—六〇。
⑨臺灣經世新報社編『臺灣大年表』（臺北，一九三二年），頁五五。

萬圓⑩。至於大租權公債的貶值，臺灣總督府為了維護日本帝國的威信和金融的安定，決定從一九〇五年起，以公債票面額的七成即七〇圓，由臺灣銀行收購⑪。這些應付危機而轉為建立金融新秩序的措施，促使臺灣金融迅速地與日本本土的金融結為一體，隨著日臺之間的資金互通有無，竟為日俄戰後日人企業群來臺投資而舖路。

日本能與俄國相戰，主要是靠舉借外債，特別是得英國金融界的支持，才能贏得戰爭⑫。為了籌措戰費，日本除了向英、美等國求援外，國內也採取非常時期的財政措施，如增加稅率，開闢財源，及發行國債等⑬，儘量吸收民間財力，這也影響了殖民地臺灣的財政結構，從而產生臺灣「財政獨立」的要求。根據『明治大正財政史』的記載，當時臺灣的財政主要是依恃地租收入，該書說：

> 為了應付一九〇四年三月臨時事件費的必要，制定非常特別稅法施行，其中有關砂糖消費稅、輸入稅、毛織品及石油消費稅的規定也在臺灣施行，並俟該年十一月刻意調查來

⑩『臺灣銀行二十年誌』，頁一六一—二。
⑪同上書，頁一〇一。
⑫『近代日本經濟史要覽』，頁八四。『兒玉源太郎傳』，頁五四三—四。許介鱗『中國人の視座から——近代日本論——』（東京，そしえて，一九七七年）頁二三。
⑬『近代日本經濟史要覽』，頁八四。

的土地調查事業和大租權的整理完成，即制定公佈新的臺灣地租規則，從該年後期開始依新規則課徵地租⑭。

臺灣總督府在一九〇四年十一月十日公佈新的「臺灣地租規則」，這是為應付日俄戰爭期間日本國庫補助的經費短絀而急切制定的。地租經過土地調查、消滅大租權、整頓隱田（自清朝統治時即未登記的田地）、提高稅率等一番改革，收入大增。一九〇三年其收入僅有九二萬圓，到了一九〇五年激增為二、九八九、二八七圓一〇錢，增加了三倍之多⑮。因為有此一筆雄厚的財稅收入，臺灣總督府從一九〇三年起乃逐漸減少本國的財政補助，而擬定臺灣獨立自給財政計畫。一九〇三年日本國庫補助比原先預定款額減少，而維持與前（一九〇二）年同額的二、四五九、七六二圓；一九〇四年比預定補助額一、四九六、一一五圓減少很多，而實際上接受的補助款為七〇萬圓；一九〇五年即不再接受本國的補助⑯，輕鬆地達成所謂殖民地臺灣的「財政獨立」。

一九〇五年三月日本國內實施煙草專賣制度，在臺灣也同時實行⑰。於是臺灣的財政，除了

⑭參照『朝鮮・滿州・臺灣林業發達史論』，頁四〇一。
⑮『土地調查提要』，頁一〇四。
⑯『臺灣銀行二十年誌』，頁一〇六—七。
⑰『專賣事業』，頁五七。

地租收入外，還有鴉片、樟腦、煙草的專賣收入，加上日俄戰爭後為彌補國內的米、糖等糧食不足而增加生產，臺灣總督府的歲入即有增無減，成長甚為順利。例如在一九〇四年的收支，已有二、一八八、八七四圓的盈餘，一九〇五年的所謂「財政獨立」年，盈餘更高達六、八四八、〇一六圓⑱。

日俄戰爭對臺灣有莫大的影響，雖然總督的職位空懸，但是在後藤民政長官為中心的臺灣總督府官僚政治，竟乘此危機而提昇其殖民地統治的實績，地租的改革、金融貨幣的整頓及財政基礎的確立等，均有助於日本殖民地統治的現代化。

但是「理蕃」政策，由於此「外因」和「內因」的牽制，只紓以隘勇線向前推進圍堵。後藤民政長官不能大刀闊斧地調整官制或變更行政區域，就連借用軍隊力量在北部擴大樟腦原料地區的要求都被軍方拒絕。因此在日俄戰爭期間，只能以警察本署「蕃務掛」為中心，僅靠警察的力量，以隘勇線的圍堵來進行其侵占「蕃地」的目的。

一九〇三年在警察本署召開第一次「蕃務會議」，這是召集全臺灣與「蕃務」有關者，統一其意見的重要集會。警察本署長大島久滿次向各有關「蕃務」的地方廳警務課長或支廳長說明，

---

⑱『臺灣銀行二十年誌』，頁一四一。
⑲『理蕃誌稿』第二編，頁三六二——三。

今後警察在推行「蕃務」時所應負的使命如下：⑴除了治安的觀點採取「防蕃」以外，更應負起積極推動殖產事業的任務；⑵隘勇線的推進，鑑於利害得失的經濟效率，從最有利益的地方開始著手，至於山腳村莊地區的安全則由保甲人民自行負責；⑶為了應付經濟開發的急需，採取所謂「撲滅之策」，凡是妨害事業的發展者，格殺勿論，至於「撫育」政策因為緩不濟急，不得再行採用⑳。大島警察本署長特別強調，「蕃地」警察的任務在於扶助樟腦事業的推展，扮演經濟開發的尖兵角色。從此可知殖民地警察的任務，從「治安」更進一步將重點放在「經濟開發」上。

此次「蕃務會議」，是召集全臺各地方廳，分為三區舉行：北部為深坑、宜蘭、桃仔園、新竹等四廳，於四月二十七日、二十八日召開；中部為苗栗、臺中、南投等三廳，於五月五日、六日召開；南部為斗六、嘉義、蕃薯藔、阿猴、恆春等五廳，於六月二十三日、二十四日召開。討論內容共有十七個項目：⑴所管轄的「蕃人」近況，⑵與「蕃人」的交際關係，⑶「蕃人」化育授產的狀況，⑷對「蕃人」惠予招待的現狀及將來的計畫，⑸「蕃人」所持鎗械彈藥的數量及其補給和取締辦法，⑹物品交易及其取締狀況，實施官辦交易的方法和其利害關係，⑺對「蕃人」出入路線能否設法限制，並將限制固定化，⑻討伐兇蕃的方法，⑼隘勇線的狀況，⑽隘勇補充的方法及募集的難易，⑾隘勇的配置究以少數緻密或多數疏散何者為好，⑿隘藔建造結構的最好方

⑳同上書，頁二九八—三〇二。

法，⒀設置隘勇線最合適最經濟的方法，⒁隘勇線和「蕃地」事業的關係，⒂隘勇教練的方法，⒃除電話以外的隘寮之間通信方法，⒄隘勇制服的染色製作改良方法㉑。因為議會內容，秘密進行，對外不公開，所以無法進一步深入地探究其詳情。

一九〇四年十月一日至十七日又曾召開第二次「蕃務會議」㉒，經此次會議決定，故於一九〇五年把「中部」三廳歸為「北部」地區，而於該年四月四日至六日再召開第三次「蕃務會議」，召集「北部」七廳警務課長㉓，討論對「北蕃」泰雅族採取統一互相配合支援的各項措施。該年十一月二十一日和二十二日，復召開第四次「蕃務會議」，參加的是「北部」和「南部」共十二廳的警務課長㉔，再次研討對「北蕃」和「南蕃」各自處理上的統合策施。可見，警察本署長召開「蕃務會議」協調各方意見之後，才能真正地達到「蕃政」統一的目標，這種利用警政系統推動「蕃務」，逐漸地在「蕃地」生根，故最後終於不再需要設立「蕃政局」等獨立行政機構。

隘勇線在平時是以防禦為目的的固定性設施，但是必要時也可依照「理蕃」計劃，採取攻勢，往「蕃地」推展侵略活動。特別是自日俄戰爭時期起，隘勇線即具備了「攻」和「守」兩方面的

㉑同上書，頁二九七—八。『臺灣の蕃族』，頁五八三—七。
㉒『理蕃誌稿』第二編，頁三六三。『臺灣の蕃族』，頁五八七—九。
㉓『理蕃誌稿』第二編，頁三七八—三八〇。『臺灣の蕃族』，頁五八七—九。
㉔『理蕃誌稿』第二編，頁四一七—八。『臺灣の蕃族』，頁五八九。

堅強能力。隘勇線採取攻勢，其最大的理由為謀求新的樟腦原料區，往內山的「蕃地」進攻，而在此新佔領地區設置新的隘勇線，把鎗口往內山設置，擔任保護製腦業者的安全任務。因此為保護製腦事業而設的隘勇線，隨著原料的枯竭，砍完了樟樹，立即展開隘勇線的推進行動，更進一步侵佔「蕃地」，謀求新的原料採集區。當時宜蘭廳叭哩沙支廳對泰雅族的「南澳蕃」和「溪頭蕃」採取高壓手段，而佈置新的隘勇線，是應製腦業者即臺灣製腦合名會社小松楠彌在該地區謀求新的樟腦原料的要求。南澳和溪頭的泰雅族受此土地侵略，立即以出草行動對抗。一九〇三年五、六月間就有多數人遭受所謂「蕃害」㉕。日方以新設置隘勇線保護該公司的事業，並且切斷「生蕃」和平地「熟蕃」或漢人間的攜手合作關係。

開拓樟腦原料區域及保護製腦業者，固然是隘勇線採取攻勢向前推進的最大原因，然則造林計劃也是成為推進隘勇線的另一個理由。

臺灣總督府從一九〇〇年起開始實施樟樹造林計劃，當時估計每年砍掉樟樹六十萬株的話，臺灣天然樟樹將在二十年內伐盡。如果種植樟樹幼苗，則二十年後仍可成木採腦㉖。於是決定採用官辦造林，但是同時也鼓勵民間造林㉗。從此每年在專賣局預算中編造林經費。到了一九〇五

㉕『理蕃誌稿』第二編，頁三〇九—三一三、三六三。『臺灣樟腦專賣志』附錄，頁一六。
㉖『臺灣林業史』第一卷，頁三一。
㉗同上書，頁五六—六〇。

年在臺中廳東勢角支廳新社設置「葉製樟腦林作業所」，翌（一九〇六）年，在宜蘭廳羅東也設作業所，分別從事栽培樟腦樹苗的工作㉘。後來，在一九一三年擴大造林計劃，再創設宜蘭廳坪林尾，南投廳集集的兩個作業所，與既設兩所合併，改稱為「樟林作業所」，大事推廣官民造林計劃，並且還附設試驗所，從事造林法及製腦法的研究㉙。根據日方記載，從一九〇三年底在桃園廳大嵙崁支廳半角湳地區北白石山方面所展開隘勇線的推進，也是以造林為目的的㉚。

對不服從日本的所謂「兇蕃」，日方發動隘勇線的推進和連結運動，採取鎮壓和封鎖政策。

當南庄的抗日事件被敉平以後，在新竹廳南庄新設隘勇線，並且與苗栗、臺中的隘勇線相連結，增派警察，構成跨越三廳而連結一體的一支堅固的隘勇線㉛。以隘勇線的推進代替軍警發動武力攻擊，雖然攻勢和鎮壓能力略遜，特別是遭遇「生蕃」激烈抗拒時，往往受阻而放棄或暫停計劃，但是在攻守的軟硬兼施政策下，在另一方面以交易及授產為手段，也相當地能發揮操縱的效果。僅對「蕃人」之中出草行兇的罪魁予以嚴懲，其他「蕃社」的全體則施以安撫懷柔，如此

㉘同上書，頁六〇。
㉙同上書，頁六〇—一。
㉚『理蕃誌稿』第二編，頁三一三。
㉛同上書，第一編，頁二四七。

竟使「生蕃」甘心承諾隘勇線設置在該「蕃地」之內㉜，日方稱此為「甘諾」攻策。一九〇四年時，桃園廳方面的隘勇線推進行動遭受強烈抗拒㉝，但深坑廳方面則很成功地懷柔了泰雅族「屈尺蕃」㉞。在一九〇四年十一月下旬，日方組織一探險隊，在「屈尺蕃」嚮導下，橫貫宜蘭廳叭哩沙到深坑廳屈尺，因而能詳細地瞭解該地區的地勢，「蕃情」及樟樹分佈實況，而又發現了豐富的樟腦原料區域㉟。鑑於深坑廳對「屈尺蕃」操縱成功，臺灣總督府「理蕃」決策當局決定再利用「屈尺蕃」發揮「以蕃制蕃」的政策效能，把桃園廳內接壤深坑廳之地，即與「屈尺蕃」有深交的泰雅族「大嵙崁後山蕃」，劃分給深坑廳去處理，結果在一九〇四年底操縱成功，使該區蕃人歸順投降㊱。

隘勇線的推進行動，一般是從最有經濟利益而最容易下手之處優先著手，然而臺灣總督府依照其「理蕃」計劃，也從最有戰略意義之處不計艱難地推行。深坑廳對「屈尺蕃」的懷柔成功，終於使日方在一九〇五年獲得第一個可建橫貫道路的「蕃地」。是年七月間宜蘭和深坑兩廳同時

㉜同上書，第二編，頁三三八—九、三四五—六、三五九—三六〇。
㉝同上書，頁三四〇。
㉞同上書，頁三三八—九、三四九。
㉟同上書，頁三七一。
㊱同上書，頁三七〇—一。

開工修築山路，設立隘勇線，這是完全從戰略上著眼而興建的。此項工程動員警部以下警備人員五七九人，工人五二二人，工程期間隘勇死亡兩名，負傷四名。於十月二日完成了長達十四里，包圍五十方里「蕃地」的道路㊲。這是最接近首都臺北的隘勇線，也是全臺最堅固的防備線，每一里設置隘勇監督所和分遣所共十八所，隘勇二八五人，又有高壓電流鐵絲網的設備㊳，是將來更進一步往內山推行開鑿山地道路計劃時，所需要的一支最堅固的幹線。

從推行「理蕃」政策的戰略觀點來看，位於臺灣中心點的「霧社蕃」，亦即南投廳埔里社支廳管轄內泰雅族「霧社蕃」所居住的濁水溪上流區域，也是一個不可忽略的戰略要地。如果說深坑廳「屈尺蕃」的懷柔操縱成功，是為確保首都臺北附近山區的安全，以及興建鞏固開山交通幹線而設，那麼中部南投廳「霧社蕃」地區，更是影響整個南北以及東部「蕃情」動態的樞要地點。

一九〇三年十月六日，日方唆使布農族「干卓蕃」，以和解兩「蕃」仇恨為餌，誘出「霧社蕃」，在兩「蕃」交界地點，飲酒講和，埋伏的「干卓蕃」趁「霧社蕃」酒醉加以襲擊，殺戮一百多人㊴。這在日方的記錄中，稱之為「南北蕃大鬥爭」或「霧社蕃膺懲事件」，但事實上是日

㊲同上書，頁三九七—八。
㊳同上書，頁四九四。
㊴同上書，頁四五六。『臺灣霧社蜂起事件——研究の資料』，頁三三八。

方利用布農族制裁「霧社蕃」，使泰雅族和布農族加深了更一層的仇敵關係，日方得以在地理上以濁水溪為界線，完全地截斷了「北蕃」和「南蕃」的相連關係。要而言之，日方的陰謀是借這次事件，一方面完全分隔「北蕃」和「南蕃」的相連，行其分隔統治（divide and rule），另一方面也是將「北蕃」泰雅族中居於最南端的「霧社蕃」勢力削減，而使日方推進隘勇線包圍「北蕃」的策略，得以更加完整。

「霧社蕃」被誘殺了一百多名壯丁，所有鎗枝也被奪走，頓時陷入窘境，加上自從一八九七年日本的深堀探險隊遭難以來，受日方的經濟封鎖，特別是鐵器的供應中斷，影響了農耕和狩獵等經濟活動。一九〇三年底，「霧社蕃」頭目終於下山，向日方請求准許鐵器的供應，同時表達願意充任隘勇㊵，以示投降歸順之意。

南投廳當局，乘「霧社蕃」的勢力衰退，無力抵抗之時，以准許其投降歸順，及物資交易為條件，要求「霧社蕃」在其勢力範圍之內設置隘勇線，而使日方在該地區推行隘勇線，變成是「霧社蕃」甘心承諾的。於是日方在該地區的隘勇線推進，即沒有任何抵抗的阻力，成為最容易著手而且最有戰略價值的侵略行動。一九〇三年為了南投和臺中兩線的聯絡，行共同推進隘勇線之策，在猴銅山隘勇線推進時，阿冷山隘勇線亦同時推進㊶。由於「霧社蕃」遭受打擊，故於十月

㊵『理蕃誌稿』第二編，頁四五六。

㊶『臺灣霧社蜂起事件——研究の資料』，頁三四一。

間得到成功。一九〇四年底在埔里社支廳加道坑方面推進㊷，接著在一九〇五年三月，繼續延長山麓線㊸，均告成功。

這些隘勇線推進行動，當時都僅是在「霧社蕃」山腳地區的勢力範圍之內，因此自一九〇五年底，又更進一步深入其內部守城大山的勢力範圍，推行隘勇線。而於一九〇六年五月三十一日竣工。竣工的當天，日方准許「霧社蕃」投降，舉行歸順典禮。歸順的條件是絕對遵守日方的命令㊹。根據一九〇六年五月第一〇四號訓令，「霧社蕃」地區被認定為「一等」區域，亦即在所有隘勇線內最深入「蕃地」達二十里以上的地區，因此在該地區執勤的警察，所支給的特別旅費也是最高額：警部和警部補每月十二圓，巡查九圓，巡查補五圓㊺。

日方在臺灣北部和中部利用隘勇線推進的圍堵政策，至此暫告一段落。

㊷『理蕃誌稿』第二編，頁三六八。

㊸同上書，頁三七七—八。『臺灣霧社蜂起事件——研究の資料』，頁三四三。

㊹『理蕃誌稿』第二編，頁四五五—七。

㊺同上書，頁四四九—四五三。

第四節　削減漢人通事功能與開拓南部和東部

一般地說，臺灣總督府把「蕃人」分為「北蕃」和「南蕃」，對於「北蕃」的塞夏族和泰雅族採取積極的鎮壓政策，但是對「南蕃」的阿美族、布農族、雅美族、鄒族、排灣族、卑南族及魯凱族，則採取消極的撫育政策。

然而「蕃地」不能僅以種族作南北的劃分，除了「北蕃地」和「南蕃地」之外，另外還有東部「民蕃雜居」的「蕃地」。因此，從「蕃地」的觀點來劃分，臺灣總督府有北、南、東三種不同的對策。其中屬於「南蕃地」的是斗六、嘉義、蕃薯寮、阿猴、恆春五廳的山區，為布農族、鄒族、排灣族居住之地；而屬於東部的是臺東、花蓮港山區一帶的泰雅族、布農族，在海岸一帶的阿美族、卑南族、魯凱族、排灣族，以及紅頭嶼的雅美族，並且還有漢人雜居在各「蕃社」之間，呈現了所謂「民蕃雜居」的狀態。因此東部被視為特殊行政區域，與其他縣廳區分「平地」、「蕃地」的統治方式不同，一向直屬於臺灣總督府，一切按臺東廳長相良長綱的東部「理蕃」二十年計劃施政①。但是臺東廳管轄區內居於與宜蘭廳接壤的泰雅族，是強悍而最難治理的「太魯閣社蕃人」，當局曾一再討伐無功，從一八九八年起，故改採「綏撫」政策。所以嚴格地說，臺

①『理蕃誌稿』第二編，頁二九五。

灣總督府採取消極「撫育」政策之地區，除了「南蕃地」外，還有東部地區。

臺灣總督府為何對「南蕃地」和東部地區採取撫育政策，如果深入推究，可以歸結到臺灣總督府在初期敵不過漢人通事在「蕃社」中所擁有的雄厚穩固基礎。通事在南部和東部與北部的情形不同：北部「蕃地」與臺灣總督府權力中心接近，且具有多方面開發價值，因為官方權力集中於對「北蕃」的滲透，北部通事在此日方權力強大的地區，只好收斂而與日方妥協，做規規矩矩的蕃產交易商，以求生存的餘地。但是南部和東部，因離權力中心較遠，且臺灣總督府有「重北輕南」和「輕東」傾向，及財力不足等因素，日方的權力滲透有限，當局只好對通事採取暫時性的籠絡政策，依其傳統，肯定通事在「蕃社」中的地位②。時日方的策略為，一方面利用通事在「蕃社」中的影響力，採取間接操縱「蕃人」的政策，另一方面，也在籌劃官方權力如何直接介入「蕃社」，亦即培植日方勢力以削弱通事勢力，進而由日方巡查兼教化取代通事在「蕃社」中的影響力。

通事是從清代漢人移墾社會的演變過程中，所產生位於兩種不同文化之間的媒介人物，也是靠「蕃社」謀生的一種掮客。「蕃社」在政治、經濟、貿易等對外接觸時，通事扮演代表「蕃社」說話，或向「蕃社」遊說的角色，並從中謀取利益，進而影響「蕃社」的意向。故通事在「蕃社」

②同上書，第一編，頁四三—五。

中所享有的地位，往往是僅次於頭目。

然而，日本官方權力的介入「蕃人」、「蕃社」，直接地威脅通事的權益。日本官方僅採取「綏撫」政策而不強力介入時，通事和日方各取所需，而可免於發生衝突。但是，日方如果把「理蕃」政策修改為積極介入的措施時，那麼兩者之間的暫時妥協和權力均衡關係即被破壞，在通事的影響下，引發了所謂「蕃人」抗日事件。通事之中雖然也有一些是由嫁給漢人而略識漢話的「蕃婦」充任，但是對「蕃社」具有絕大影響的通事，通常是懂得加工鐵器、仿造鎗械和農具等特殊技術和知識的漢人通事。因此在「蕃人」抗日事件中，背後往往都有漢人通事的陰影存在。故日方在策謀南部和東部的「理蕃」政策時，焦點即集中在以何種手段斬除漢人通事在「蕃人」中的影響力。從經濟上看，拔除漢人通事壟斷「蕃地」的貿易利益，而以國家權力整體地開拓臺灣「蕃地」的資源，就是日本帝國在臺灣南部和東部的「理蕃」政策。

追求資源及「殖產興業」是臺灣總督府「理蕃」的一貫方針。「南蕃地」有樟樹密生的斗六以南山區，早已從「林圯埔撫墾署」、「蕃薯寮撫墾署」時代就開始著手樟腦製造業③。隨著製腦業謀求新採腦原料地區而南下，原為漢人業者包辦的「南蕃地區」製腦業，於一九〇三年起將新開發的蕃薯寮全域，劃分給日本企業家，由「臺灣採腦拓殖合資會社」社長荒井泰治專辦④。

---

③『臺灣樟腦專賣志』附錄，頁八、一一、一二—三，一四、一五、一六。

④同上書，頁一七。

根據一九〇四年的製腦許可表，蕃薯藔以外的其他地區，斗六廳由林月汀和蔡春海，嘉義廳由林烈堂⑤，享有採腦原料區域的專利。

再則，「南蕃地」早於一八九九年一月就由日警發現了阿里山大森林，經一九〇三年十一月到一九〇四年三月，臺灣總督府的殖產局和鐵道部，分別調查森林狀況和計劃興建森林鐵路，做成了國營阿里山森林開發計劃案，於一九〇四和一九〇五年將此計劃案及預算書送往日本帝國議會審查⑥。然而當時正處於日俄戰爭時期，政府由於財政拮据，而未予批准。但是從臺灣總督府經營殖民地的觀點估計，臺灣的山地佔全面積五六%，其中森林地區約佔一五〇萬餘町（町為日本面積單位，約合九、九一八平方公尺），然而臺灣每年卻從日本或中國大陸等地輸人大批木材，顯得非常不經濟。以一九〇一年為例，輸入木材高達一、三九七、二五〇餘圓之多，而輸出額卻只有二六、一六〇餘圓⑦。建材自給率的提高，在殖民地興建公共土木事業上來說，是極為重要，特別是一八九九年設立臺灣總督府鐵道部，開始興建縱貫鐵路之後，如果所需枕木能夠達到自給自足，則既方便又省錢。阿里山森林開發計劃，因為國會不通過而國營不成，從一九〇四年先由

⑤同上書，頁一八—九。
⑥『臺灣林業史』第一卷，頁七五。『朝鮮・滿州・臺灣林業發達史論』，頁四五五。
⑦『理蕃誌稿』第一編，頁一九八—九。

鹿島，後由藤田組織公司投資經營。因此變成為民營伐木事業。後來藤田遇到日俄戰後的經濟不景氣，財力不繼，才於一九〇八年放棄該項事業⑧。

臺灣總督府對「南蕃地」趨向積極的原因之一，就是因上述日本企業家荒井泰治介入樟腦業之後，又有藤田傳次郎的「藤田組」要包攬阿里山的伐木業。

在「南蕃地」所採用的積極政策，就其性質言，與在「北蕃」地所採取的隘勇線圍堵政策不同。「南蕃地」鑑於威撫兼用的原則，以在「蕃社」內設置警察官派出所為基本方針。例如為保護藤田組作業所，設兩個派出所於「蕃社」，一方面監督六百名工人，不使與「蕃人」直接接觸，另一方面在派出所內附設蕃產交易所，監督特許專利業者與「蕃人」的交易，並指導藤田組所僱用的鄒族工人，以做為「理蕃」政策上「授產」撫育的對象⑨。

日方的警察官派出所，以一九〇五年為例，包括「北蕃地」深坑廳、「南蕃地」五個廳、以及臺東廳等在七廳的管轄區內共設立五十二所⑩。但是這些警察官派出所仍然敵不過通事對「蕃社」的影響力。為了削減通事的功能，日方終於決定在「南蕃地」有限度地向「蕃人」供應子彈

---

⑧同上書，第二編，頁三四四—五。『臺灣林業史』第一卷，頁七六。「朝鮮・滿州・臺灣林業發達史論」，頁四五六—七。
⑨『理蕃誌稿』第二編，頁三四四—五。
⑩同上書，頁三八二—五。

和火藥。一九〇五年十一月二十一日、二十二日，在臺灣總督府警察本署內所召開的第四次蕃務會議，大島警察本署長對此項決定，曾說明如次：

今日在南部地方考察蕃界經營的成績，除一小部分之外，對蕃人撫育的效果不彰，蕃務官吏的勢力不免微弱，隨著對蕃人的權威薄弱，對蕃情的洞察也不得其真相為憾。然而相反的，秘密供給火藥的通事等輩，在蕃地所佔的勢力絕不可輕侮，他們肆意地橫行闊步，而有無視官府的傾向。此際，以一時權宜之計，為操縱蕃人的手段，以過去懷柔土匪策的同一精義，在某種限制之下姑且給予他們欲求上的滿足，從此推翻其對通事等的既存信賴，使其完全歸我方之手，巧妙地利用此以探知其內部真相，以資籌劃善後方策⑪。

為了對付所謂「兇蕃」，日方也曾採取嚴厲的武力鎮壓措施，例如摧毀「蕃社」，強行搜索等。但是這種做法勞師動眾，效果不佳，極不經濟。因此，不如運用警察官派出所，採取「以漢制蕃」、「以蕃制漢」政策。即對於投降歸順的「蕃人」，以索捕漢人「土匪」做為歸順條件⑫；對漢人則推行聯庄保甲制度，組織民丁，私辦隘勇⑬；對赤貧的「熟蕃」則提供經費和「蕃地」

---

⑪同上書，頁四二〇—一。
⑫同上書，頁四六三—四七一。
⑬同上書，頁三八〇。

未墾地，使其移居到與「生蕃」接壤的前線，做為保護樟腦事業的擋箭牌⑭。

臺灣總督府在「南蕃地」採取積極政策，推行警察官派出所的「威撫兼用」辦法，完全是出自於掠奪「南蕃」的利源，這自然使被侵犯的「蕃人」生存空間更趨艱難而引起反抗。鎗彈為「蕃人」從事狩獵所需。在日方嚴禁或限制提供之下，「蕃人」更需要依賴通事的供應。

通事則替「蕃人」把狩獵所獲得的「蕃產品」賣給「平地」漢人，同時包辦「蕃人」所需日用品的供應。這種通事和「蕃人」共存共生的「蕃地」經濟，日方因為欲奪取「蕃地」的一切利源而採取破壞措施，當然引發了無數的抗日「蕃變」。在「南蕃地」不斷地發生「漢」「蕃」聯合武裝抗日事件，也就是一種對日本經濟侵略的聯合抵抗。

東部的臺東廳花蓮港支廳轄區，屬於泰雅族的「太魯閣蕃」，是一個通事控制「蕃社」的典型例子。因為有漢人通事的存在，才使「太魯閣蕃」的勢力不衰，而擊退日軍攻擊，成為日本殖民地統治眼中最難治理的「兇蕃」。

「太魯閣蕃」通事當中，最有勢力的是漢人李阿隆。在清咸豐七、八年（一八五七、八年）間，李阿隆年僅六歲，即隨父李阿香從宜蘭到花蓮港，定居於新城。當時墾首李阿春招募廣東移民在新城從事開墾。在這批首次墾民當中，李阿隆漸露頭角。他在年長十六歲時，就被眾推為民

⑭同上書，頁五五七—九、六八六—八。

壯，在該地區負責保護三十餘戶漢人，以免被「太魯閣蕃」加害。因為他表現得很兇悍，如果有「蕃人」出草，他立即採取突擊行為，燒毀「蕃社」。後來「太魯閣蕃」聞其名而懼怕，威服在其勢力之下。久之，李阿隆成為「太魯閣蕃」通事，也是該地區漢人社會的首腦人物⑮。當同治十三年（一八七四年）羅大春開鑿蘇澳到花蓮港的道路時，清軍遭受蘇澳的「南澳蕃」、奇萊平原的平埔族「加禮宛蕃」以及阿美族的聯合抵抗，陷入艱苦狀態，但是「太魯閣蕃」頭目卻率眾迎接清軍，表示投誠，並為其開鑿道路，付出勞力協助⑯。光緒時代吳光亮還利用李阿隆操縱「太魯閣蕃」，壓制奇萊平原的「加禮宛蕃」和阿美族⑰。因為「太魯閣蕃」受漢人援助及供應武器，加上該地區得其黎（立霧）溪下游一帶可開採砂金，使漢人和「太魯閣蕃」的關係，成為朋友或姻親，格外親密。

日方要打破這種「漢」「蕃」關係，唯有動用軍隊，即使如此，其目標仍難達成。一八九八年臺東廳長相良長綱，不得不對李阿隆採取安撫政策，凡是他所提出的條件都接受；從該年一月

---

⑮森丑之助『太魯閣蕃之過去及現在』（一九一〇年調查，手抄本）頁二五—六。
⑯同上書，頁二六—七。羅大春『臺灣海防並開山日記』（臺北，臺灣文獻叢刊第三〇八種，臺灣銀行經濟研究室編印，一九七二年）頁三一—二。
⑰『太魯閣蕃之過去及現在』，頁二九。

起任命李阿隆為「太魯閣蕃」總通事，月薪二十圓，李阿春之子李錦昌為副通事，月薪十二圓⑱；在新城地區不駐紮日軍，並且將遮仔埔頭以北劃給李阿隆管轄，日方不得擅自進入⑲。李阿隆於是才派其部下李錦昌，向相良廳長提出「外太魯閣蕃」包括九宛、古魯、權其力、七腳籠、石硿等五社的戶口名單一冊⑳，以表「太魯閣蕃」向日本的「歸順」投降。

為了使日本勢力早日滲透「太魯閣蕃」領域內，相良廳長還採取更積極地博取「蕃人」歡心的措施。一九〇〇年三月，當他巡視「太魯閣蕃」區域時，不但用牛車載滿大量惠贈品及毛瑟鎗（Musear）子彈五萬發，還攜帶「頭目任命書」及其月薪用的銀幣去㉑。當時李阿隆向相良廳長提出的該地區漢人戶口名單，共有二十四戶，一〇三人（男五十人，女五十三人）㉒。據日方估計，除了這些定居漢人外，還有約二〇〇名漢人，時常從宜蘭、基隆或中國大陸廣東地方，來作短期停留㉓。

---

⑱同上書，頁三五。
⑲同上書，頁四二。
⑳『理蕃誌稿』第一編，頁八八—九〇。
㉑『太魯閣蕃之過去及現在』，頁四三—四。
㉒同上書，頁三二—三。
㉓同上書，頁三二。

日方如此安撫漢人通事，相良廳長在一九〇一年七月才得在「太魯閣蕃」古魯社開辦「國語傳習分教場」㉔，這是他在臺東地區從一八九七年以來為教導馴化「蕃人」目的而設的八所簡化教育所㉕之一。並且又在該社設立民營的「賀田組鎗砲店」（火藥販賣店），向「太魯閣蕃」供應每人每個月子彈十發、火藥二十匁（日本重量單位，約三・七五公斤）、雷管十發、發火機二十個㉖，甚至於為應付其要求而大量提供新式精銳的武器像溫切斯特式（Winchester）十五連鎗，據說這一式鎗在該社擁有約四〇〇支，一說有八〇〇支㉗。賀田組店員等，為了在「太魯閣蕃」內培植親日「蕃人」，還暗中送賄賂給有勢力的頭目㉘。於是賀田組鎗砲店主人喜多川貞次，及國語傳習分教場教員石田貢，即因此以「太魯閣蕃通事自居，對外宣揚其成就，但被「太魯閣蕃」嘲笑為「獃子」，其狂妄怯懦的作風並不被「蕃人」信任㉙。一九〇六年八月一日，喜多川和石田被稱為最親日「開明」的古魯社副頭目砍頭㉚，乃形成了「太魯閣蕃」發難抗日的導火線。

㉔『理蕃誌稿』第一編，頁八八—九〇。
㉕同上書，頁二七〇。
㉖同上書，頁八八—九〇。
㉗『太魯閣蕃之過去及現在』，頁四八。
㉘同上書，頁六三。
㉙同上書，頁六四。
㉚同上書，頁六三。

相良廳長實施「綏撫」政策，先於一九〇二年十一月利用「歸順」的「外太魯閣蕃」，招撫居住中央山脈地區的「內太魯閣蕃」，然而歸於失敗㉛；後來在一九〇三年十二月日方為征伐蘇澳的「南澳蕃」，而欲利用太魯閣蕃與之對立的兩「蕃」敵對關係，發揮「以蕃制蕃」的效用，也遭失敗㉜。這種僅對「太魯閣蕃」勢力膨脹有利的「綏撫」政策，因一九〇四年四月相良廳長去世，改由森尾茂助恆春廳長兼任臺東廳長㉝而告結束。

森尾繼任廳長之後，把臺東廳轄內的「蕃人」、「蕃地」事務，由廳總務課改為警務課來專管，同時提出在臺東廳管轄內增設警察官派出所的構想㉞臺東廳從前為憲兵管區㉟，一八九八年為支援鎮壓南部漢人抗日運動而有一半憲兵撤退㊱，才採用警察制度。一九〇一年在卑南、廣成澳、璞石閣、花蓮港等四支廳，共有三十三派出所㊲。當初警察官是專為保護日本人而設立，在

㉛同上書，頁四四。
㉜同上。『理蕃誌稿』第二編，頁三一〇—一。
㉝『太魯閣蕃之過去及現在』，頁四五。
㉞『理蕃誌稿』第二編，頁五三三。
㉟『臺灣總督府警察沿革誌』第一編，頁四六一。
㊱同上書，頁四六三—四。
㊲『理蕃誌稿』第二編，頁三八三—四。

「蕃務」方面只是一種輔助性的「撫蕃官吏」而已。森尾兼任行政廳長之後，在古魯社設置警察官派出所㊳，顯示其政策從「綏撫」改變為「取締」。

森尾對臺東廳的經營頗具雄心，除了加強警察對「蕃社」的取締功能外，從一九〇四年四月起准許「賀田組」的賀田金三郎興辦樟腦事業，其採腦區域為月眉、流仔皮山、木瓜山、七腳川山、巴林妹軟山、大狗寮山、六十石山、中城庄、客人城庄、卓溪山，共設六五〇灶㊴。到了一九〇六年時，其採腦區域擴大，北至太魯閣、南至璞石閣的迪佳，製腦的灶數也增達一、〇〇〇灶㊵。

日方一面在東部山區擴大樟腦事業，一面對「蕃人」的武器供應也開始設限，把鎗彈供應做為臺東廳管轄區內牽制和操縱各族的有力工具。

根據一九〇五年六月五日警察本署長所公佈的「有關臺東廳內鎗彈供應取締方法」：(1)卑南族為了對抗布農族，必須准許其持有鎗械，並由日方供應子彈。必要時並准許其添購新鎗械；(2)排灣族則採取全面性的設限，不供應鎗械，只供應若干子彈；(3)「大南社蕃」為了牽制魯凱族，

㊳『太魯閣蕃之過去及現在』，頁四五。
㊴『臺灣樟腦專賣志』附錄，頁一七。
㊵同上書，頁二三。

對其需求適當地供應；⑷阿美族可防布農族和「太魯閣蕃」，依照供應卑南族的方式處理。其中「南勢蕃」即「七腳川社蕃」，可以信任，鎗彈無流入他「蕃」之虞，且為阻止「太魯閣蕃」南下，必需充分地供應精鋭的鎗彈；⑸對布農族，日方為表示懷柔綏撫之意，可以提供一些子彈，但絕不能供應鎗械；⑹「太魯閣蕃」，則日方僅供應新式鎗械，但對鎗和子彈供應數量設限，絕不供應舊式鎗彈，使其化為廢物，俾達到日方可掌握其所擁有武器的控制權㊶。總之，鎗彈的供應變成一種操縱策略：日方一方面藉供應鎗彈的機會，對「蕃人」所擁有的鎗和彈匣刻編號碼記錄管制，另一方面盡力防止漢人通事私下供應武器給「蕃人」。當然最後的目的，是全面禁止鎗械，拔除「蕃人」的兇牙。

一九〇六年四月十一日，陸軍大將佐久間左馬太出任第五任臺灣總督，八月發生「太魯閣蕃害事件」。賀田組在該年擴大採腦區域至「太魯閣蕃」領域和同屬泰雅族「覓卓蘭蕃」的領域內，於是引發了被侵略者的誓死反抗㊷。參加起事的「太魯閣蕃」共有十四社，獵取日本人頭顱共達三十六個，被砍頭的日本人包括花蓮港支廳長大山十郎、教員、賀田組店員及其所僱用的日本人腦丁㊸。

㊶『理蕃誌稿』第二編，頁三九二—三。
㊷同上書，頁七四八—七八〇。
㊸『太魯閣蕃之過去及現在』，頁四九—五〇。

日方處理這種專殺日本人的「蕃害」事件所持的政策，一向是嚴厲的軍事鎮壓，但這一次卻反常地，僅對「太魯閣蕃」的主謀者採取臨機處刑，對其他參加起事的「蕃人」則酌量輕重，以押送紅頭嶼或由頭目代管訓等處分了事㊹。至於對「覓卓蘭蕃」更採取完全懷柔政策，不追究其起事責任㊺。

然而日方並沒就此罷休，開始佈置更周全的封鎖。一九〇七年五月間，在「太魯閣蕃」領域設置九宛隘勇線，這是臺東廳下第一個隘勇線，長達二里十五町（町為日本距離單位，一町約合一〇九公尺），線上設置隘勇監督所一、隘勇監督分遣所六、隘寮三十六、隘勇共一二〇人㊻，其中阿美族七腳川社「蕃人」三五人㊼。到了一九〇八年再往西南延長五町，以防「太魯閣蕃」越七川卻社南下㊽。為了打擊「太魯閣蕃」，一九〇七年七月調派海軍南清艦隊「浪速」和「秋津洲」二艦，先從海上砲擊，陸上也配合著由日警指揮七腳川社「蕃人」五〇〇人攻擊㊾。事後，

㊹『理蕃誌稿』第二編，頁七六〇—一。

㊺同上書，頁七七八—七八〇。『太魯閣蕃之過去及現在』，頁五一—二。

㊻『理蕃誌稿』第二編，頁七六五—六。

㊼同上書，頁七八一。

㊽同上書，頁五五三。

㊾同上書，頁五五五、七六七—七七一。

佐久間總督打電報給日本國內內閣報告說，「太魯閣蕃」通事李阿隆損失慘重，狼狽逃脫，效果十分良好㊿。

臺灣總督府當局從此決定繼續施行海上封鎖政策，從一九〇八年八月起借用陸軍汽船「扇海丸」，與南清艦隊「和泉」與「新高」兩艦組成一隊，巡邏東部海岸一帶(51)，做砲擊演習及取締走私船隻，這是要直接地打擊漢人通事，使其陷於無利可圖，進而迫「蕃社」驅逐漢人通事，並使「蕃人」不能在沿海製造食鹽自給。

為了巡邏艦隊的停泊補給，宜蘭廳蘇澳闢為軍港，而且為了軍港的安全和封鎖政策的完整，日方在一九〇八年四月至六月間，在「南澳蕃」地區設置了十四里二十町長的隘勇線(52)。接著在該年九月到一九〇九年三月，開鑿了宜蘭—蘇澳—南澳道路。「南澳蕃」於一九〇九年十一月，被准許「暫歸順」，而提出頭顱一五一個、鎗一二〇支。換言之，「南澳蕃」在此暫定的被觀察期間，不得違背日方的命令，必須表現「歸順」投降的行為，然後才准許「正式歸順」。由此可見日方如何巧妙地應用操縱策。

㊿同上書，頁七七一。
(51)同上書，頁五九九、七七二—六。
(52)同上書，頁五九七—八。
(53)同上書，頁六三一—四。

第四章　佐久間「理蕃」事業與教化政策

第一節　大津麟平的「甘諾」政策

第五任臺灣總督佐久間左馬太陸軍中將，是歷任臺灣總督當中，任期最長且年齡最高的總督，亦即任期從一九〇六年四月十一日到一九一五年五月一日共達九年一個月，當時其年齡是六十二歲到七十一歲的老年時代。前任總督兒玉源太郎以「掃蕩土匪」聞名，後任的佐久間左馬太則以「掃蕩生蕃」為重要施政方針。

佐久間是純粹軍功起家的軍人，他在一八七四年日本出兵企圖佔領臺灣東部時，曾率領日軍與排灣族「牡丹社蕃」在石門打仗，擊敗「生蕃」而殺死牡丹社頭目父子，因此以「生蕃的剋星」馳名①。這次日本政府以高齡且不諳政治的武夫出任臺灣總督，全是欲藉佐久間擊敗「生蕃」的

①小森德治『佐久間左馬太』（臺北，臺灣總督府警務局內財團法人臺灣救濟團，一九三三年）頁一七八。『日本軍國主義的原型』，頁一二九。

經驗，以謀求早日掃盪「生蕃」，俾促進「蕃地」富源及經濟的開發。

佐久間總督不諳政治②，對於臺灣總督府推行民政，並不構成阻礙，反而可以讓民政長官的官僚系統，去負責推行殖民地的經濟財政建設，以支持耗費龐大的軍事鎮壓之「生蕃」政策，使這位軍人總督無後顧之憂，集中精力為日本帝國的「理蕃」政策而效命。佐久間就任總督的第三天，即一九〇六年四月十四日，公佈了臺灣總督府官制的部分改革，將警察本署的「蕃務掛」昇級為「蕃務課」③，由此可見他對「理蕃」事業的重視和決心。

佐久間總督雖然熱心於「理蕃」事業，但是他是一介武夫，實際策劃「理蕃」計劃之事，即委任臺灣總督府總督官房秘書課長大津麟平負責。大津於一八九八年隨日軍入臺，歷經臺南縣郵便局長、警部長之後，從一九〇一年起，在臺灣總督府任秘書官，也是警界的最高級警官「警視」之一。

大津警視親自插手管「蕃人」「蕃地」事務，是在一九〇六年八月「太魯閣蕃變」時，他以警察本署長的代理身份赴臺東，立刻部署三〇〇名巡查④，迅速對「蕃人」抗日的擴大局勢予以

②『佐久間左馬太』，頁三五一。
③『臺灣總督府警察沿革誌』第一編，頁一二一——二。『理蕃誌稿』第二編，頁四四五——六。
④『理蕃誌稿』第二編，頁七六〇——一。

（表二十）一九〇六年制定的臺灣總督府組織

- 總督
  - 總督官房—秘書課、文書課
  - 民政部（民政長官）
    - 警察本署（警視總長）
      - 警察管區
      - 警務課、保安課、衛生課
      - 蕃務課
      - 高等警察
    - 總務局—外事課、地方課、法務課、學務課
    - 財務局—主計課、稅務課、會計課
    - 通信局—庶務課、郵務課、電務課、海事課
    - 殖產局—農商課、拓殖課、權度課
    - 土木局—土木課、營繕課、經理課
  - 陸軍幕僚
  - 海軍幕僚

控制。十月二十九日他向佐久間總督提出「臺東廳視察復命書」的報告，批評已故相良廳長的「綏撫」政策，而提出其改革方針⑤。從此之後，大津即被佐久間總督重用，繼續以代理警察本署長

⑤同上書，頁四六〇—三、七六二—四、七五八—九。

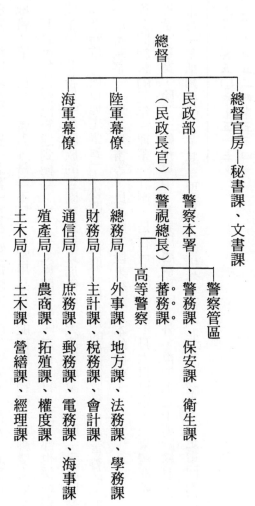

身份，奉命巡視其他「蕃地」。他從一九〇七年一月十四日至三十日考察桃園、新竹、苗栗、臺中等四廳所屬「蕃地」的隘勇線，於二月十日提出「視察復命書」⑥；從三月十五日至二十七日考察深坑和宜蘭二廳的隘勇線，於四月三日提出「視察復命書」⑦

綜合以上各報告，大津警視認為當前「理蕃」現況，日方已經有把握置「蕃人」死命，而肯定從前隘勇線圍堵政策，對「北蕃」泰雅族施加壓力，產生效果。「蕃人」遭受長年累月圍堵政策的威脅，陷入農具、蕃刀等鐵器不足，日常用品也不能補給，物資和精神雙方面都受到嚴重的打擊，其窘困的情況已經達到極點。加上「太魯閣蕃變」之後，日方對東部也採取嚴加防備的措施，使整個「北蕃地」泰雅族的包圍和封鎖更加徹底。大津警視說，制服「太魯閣蕃」就可以脅服全體泰雅族，所以他主張對「太魯閣蕃」採取一段長期的嚴厲制裁，加強軍警的「取締」功能，兼施「以蕃制蕃」，埋設地雷等，以高壓手段來維護日本的威信。

佐久間總督的五年「理蕃」計劃，是在一九〇七年一月六日決定，在臺灣開始了一個劃時代的「理蕃」事業，除了一般預算中「蕃界所屬費用」之外，再加上五十萬圓經費，從該年起共分五年推行「蕃地經營」⑧。其「理蕃」大綱仍然是以「北蕃」為主，但是這回先以引誘方式使

⑥同上書，頁五〇六—五一三。
⑦同上書，頁五二四—五三四。
⑧同上書，頁四八一。

「蕃人」甘心承諾在其境內設置隘勇線⑨，這稱為「甘諾」政策，等到警備線完成之後，即以雄厚的武備制壓「蕃人」，而使「蕃人」不敢再騷擾和引發抗日事端。「甘諾」政策的效果，是促使「蕃人」自行由隘勇線的「線外」全遷居到「線內」去。

至於對待「南蕃」，仍採取逐漸「撫育」政策，所不同的是：這回確實地在「蕃社」內設置「撫蕃官吏駐在所」，由警察從事撫育⑩。換言之，日方為了迴避「南蕃」的猜疑而引起武裝抗日，推行「撫蕃官吏駐在所」設置運動，以和平的面貌，逐漸擴大日警所能控制的領域。但是設置「撫蕃官吏駐在所」時，其設置地點要特別選擇在該「蕃社」中勢力最大的頭目所在地⑪，如此日警在平時就可以注意「蕃人」的動向，暗中偵察「蕃社」的內情，以達成「撫蕃」的任務。

無論是對「北蕃」的隘勇線推進運動，或是對「南蕃」的「撫蕃官吏駐在所」設置運動，日方總是希望以「甘諾」手段，使「蕃人」在沒有抗拒的狀態下進入圈套。所謂「撫蕃」，就是一方面經由交易所的控制來掌握「蕃人」的民生經濟，另一方面日方施以簡單教育，來改變「蕃人」固有的文化價值觀念。對於若干列入禁止交易的物品如鹽或火柴等施惠，則是用作賞罰回報的手

⑨同上。
⑩同上書，頁四八一—二。
⑪同上。

段，以促使「蕃人」漸趨溫馴服從，其他如施藥也是利用為使「蕃人」甘心投降「歸順」的工具。日本當局的「撫育」，必須與「圍堵」的侵略政策配合，且適時適地的實施，才能發揮其功能，結果可不費一鎗一彈，而以操縱手段，順利地達成其侵略「蕃地」的目的。

佐久間總督的「理蕃」五年計劃，由於極注重在臺灣深山內部開闢四通八達的交通路線，所以也可稱之為是以交通的利便來制服「蕃人」，並進一步謀求開發「蕃地」的，道路的開闢，在「北蕃地」是利用武裝的隘勇警備線，一步一步地推展；在「南蕃地」的目標則是建立「蕃社」和「蕃社」之間的山徑小路網，由「撫蕃官吏派出所」負責推行。對日方來說，深入「蕃地」開闢交通網，有以下的優點：

一、對壓制蕃人極為有利。
二、使警察機關的配置確定。
三、對物資的供輸極為便利。
四、可增進蕃人謀生能力，亦使其生活獲得保障或改善。
五、便利蕃地內各種事業。
六、便利蕃地及山區內各種調查。
七、使與蕃人的接觸繁密，有益於感化工作的推行。
八、一旦發生事情，可以敏捷處置。

九、有益於通信。

十、可以成為開發臺灣東部的基礎。

十一、予蕃人心理上很大的影響⑫。

根據由蕃務課長賀來倉太所提「蕃地經營方針實施計劃書」，其「理蕃」事業可分為兩大部分推行：一為從一九〇七年起，開始著手「蕃地」道路開闢五年計劃，亦即在「北蕃」地開鑿十條包圍隘勇線和一條經中央山脈而貫通南北約達七十里的縱貫隘勇線，在「南蕃」地則以授產生業的撫育方式驅使「蕃人」從事開闢修補山徑小路⑬；二為從一九〇八起開始著手隘勇線內「蕃界」土地調查五年事業，由總督府技師野呂寧擔任蕃務課蕃地地形測量主任負責推行⑭。到一九〇八年底為止，日方以隘勇線的推進包圍運動所圈入的所謂「線內蕃界」面積達二一一萬多方里，隘勇線延長為一二四里⑮，而且這「線內蕃界」還會隨著隘勇線的推進而逐步擴大，五年之後其土地調查範圍應該擴及全臺「蕃地」，等到調查結束時，「蕃地」再也不是「蕃人」的，而是名符其實地屬於日本帝國所佔有的財產，稱為「官有地」。

---

⑫『現代史資料（22）臺灣（2）』，頁四一四。

⑬『理蕃誌稿』第二編，頁四八三—五。

⑭同上書，頁五九三—五。

⑮同上書，第三編（上卷），頁一。

為便於明瞭其「理蕃」計劃的進行，特繪製圖表如次：

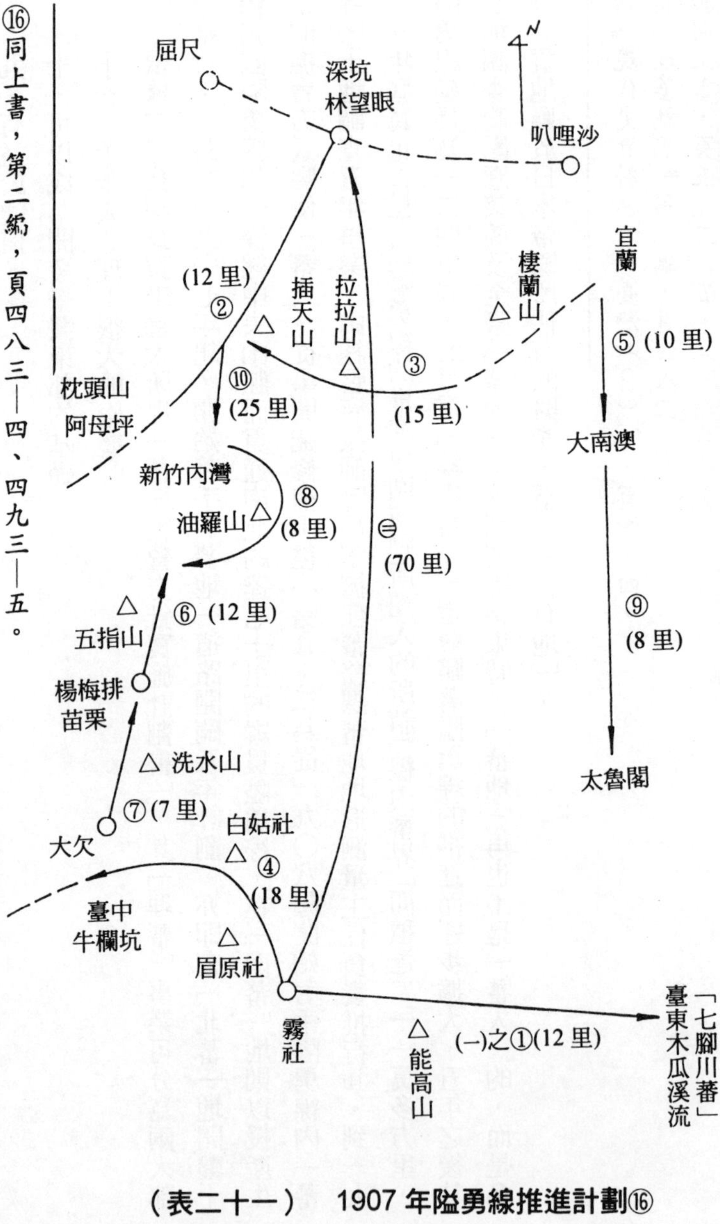

（表二十一）　1907 年隘勇線推進計劃⑯

⑯同上書，第二編，頁四八三—四、四九三—五。

（表二十二） 佐久間總督「理蕃」五年計劃概略

隘勇線推進事業（一九〇七—一九一一）計劃

年次	北蕃地周圍隘勇線(一) 施工地	既施工地	經費（圓）	北蕃地縱貫隘勇線(二) 施工年次	經費（圓）	南蕃經營費	合計經費	線內「蕃界」土地調查事業計劃
一九〇七 第一年	①②		七四〇、五二〇			一五、〇〇〇	七五五、五二〇	
一九〇八 第二年	③④	①②	八五二、九七六			三〇、〇〇〇	八八二、九七六	第一年
一九〇九 第三年	⑤⑥	①～④	九八八、七〇一	第一年	二、九三二、四六四	四五、〇〇〇	三、九六五、一六五	第二年
一九一〇 第四年	⑦⑧	①～⑥	一、〇六五、九五六	第二年	四、二八九、三八〇	七〇、〇〇〇	五、四二五、三三六	第三年
一九一一 第五年	⑨⑩	①～⑧	一、六二〇、九四一	第三年	六、八八九、四七六	一〇〇、〇〇〇	八、六一〇、四一七	第四年
一九一二								第五年
計			五、二六九、〇九四		一四、一一〇、三二〇	二六〇、〇〇〇	一九、六六九、四一四	
完工後每年維持費（圓）			一、一五八、八六六		三、五七六、一四四	一〇〇、〇〇〇	四、八三五、〇一〇	

⑰同上書，頁四八五—四九二、四九九—五〇二。

據估計，「北蕃」地周圍的隘勇線，總里數為一三三里，施工日數九六〇天，動員人數為警部和警部補三三五人、巡查一、九一〇人、隘勇八、六〇〇人，其他工程人員一三五人，總共一〇、九八〇人⑱。「北蕃」地縱貫隘勇線，總里數為七〇里，因為此線必須貫穿中央山脈而受氣候和地勢影響，一年中能施工日數僅有半年，約十二里，加上可以預料「蕃人」會抵抗，必須特設「隘務署」組織，由警視指揮署下的警備人員防衛⑲。但是，隨著施工的進行，日方估計所需人員，包括警備人員和工人等，平時可能就需維持二萬人甚至三萬人㉑。以上的這些估計，並不包括線內「蕃界」土地調查事業的經費和其所需人員㉒。

臺灣總督府即將展開如此大規模的「理蕃」五年計劃，當然最好能運用「甘諾」政策，讓「蕃人」心甘情願地上勾，大津警視鑑於三次巡視「蕃地」的結果，認為當前最要緊的乃是培養通曉「蕃語」稱為「蕃通」的日警㉓。然而通曉「蕃語」的人才一時難求，而五年計劃急待展開，為

⑱同上書，頁四九〇。
⑲同上書，頁四九三—五。
㉑同上書，頁四九五。
㉒同上書，頁四八五。
㉓同上書，頁七六三—四。

（表二十三）蕃地縱貫線隘務機構人員配置表⑳

區別	箇所數	一箇所人員（人）警視	警部	警部補	巡查	隘勇	醫師	計	總人員（人）警視	警部	警部補	巡查	隘勇	醫師	計
隘務署	一	一	七	三	五	七二	—	九八	一	七	三	一五	七二	—	九八
隘務支署	六	—	一	二	〇	四八	—	七二	—	六	一二	六〇	二八八	—	三六
隘勇監督所	二八	—	—	一	四	一八	—	二三	—	—	二八	一一二	五〇四	—	六四四
同分遣所	二四五	—	—	—	一	六	—	七	—	—	—	二四五	一、四七〇	—	一、七一五
隘寮	九八〇	—	—	—	—	四	—	四	—	—	—	—	五、九二〇	—	三、九二〇
砲隊	三五	—	—	—	一	六	—	七	—	—	—	三五	二一〇	—	二四五
鐵條網掛	一四	—	—	—	二	二	—	四	—	—	—	二八	二八	—	三六
醫務所	一四	—	—	—	一	—	一	二	—	—	—	一四	—	一四	二八
計	一、二六〇	—	—	—	—	—	—	—	一	一三	四五	五〇九	六、四九二	一四	七、〇七二

⑳同上書，頁四九六。

了迅速配合政策的推行，大津警視提出一種變通辦法，即由官方獎勵年青而單身的日警去從事所謂「蕃婦關係」㉔。換言之，官方刻意選拔若干到「蕃地」服勤的日警，勸導其為日本國策獻身，與「蕃社」中具有地位的「頭目」或有勢力者的女兒結婚，如此一方面在生活環境當中逐漸熟悉「蕃語」和「蕃俗」、「蕃情」，另一方面與「蕃社」頭目拉上裙帶關係，從心理和情感兩方面突破隔閡，進而更易偵察「蕃社」內情，及時發揮牽制及防範的功能，終於達到培植親日「蕃社」，使「甘諾」政策產生絕大的效益。

再說，「剿撫兼施」也一直為推行「理蕃」政策時所運用的戰略。大津警視認為隨著隘勇線的深入內山，將原為零散方式佈置的隘寮改為密集重點方式設置，並且加強和擴大不容易受人為因素影響的電流鐵絲網和地雷等設備，來克服隘勇的素質不齊和訓練不足，以及補給和管理上的困擾等問題㉕，於是，隘勇線從原來以人力為主的警備線，漸改為應用科技設施來發揮防禦功能的警備線。一九〇八年五月，民政長官大島久滿次通知各廳長：有關地雷、鎗彈等所需求數量，應在擬定隘勇線推進計劃時一起報備，俾能配合製造、運輸之便。不然，無法及時供應大批武器㉖。該年七月十七日，以訓令第一〇八號「制定鐵絲網管理規程」（共十三條），規定鐵絲網屬

㉔同上書，頁五三〇、五三三—四。
㉕同上書，頁五二六。
㉖同上書，頁六〇六。

於警察本署長管理；水力發電所等一切設施和保養修補等，由警察本署直接經營；技術人員稱「工手」，需具有中學二年以上的學歷，且精通電氣學，其助手稱「工夫」，需有電氣工作兩年以上經驗且熟悉電氣學，二者經過考試而被錄取者，用為警察本署僱員㉗。

推進隘勇線的結果，「線內蕃地」增加，而日方面臨對「線內蕃人」如何引導，使其「甘諾」日方的「撫育」政策，以及對「線外蕃人」如何加強引誘到線內來等問題。為了適應當前「北蕃」局勢的變化和與「南蕃」政策的統一規劃，一九〇七年四月一日曾以訓令第五四號公佈「蕃地警察職務規程」（共十五條），除了對隘勇警備線有所規定以外，對「蕃務官吏駐在所」的設置，首次訂定南北統一的規程㉘。四月十九日又以「通達」的方式通知各廳長，隘勇線內可設置蕃務官吏駐在所，並可分派隘勇在駐在所執行任務㉙。換言之，蕃務官吏駐在所即將代替警備壓制色彩明顯的隘勇線，設置於「線內」或接壤「線外」之處，以發揮其「綏撫」、監視以及警備等多方面的功能，而使「理蕃」事業邁進新的階段。

一九〇七年臺灣總督府按照「蕃地經營方針」五年計劃，以周全的準備和確實的佈置，開始

㉗同上書，頁六二二—三。
㉘同上書，頁五二一—四。
㉙同上書，頁五三八。

著手包圍第一線和第二線。第一線是由南投廳濁水溪上游「霧社蕃」起，越過中央山脈延伸到臺東廳花蓮港木瓜溪下游「七腳川社蕃」，被認為「最有利益」且「容易著手」的首要之線。從該年三月二日開始動工，並事先取得「霧社蕃」的「甘諾」，但仍然遭遇其抵制㉚，僅佔領到埋石山㉛，後來到一九〇八、九年間，再次運用「甘諾」政策，順利地推進到「霧社蕃」區域內㉜。此線西邊的「霧社蕃」誘導成功，但卻在此線東邊，引起「蕃變」，被日方認定為「最能信任」的花蓮港阿美族「七腳川社蕃」，聯合木瓜溪一帶泰雅族「覓卓蘭蕃」、「木瓜蕃」，共同抗日，襲擊木瓜溪覓卓蘭隘勇線。

第二線是由深坑廳林望眼隘勇監督所起，經插天山北側延伸到桃園廳枕頭山阿母坪，而在此地銜接已設的隘勇線。這條線被認定是「容易著手」，因為深坑廳操縱了「屈尺蕃」，運用「以蕃制蕃」政策，於一九〇七年三月十四日在林望眼監督所，舉行「大嵙崁蕃」六大社的歸順典禮㉝，又在該月二十八日和二十九日在阿母坪監督所，舉行「大豹蕃」十一社的歸順典禮㉞。於是

㉚『現代史資料（22）臺灣（2）』，頁五七九。
㉛『臺灣霧社蜂起事件—研究と資料』，頁三四四。
㉜同上書，頁三四四—五。『理蕃誌稿』第二編，頁六三八—六四〇。
㉝『理蕃誌稿』第二編，頁五一四—五。
㉞同上書，頁四一六—九。

日方認為已獲得了「蕃人」的「甘諾」，故在五月五日，從深坑、桃園兩端同時開始築線㉟。

然而隘勇線的推進剛開始，「蕃人」發覺其規模宏大，影響「蕃社」的生計，這些均違背事前協議，而引起激烈的不滿㊱。日方為了牽制「蕃人」，並阻止其共同聯合，擴大抗日行動，竟於五月十一日從新竹廳馬福社推進隘勇線㊲，然而反促使抗日行動越演越烈，形成北部深坑、桃園、新竹各廳的「大嵙崁（前山）蕃」㊳「大豹蕃」㊴「大嵙崁（後山）蕃」㊵「馬武督蕃」㊶和「馬里可萬蕃」㊷聯合起來抗日的局面。

在漢人方面，藏匿在「馬武督蕃社」的十數位漢人抗日份子乘機加入「蕃人」抗日行動㊸，而一般客家漢人也對日方隘勇線的推進，感到生命財產遭受威脅。這些在山腳地區從事開墾或製

㉟同上書，頁五四六。
㊱同上。
㊲同上書，頁五四八—九。
㊳同上書，頁五四六。
㊴同上。
㊵同上書，頁五六〇—二。
㊶同上書，頁五四七—八、五六〇。
㊷同上書，頁五四八。
㊸同上書，頁五四七、五六〇。

腦來謀生的客家漢人，知道新隘勇線一旦完成，自己辛勤經營的田園事業將被沒收，全歸日本人所有，不但憂慮其未來的悲慘處境，而且當前還被強迫履行保甲連坐的義務，壯丁等又被強制拉充隘勇或工人㊹。於是，漢人和「蕃人」在共同利益前提下，起而聯合武裝抗日。

日方為了應付大規模的「漢蕃聯合武裝抗日運動」，前後動員其他南投廳、臺中廳等的警察隊㊺，警察官練習所的學生㊻，以及軍隊㊼，採取嚴厲的軍事鎮壓措施，同時盡力推動「漢蕃分離」政策。經四十多天的戰鬥後，七月九日日方向「蕃人」表示妥協，在幾乎完全接受「蕃人」的要求下，獲得設置新隘勇線的甘諾。「蕃人」所提出的十一條要求，內容包括承認其土地和地上樹木的所有權，線內線外的開墾權，賠償這次打仗所受的損失，對樟腦事業的補償，線內狩獵的許可，頭目津貼的給與，以及保護婦女等㊽。其中有一條是要求變更路線，日方除了這條保留外，其他要求都接受，並且在「蕃人」的嚮導和選擇下，八月十九日完成深坑到桃園長達十一里的新隘勇線㊾。

㊹同上書，頁五六〇。
㊺同上書，頁五四七。
㊻同上書，頁五六一。
㊼同上。
㊽同上書，頁五四七—八。
㊾同上書，頁五四八。

但是為修這條線日方的應允僅是在不得已的情況而承諾，故實在沒有實行的誠意。「蕃人」也因為日方雖作口頭承諾，但並不能保障其生命財產，故就兩者而言，均僅是短暫的休戰而已，不久旋引發了更為嚴重的衝突。於是年十月七日發生所謂的「大嵙崁蕃匪騷擾事件」及十一月十五日所謂的「北埔暴動事件」，在此兩事件中，漢人均扮演了領導「蕃人」的重要角色，雙方為恢復自己原有權益，推翻日本的殖民地統治，共同作民族抗日鬥爭。

在「大嵙崁蕃漢聯合抗日事件」中，漢人樹起「去日復清」「大谷王」等旗幟，與桃園廳轄區的泰雅族「大嵙崁蕃」聯合，共約四〇〇人襲擊剛設置的新隘勇線，亦即從桃園廳角板山隘勇監督所到深坑廳污來（烏來）隘勇監督所的警備設施，共殺戮了日警十七名㊿。

在「北埔漢蕃聯合抗日事件」中，漢人以蔡清琳為首，樹起「聯合復中興總裁」「安民」之旗幟，與新竹廳轄區的塞夏族「大隘社」「十八兒社」聯合，共約一百多名襲擊北埔支廳，被殺死的日本人包括北埔支廳長、郵便局長、警察人員、教員、官民及其家屬等，共五十七名，負傷六名，僅兩名婦女得以逃生51。因此，當北埔支廳的日本人全被消滅的消息傳到臺灣總督府時，

㊿同上書，頁五六〇—二。
51『現代史資料（21）臺灣（1）』，頁二三—五。秋澤烏川『臺灣匪談』（臺北，杉田書店，一九二三年）頁六三—七一。

亦引起很大的震駭⑫。

在這些抗日事件中，漢人隘勇多扮演重要的領導角色。隘勇在身份上既是替日本的臺灣總督府充當侵略「蕃地」的尖兵，然而因為在前線警備崗位上執行勤務，所以在當時的漢人中，隘勇是唯一能與鎗彈和「蕃人」接觸的人。對「蕃人」來說，隘勇是唯一能給他們帶來外界消息的人，故也容易受其影響。特別是當隘勇是日方所謂的「不良份子」的話，他們常常消極的以曠職來加以抵制，或積極的鼓吹民族思想，煽動「蕃人」，聯合共同抗日。臺灣總督府為了應付隘勇的負面作用，才對人事管理和科技設施加以改良和增強。

一九〇八年十二月十三日在臺東廳花蓮港支廳轄區內，發生「七腳川社蕃抗日事件」，這是「七腳川社蕃」充任隘勇者，不滿日警在勤務上的差別待遇而引發的⑬。該「蕃社」一直受日方扶植，利用為對付「太魯閣蕃」的親日派「蕃人」，故在阿美族中也因此而享有特殊地位，其充任隘勇者被日警認定是最優秀的親日份子。因為「七腳川社蕃」被日方利用為「以蕃制蕃」的工具，並被認定是「絕對服從」的，所以當「七腳川社蕃」聯合木瓜溪一帶的泰雅族襲擊隘勇警備線⑭的消息傳到臺灣總督府後，該年五月就任警察本署長兼蕃務課長的大津麟平，即決定對「七

⑫『臺灣匪談』，頁七一。
⑬『理蕃誌稿』第二編，頁六三六、七八一、七八四。
⑭同上書，頁七八二。

腳川社蕃」採取「滅族」政策㊺。經過軍事鎮壓、毀滅「蕃社」、殺戮壯丁、沒收其領土和鎗彈後，殘存者已寥寥無幾，被強行遷移到他「蕃」圍堵的平地，從事農耕㊻。

日本的臺灣總督府，以此次花蓮港阿美族抗日事件，作為日本經營東部開發的新階段，從一九〇九年起策劃官辦的日本人移民政策，於一九一〇年招募六十一戶共二九五人移民，並將「七腳川社」改稱為「吉野村」㊼。

日方推動「理蕃」五年計劃，在北部和東部屢次遭受挫折，發現以隘勇線推進內山「蕃地」並沒那麼容易，其「甘諾」政策又不能發揮效力，於是對原來的「理蕃」計劃加以大幅修改，遂乃有以「軍事討伐」為主的「理蕃」五年計劃。

㊺同上書，頁七八三、七九二。
㊻同上書，頁七八三—八三〇。
㊼同上書，頁六三七—八、八一〇。

第二節　「蕃務本署」與「理蕃」五年計劃

佐久間總督的「理蕃」五年計劃，前後共有二次。第一次「理蕃」五年計劃是從一九〇七年起，以「甘諾」政策為其手段，加以推行，但是這種軟硬兼施、威脅利誘的辦法，實為欺騙的圈套，企圖侵佔「蕃人」的土地財產，終於遭受「蕃人」抗拒，也引起了漢人的共憤，掀起了漢「蕃」聯合的抗日運動，以致中途遭遇挫折。日方鑑於「甘諾」政策的失敗，於是重新策劃另一個以軍警圍剿的「理蕃」五年計劃。因為以一九一〇年為始的第二次「理蕃」五年計劃「成功」，所以一般稱此為「佐久間總督的理蕃事業」，而不提第一次計劃。

第二次計劃之所以「成功」，其最大的因素是經費充裕，而這要歸結於明治天皇對佐久間總督的「理蕃」計劃表示興趣①，因而獲得陸軍元老山縣有朋的支持，才使原來沒興趣的桂太郎首相及遞信大臣後藤新平等改變主意，轉而支持②。當然於一九〇九年議會也很順利地予以通過「理蕃」五年經費一五、三九九、〇〇〇圓③。第二次「理蕃」計劃在此「舉國一致」的情況之下，

①『佐久間左馬太』，頁五二五。『理蕃誌稿』第三編（上卷），頁一七。
②『佐久間左馬太』，頁五二五。
③『理蕃誌稿』第三編（上卷），頁八—九。

以國家龐大的預算一次發出五年經費，並且根本的從改革官制方面著手，以進行大規模的「理蕃」計劃。

一九〇九年十月二十五日，以敕令二七〇號公佈「臺灣總督府官制」改革，重點即在民政部新設「蕃務本署」，由蕃務總長出任蕃務本署長，依總督及民政長官的指示，主掌和指揮署內各課事務④。其次，警察本署和掌管地方行政的總務局合併而成立「內務局」⑤，由警視總長充任內務局長，依總督及民政長官的指示，主掌和指揮廳長及警察官。再則，民政部的土木局昇格為「土木部」⑥。換言之，民政部所屬警察，在制度上分為「平地」的普通警察和「蕃地」的蕃務警察兩種。

「蕃務本署」的組織，除了有署長專屬的機密文書、署員考紀等以外，另設有庶務課（文書掛、人事掛、經理掛、電務掛）和蕃務課（理蕃掛、兵器掛、測圖掛）⑦，到一九一〇年三月又在理蕃課增設「理蕃衛生部」⑧，定「蕃務本署救護班」規則⑨，組織隨軍警隊的醫療班。五月

---

④『臺灣總督府警察沿革誌』第一編，頁一二五—七。
⑤同上。
⑥同上書，頁一二七。
⑦同上書，頁一三一—三。『理蕃誌稿』第三編（上卷）頁一九—二五。
⑧『臺灣總督府警察沿革誌』第一編，頁一三六—七。
⑨『理蕃誌稿』第三編（上卷），頁八六—七。

（表二十四）一九〇九年制定的臺灣總督府組織

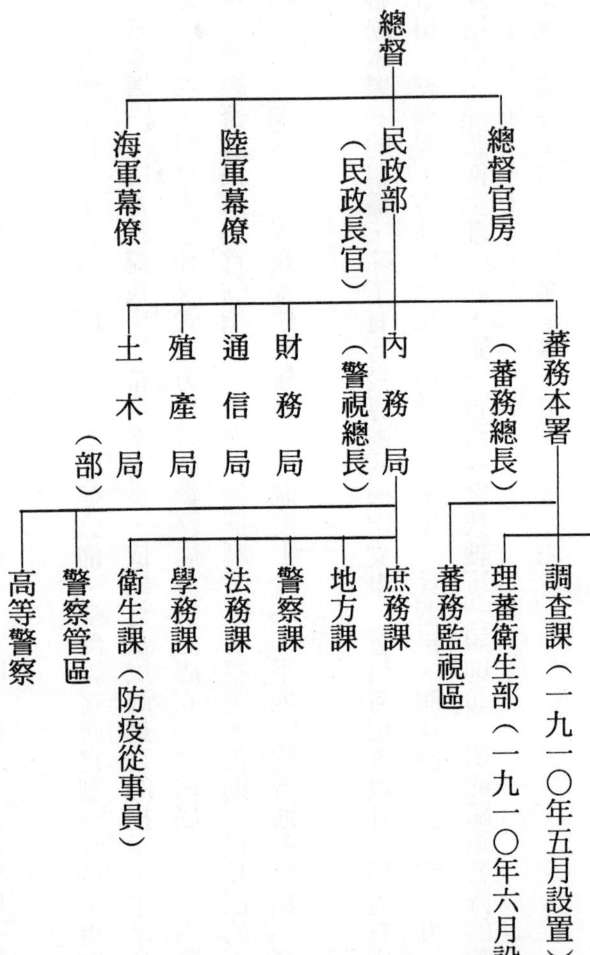

又增設「調查課」，專管「蕃地」的測量、製圖、編修、調查等⑩，八月在該課特設「蕃地臺帳係」⑪，臺帳是一種登錄帳簿，也就是設「蕃地檔案股」。「內務局」的組織，除了有局長專屬的有關政治、社團、集會、新聞、雜誌、出版、版權等業務，以及保安和高等警察的業務外，另設庶務、地方、警察、法務、學務、衛生等五課，共有二十三掛⑫。

為了配合臺灣總督府官制的改革，當天以敕令二八二號公佈「臺灣總督府地方官官制」改革，將一九〇一年以來所實施的地方制度大幅度地修改。根據「官制改正要點」，第一項目為整頓廳制，把二十廳合併為十二廳⑬，並且依照行政區域的大小、廳治的難易輕重，又把十二廳分為三等：第一等為臺北、臺中、臺南；第二等為新竹、嘉義、阿緱；第三等為宜蘭、桃園、南投、臺東、花蓮港、澎湖⑭。各廳長是由警視充任，而一等和二等的各課長也由事務官或警視充任；至於原為廳制的基隆、彰化、打狗、恆春、苗栗，經合併廢止之後，降格為支廳，但是以上五個支

⑩『臺灣總督府警察沿革誌』第一編，頁一三七。『理蕃誌稿』第三編（上卷）頁九一。
⑪『理蕃誌稿』第三編（上卷），頁一一五。
⑫『臺灣總督府警察沿革誌』第一編，頁一三三—五。
⑬同上書，頁五六四—五。
⑭同上書，頁五六五—六。

廳長仍由警視兼事務官充任⑮，與其他在全臺設置的八十二支廳長由警部充任不同⑯。

在此十二廳的行政組織結構上，把「蕃人蕃地」事務從警務課獨立，新設「蕃務課」，主管「蕃人蕃地」事務，及取締樟腦製造事務⑰。其中臺北廳被認定為沒有「蕃人蕃地」事務，所以不設「蕃務課」，亦即經過變更行政區域的劃分，將原屬深坑廳管轄的「蕃地」，其中文山堡的坪林尾支廳區改歸宜蘭廳管轄，新店支廳三角湧改歸桃園廳管轄，經如此的分劃，故臺北廳不再轄有「理蕃」的事務⑱。

根據官制改革理由書⑲及佐久間總督的「訓示」⑳，可以窺見這一次官制改革，不但是為推行「理蕃」五年計劃，並且也是為了謀求全臺「平地」和「蕃地」的綜合開發而施行的。

「蕃務本署」是一種類似武裝警察隊的軍事指揮中心，將扮演以火砲攻擊「蕃地」而展開圍剿掃蕩，或逼迫「蕃人」投降，開放「蕃地」給日本企業家的角色。「內務局」則把地方行政業

---

⑮同上書，頁五六六。
⑯同上書，頁五六八—九。
⑰同上書，頁五六八。
⑱同上書，頁五六六、五七一、五七三、五七四。
⑲同上書，頁一二六—七。
⑳同上書，頁一二七—九。『佐久間左馬太』，頁五五二—三。

（表二十五）　一九〇九年制定的臺灣總督地方官官制

廳（警視）
- 總務課　文書係、庶務係、殖產係、土木係、會課係
- 警務課　警務係、保安係、衛生係
- 稅務課　直稅係、間稅係、地方稅係
- 。。。蕃務課（臺北廳除外）
- 支　廳—警察官派出所

務完全地納入警察機構，實行名副其實的「警察政治」。「土木部」擔任綜合「平地」和「蕃地」的土木建設，修築水利渠圳，開鑿山路等，為「平地」和「蕃地」關連的經濟開發作準備。「蕃務本署長」是由警察本署長大津麟平轉任；內務局長由川村竹治就任，川村後來轉任滿鐵社長再轉任第十二任臺灣總督㉑；土木部長是由民政長官大島久滿次兼任，以上可以說清一色由最高級警察即「警視」充任，從此亦可見其實行「警察政治」的特色。

至於耗費龐大的「理蕃」費用，雖然說名義上是國庫撥款，但實際上這筆錢仍是完全出自臺灣。佐久間總督統治時期，臺灣財政可以說到達「黃金時代」。歲收年年增加，財源滾滾而來。

㉑『臺灣統治概史』，頁二七二。

例如佐久間就任總督的一九〇六年，歲收為三、六一九萬二千餘圓㉒，到了「理蕃」五年事業結束的一九一四年，歲收高達五、三二六萬四千餘圓。殖民地臺灣的主要財源為鴉片、樟腦、食鹽、煙草等專賣收入，鐵路收入（一九〇八年南北縱貫鐵路全線通車），地租、郵便、電信收入、酒稅（一九〇七年實施）、砂糖消費稅等㉓。其中砂糖消費稅的收入，在一九〇八年就有三五〇萬圓，一九〇九年增為五四〇萬圓，一九一〇年高達一、二一一萬圓之多㉔。

臺灣總督府財政局會計課長峽謙齊，鑑於當時以警察費名目每年支出二百萬圓理蕃費，五年的費用共計達一千萬圓，認為不如以五年計劃每年多花一百萬圓，徹底地解決「蕃人」問題㉕。只看當時唯一的「蕃地」事務即樟腦製造業，從一九〇五年以來每年就有四至五百萬圓利潤㉖，如果在此款項中，開銷「理蕃」費，而每年花三百萬圓，也還有一、二萬百萬圓的剩餘利潤。而且「蕃地」全盤開發，可望有更多的收益。佐久間總督的「理蕃」五年計劃，總共經費為一千五百餘萬，財政局從財政收支的觀點來看，也充滿了相當的信心。

㉒『臺灣銀行二十年誌』，頁一四一。
㉓『佐久間左馬太』，頁四七一。
㉔同上書，頁四七五。
㉕同上書，頁五二四。
㉖『專賣事業』，頁九。

這時，臺灣總督府秘書官齋藤彥吉也提出「對蕃策」，批評當局從前只顧追求樟腦收益，而僅注重隘勇線的推進。他認為追求經濟利益和維護國家主權威嚴的雙重目標，才是「理蕃」政策的核心，為了徹底地解決「蕃人」問題，必須採取嚴厲的軍事鎮壓措施㉗。至於「理蕃」的財源，應取自每一個漢人，只要多加一點稅，就可以達成。例如地租附加稅提高三分之一，就可增加四十萬圓；屠宰稅目前每一頭為六十錢，如果提高為一圓的話，以一年五十萬頭豬來計算，就可增加二萬圓的稅收等等㉘。他又特別強調「理蕃」事業的完成，對治水或發電等提昇臺灣整體經濟的開發，有莫大的幫助。「蕃人」的廉價勞力，可利用在「蕃地」開發事業，警備費用也可減少到三分之一至五分之一，多餘的隘勇警備力可以利用在產業勞動生產上。而且以武力掃蕩「蕃人」，並不牽累漢人的生命財產，漢人也就樂意提供稅捐，所以「理蕃」事業的財源可以獲得保障㉙。換言之，一則鑑於當前財政收入的豐盈狀況，可以完全支持「理蕃」五年計劃，二則從此可進一步地開發臺灣，為將來的經濟發展提出有力的支持。

從當時的政經環境來看，佐久間總督統治臺灣時期，正處於日俄戰後日本帝國主義的形成時

㉗『理蕃誌稿』第二編，頁六一四—五。
㉘同上書，頁六一二—三。
㉙同上書，頁六〇七—六一九。

期。日本非僅達成其韓國殖民地化的目標，而中國東北所謂的「南滿」，也列入其勢力範圍，甚至面對俄國革命，日本在遠東更扮演「憲兵」的角色。其帝國主義中的「國權」思想極為高漲。此時日本在產業結構方面，從紡織、砂糖、製粉等大宗消費品製造業到銀行金融業，出現了各行業之間壟斷市場的結合，也更促成了三井、三菱等大財閥壟斷經貿命脈。三井在貿易上佔三、四分之一，三菱在造船業佔壓倒性的地位。又如日本九州的煤炭業其產量佔全國總產量的七九％，而三井、三菱兩公司竟佔其半數㉚。殖民地母國日本在政經上的變化，自然影響到臺灣總督府的施政方針。日本明治天皇對「理蕃」事業此時也表示關心。他對日本帝國的殖民地中，尚有所謂「生蕃」，未被及皇恩，感到不滿㉛。由此可以看出當時「理蕃」的積極，實是日本整個國家擴張政策的一部份。

事實上，從臺灣總督府的殖民地政策的演變過程來看，當時的臺灣確實是具有很好的條件配合日本母國的需要，而扮演殖民地的農產品及糧食供應的角色。因為日俄戰後，日本面臨嚴重的糧食不足問題㉜，而位於亞熱帶的臺灣，如在農業方面推行水利灌溉等水利建設，及改良品種、

㉚『近代日本經濟史要覽』，頁九五—六。山本弘文等『近代日本經濟史』（東京，有斐閣新書，有斐閣，一九八〇年）頁九二—七。

㉛『佐久間左馬太』，頁五〇五—六。

注重施肥等農業本身的改進，再加上改善鐵路道路及基隆、高雄港灣的整修等交通運輸問題，則糖米的產量增加，必可補母國的不足。佐久間總督就任臺灣總督時，天皇曾向他指示應為日本解決「蕃人」問題和糧食問題㉝。而實際上這兩者間是有密切的關連的，「蕃人」問題如得到解決，則全盤規劃像嘉南平原那樣的水利灌溉，推行糖和米增產計劃，以及其農產品的栽植等才能順利進行。當「理蕃」五年計劃的第一年即一九一〇年一月，在東部發現大理石礦脈時㉞，「理蕃」當局就懷抱了莫大的信心，認為「蕃地」特別是東部開發的地下資源，將給日本帶來很大的財富。如果再加上「蕃地」的涼爽氣候和美麗景觀，可以帶給日本人一個很好的生活環境，當局也能積極推行日本人的移民政策㉟，以解決本國的人口壓力。

在另一方面，軍方自一九〇八年敉平花蓮港阿美族「七腳川社蕃變」後，對討伐「生蕃」頗感興趣，認為這是難得的地面偵察、部隊演習及軍事教育的好機會㊱。日俄戰後，軍人的勢力抬

㉜高橋龜吉『現代臺灣經濟論』（東京，千倉書房，一九二七年）頁四。『臺灣經濟史研究』，頁一三二。例如辜顯榮在日俄戰爭期間替三井收購臺米而損失三萬五仟圓（『辜顯榮翁傳』，頁六一一—二）。

㉝『佐久間左馬太』，頁五〇六。

㉞『臺灣大年表』，頁七八。『佐久間左馬太』，頁五二九。

㉟『佐久間左馬太』，頁五二九—五三〇。

㊱『理蕃誌稿』第二編，頁七九四。

頭，而在臺灣總督府所策劃的「理蕃」五年計劃裡，也反映出了濃厚的軍事優越的色彩。

關於第二次「理蕃」五年計劃，一般而言，比第一次的規模更大，也因為在計劃上曾預先對氣候異常、地勢險峻以及「兇蕃」堅決反抗等阻礙因素作了相當評估，所以其計劃是較第一次格外周全的。

從日方對「兇蕃」堅決反抗的評估，可以發現「理蕃」五年計劃的最大目的，乃在從「蕃人」手中奪取鎗彈，以解除「蕃人」的武裝，以及掠奪「蕃人」誓死堅守的「蕃地」。『理蕃誌稿』中曾記載關於「生蕃」情形說：

生蕃雖然沒有歷史，但是有傳說可憑據，拓地建社，以誇其祖先的事跡，而有遵從遺習，分境定域，重視自我的所有領土。有一家專有的田園林野，有一社或一部族共有的獵地漁場，區別截然，不許相侵。是以如有故意冒犯者，立即要其賠償，雖親戚故舊，亦無所寬貸。若有他社或他部族侵犯，即敢然蹶起以至用武。同族之間且如此，何況異族自外來而欲侵略其地時，根本就不管其為統治者與否了。……而且生蕃的風習，尚武好勇，自幼時即經由家庭教養和鄉黨訓練，身體強健，膽氣豪壯，歡喜時如人，忿怒時如獸。其行走如飛，去來迅速、殆不可測。善於攀樹、善於泅水，尤長於射擊，其一種戰術特別不可輕侮。其攜帶鎗枝，有一半是精銳的，有毛瑟鎗、有施奏德鎗，連發鎗亦不少。泰雅族、布農族、排灣族此三族特別多此種鎗。且一朝與外敵鎗火相見，即形成攻守同盟的團體，與社參戰，即使為同盟以外者，如同一種族者，壯丁多出援助，獲首奪鎗以為家門之光。其中，泰雅族最慓悍，僅二、三人亦敢突擊我砲兵隊或機關鎗隊，單身揮刀，躍入我軍壘內，其不怕死的狀況從此可察。生蕃之難以治理，以此三難並兼，但禍機四伏的所在，完全在於其有鎗和彈藥。故將此盡為收押，他們終不足為患。然而鎗和彈藥為期所寶重愛惜者，就是曉諭大義也不肯聽話，不得已非以威武奪取不可。從來不斷地推進隘勇線而討伐蕃社，皆為收押這些武器。在距民庄交界不遠的北蕃各部族，其所有的鎗和彈藥大概已令其提出，但其他大部族則據於天造地設之險，頑強地不聽命令，甚至煽動歸服的蕃社，已有不少結黨蠢動的跡象，其兇虐暴亡之狀，日益加甚。……㊲

從以上的這些描述，可以窺見日方對「生蕃」有相當正確的認識，而對其決死抵抗也很認真地評估，不敢掉以輕心。這也顯示出日方對這次「理蕃」計劃，抱極大成功的決心。

此時日方經過據臺初期以來所累積有關「蕃人」的種種調查，對每一個「蕃社」的人口、組織、風俗習慣等都可相當地瞭解。除此之外還偵察統計出一張「蕃人」所擁有的鎗彈表。在沒收「蕃人」鎗械後，又做了一張詳細的鎗彈種類和數目統計表。到一九〇八年為止，經日方查出來的鎗枝數量㊳如表二十五「一九〇二—九年間臺灣總督府沒收蕃人鎗彈表」。

㊲同上書，第三編（上卷），頁四—五。
㊳同上書，頁七。

根據沒收鎗彈表，日方在一九〇二年到一九〇九年間共沒收「蕃人」鎗枝八五〇支、鎗身十七支、子彈四、二四四顆、粗製火藥三九・一三匁（匁為日本重量單位約三・七五公斤）㊴；而在「理蕃」五年計劃中所沒收到的鎗枝共有二二、九五八枝、鎗身一、七三六枝、子彈三〇、八五八顆、粗製火藥七、九七九匁㊵。數量遠超過一九〇二至一九〇九年間。根據日方最初的估計，「蕃人」擁有二萬七千多枝鎗械，經不斷的追查沒收，到一九二九年時，大體上「蕃人」不再持有鎗械；而所沒收的鎗械比當初的估計只多出三五四枝㊶。可見日方的估計相當正確。當然一九二九年以後「蕃人」手中仍藏有少數鎗枝，這從一九三〇年霧社事件時，自抗日的「蕃人」手中仍搜出約七〇枝鎗㊷，可以得到明證。

日方是根據鎗枝的多寡來判斷「蕃人」是否為「兇暴」，於是每一百人當中擁有鎗枝最多的泰雅族被認為是最「兇暴獰猛」，決定對其不採懷柔政策，必須徹底討伐剿滅㊸。

「理蕃」五年計劃，是由四方面同時開始進行：⑴推進隘勇線的圍堵時，共分十二條進行㊹；

㊴『現代史資料（22）臺灣（2）』，頁四一〇—一一。
㊵同上書，頁四一一。
㊶同上書，頁四一二。
㊷許介鱗編『證言霧社事件』（東京，草風館，一九八五年）頁二一〇。
㊸『理蕃誌稿』第三編（上卷），頁七—八。
㊹同上書，頁一〇—一一。

（表二十六）一九〇二—九年間臺灣總督府沒收蕃人鎗彈表

種族	鎗器之數（校）	人口（人）	每一百人擁有鎗器的比率（枝）
泰雅族	一〇、八四一	二九、一四九	三七
塞夏族	二九	七六二	四
布農族	二、四〇七	一五、七九四	一五
鄒　族	六一二	二、二九一	二七
卑南族	一、七九一	一三、四二三	一三
排灣族	五、九〇一	二一、二三四	二八
阿美族	四、六五二	二九、三八〇	一六
雅美族		一、六六七	
計	二七、二八八	一二〇、二五四	二三

⑵開闢山路，共闢有三十八條㊺；⑶圍剿掃蕩「兇蕃」，共達二十一次㊻；⑷調查「蕃地」地理，測繪地圖。

調查「蕃地」地理和測繪地圖，是由蕃務本署的測量技師野呂寧從一九〇八年起負責進行。另外日軍參謀本部為了測繪地圖，自一九〇九年十月也派測量班赴各地測量地形㊼。除此之外，一九〇九年日方首次實施「蕃地」的農業狀況、國土保全、礦物埋藏等調查，而殖產局等有關單位也派人參加新高山天文觀察隊、中央山脈橫貫探險隊㊽。此項實地測量繪製「蕃地」地圖工作，是日方為全面征服「蕃人」和將來開拓「蕃地」，所做的最基本工作。這是應用現代的科學技術來廓清「蕃地」的實況。由於此種調查測繪工作扮演著侵略者偵察隊的角色，因此也難免遭受「蕃人」襲擊㊾。日方在此「理蕃」期間，所測量繪製地圖的情況㊿如下：

㊺同上書，頁一一一—四。
㊻同上書，頁一一四—五。
㊼臺灣慣習研究會『臺灣慣習記事』第三卷第九號（臺北，臺灣總督府民政部法務課該會，一九〇六年）頁九九。
㊽『理蕃誌稿』第二編，頁七二八。
㊾同上書，頁五九五。
㊿『臺灣霧社蜂起事件—研究と資料』，頁五八—九。

（表二十七）一九〇八—一九一六年測量「蕃地」面積及製圖作業、出版地圖情況

年次	測量面積（方里＝一六Km^2）	製圖作業或出版地圖		『理蕃誌稿』第二編—第四編
一九〇八年	六六〇、〇〇〇			第二編 六四六頁
一九〇九年	二、四四〇、〇〇〇（隘勇線外為目測）	「北蕃圖」	二〇萬分之一	第二篇 七二七頁
一九一〇年	三、六八一、〇〇〇	「溪頭蕃附近圖」	五萬分之一	第三編 一四頁
		「馬以哇來社方面」	五萬分之一	同上
		「南蕃圖」	二〇萬分之一	同上
		「內灣溪上流方面圖」	五萬分之一	同上
		同上	二萬分之一	同上

		「大南澳方面圖」	五萬分之一	同上
		「蘇澳方面圖」	五萬分之一	同上
		「叭哩沙方面方面圖」	五萬分之一	同上
		「大科崁蕃附近圖」	五萬分之一	同上
		同改訂圖	五萬分之一	同上
		「三角峰附近圖」	五萬分之一	同上
一九一一年	二、一一一、七〇〇	「北蕃圖」	一〇萬分之一	第三編二六九頁
		同上	二萬分之一	同上
		「北蕃圖」（英文）	五〇萬分之一	同上
		「南蕃圖」（英文）	五〇萬分之一	同上
		「臺灣全島圖」（英文）	一八〇萬分之一	同上
		「蕃地地形圖」九一葉	五萬分之一	同上
		「洗水山、鳥嘴山、眉原、布臺社附近、李崠山附近圖」	五萬分之一	同上

		「各地隘勇線前進所必要的方眼描寫雜圖」　一九八葉	同上
一九一二年	二八四、〇〇〇	「李崠山方面圖」　五萬分之一	第二編三四五頁
		「蕃族分佈圖」　五萬分之一	同上
		「臺灣全島圖」　五〇萬分之一	同上
一九一三年	無明記	四〇萬、五〇萬、九〇萬分之一各蕃地圖	第三編四七八頁
		五萬分之一蕃地地形圖一七葉	同上
一九一四年	九五〇、〇〇〇	太魯閣、南澳兩地之廓清及阿緱、台東方面之動亂鎮壓所要之地圖　四七葉	第三編五四四頁
		太魯閣蕃方面　一五萬分之一	同上
		以三色刷五萬分之一各蕃地地形圖　一八面	同上
一九一六年		「臺灣全圖」　三〇萬分之一	第四編一七七頁

所謂「蕃地臺帳」的檔案工作，當時也是被嚴格地要求，必須「從實地精確勘察」，其調查項目為地理、部族、蕃社組織（包括統治方法、制裁及家族關係）、風俗習慣（包括住處、家屋等建築物、衣服、裝飾、身體毀飾、遊戲、飲食物、用水、發火法、出生、教育、成年、婚姻、疾病、死亡、祭祀、出草、占筮、迷信、口碑、傳說等）、生業（包括農作方法、作物的種類、播種及收穫時期、獵漁方法和時期等）、物產、對外關係、理蕃沿革、雜記等㉑，其調查範圍可以說包括了「蕃人」生活的各方面。其中，頭目及通事要特別記下其出生年月和是否官選㉒。戶口及鎗彈的動態，這類情況須每年六月及十二月各報告一次㉓。這些一連串的調查工作，對「理蕃」問題的徹底解決，有莫大的幫助。

除了上述以和平手段所推行的調查事業外，日方亦從一九一〇年起展開武力進攻行動。推進隘勇線的圍堵行動，是配合軍警隊的掃蕩圍剿，以及征服「蕃人」沒收鎗枝等措施，從旁牽制「蕃人」的聯合抵抗。開闢深山的縱貫和橫貫道路，是為謀求「蕃地」的長治久安，以改善交通來控制「蕃地」，所以在第二次「理蕃」五年計劃中，將之與隘勇線分開，另行開闢山路。

㉑『理蕃誌稿』第三編（上卷），頁一一五—一二〇。
㉒同上書，頁一二一。
㉓同上書，頁一一七、一二二。

根據日本的行動計劃表，在第一、二（一九一〇—一一）年，掃蕩和隘勇線推進方面，其重點放在北部一帶。而開闢道路，在第一次「理蕃」五年計劃中是以南北縱線為其重心，認為是最艱難的。在第二次「理蕃」五年計劃中，則被安排在第二年推行；其重點置於南部各「蕃社」之間開闢山徑，設立「蕃務官吏駐在所」，從事安撫操縱及調查，以備後期動員大批軍警掃蕩進攻時可資利用。第二次理蕃計劃的第三（一九一二）年，重點在全力攻擊「太魯閣蕃」。故除了從南投方面在合歡山背後和從宜蘭方面在大清水溪側面推進挾攻隘勇線外，沒有採取其他任何新行動。第四（一九一三）年，其重點工作是由濁水溪以下的南部和東部，全面地展開掃蕩和沒收鎗枝的行動。另外準備建設從太魯閣經合歡山往霧社，從馬太鞍或璞石閣經八通關往集集的山路，以及從木瓜溪上游經能高山往霧社的隘勇線，這三條路線是日方從據臺初期即一直盼望得到的東西橫貫道路，也是邁進東部開發的基本幹線。第五（一九一四）年，工作重心則在把部分隘勇線改為永久性的道路工程，以及掃蕩濁水溪一帶的部分「蕃人」[54]。

日方為此「理蕃」五年計劃，可以說做了最周全的準備，例如：一年準備十萬七百顆子彈，命令「蕃地」的警備人員練習射擊[55]；獎勵在「蕃地」勤務的警察官吏學習「土語」（漢人方言）

---

[54] 同上書，頁一〇—五。
[55] 同上書，第二編，頁五九六。

和「蕃語」，並且採取可兼職通譯者的優待辦法⑯；為了早日達成學習「蕃語」，陸續出版各族語言集，例如飯島幹太郎編著『鯨蕃語集』（一九〇六年）、『排灣、阿美蕃語集』（一九〇九年，抄錄森丑之助調查『臺灣蕃語集』）、『抄本太魯閣蕃語集』（一九一四年）等。除了這些措施以外，日方決定採用日本人充任隘勇伍長⑰，率領其部下的漢人隘勇，以免漢人怠工，甚至於與「蕃」互通聲息，聯合抵抗日方。

---

⑯同上書，頁七〇七—七一一。
⑰同上書，頁七二一。

第三節　佐久間總督的軍警聯合「討蕃」

外來的壓迫越大，越促成被壓迫者內部的團結。如果「外壓」來自於異民族的侵略，那更容易激發民族意識的高漲，而團結一致，共同抵抗外侮。日本治臺時，先遭受漢人武裝抗日運動的激烈震撼，而後來在佐久間總督第二次「理蕃」五年計劃時，也遭受「蕃人」聯合武裝抗日運動的衝擊，呈現了外來異族的日本人和臺灣原住民族「蕃人」兩個民族間熾烈地展開戰爭的情勢。日方於一九一一年四月五日沿用「明治二十八年敕令一一五號」（即甲午戰爭的敕令），宣佈凡是對「蕃匪」討伐有功者，與戰爭時期同等論功行賞①。可見日方把第二次「理蕃」五年計劃的侵略臺灣「蕃地」，與日軍在中國北方展開軍事侵略行為，同等看待。

然而從「蕃人」的立場來說，「蕃人」舉鎗誓死抵抗日本的「理蕃」政策，是為保衛自己世世代代傳下來的家鄉，是一種正當的防衛行動，特別是「敵人」企圖徹底地征服而要求絕對的服從，從此掠奪其財產、破壞其家園，而使他們淪於絕滅時，「蕃人」在悲憤交織的心情之下，誓與「敵人」殊死戰，有與其鄉土共存亡的決心。

佐久間總督的第二次「理蕃」五年計劃，在推行的第一年即遭受北部「蕃人」的聯合抗日，

---

①『理蕃誌稿』第四編，頁一。

他們「先發制人」而主動地展開攻擊。

一九一〇年一月二十九日，在宜蘭廳叭哩沙支廳九芎湖蕃務官吏駐在所發生「蕃害」，日警及其眷族共八名被殺死亡、三名負傷，這是桃園廳轄區「大嵙崁蕃」聯合新竹廳轄區「馬里可萬蕃」，來增援宜蘭廳轄區「溪頭蕃」②。四月他們又採取共同行動，阻止叭哩沙支廳圓山至中央山脈皮雅南的道路工程③，因為這條道路即將成為北部橫貫和縱貫道路宜蘭方面的交叉幹線，其影響所及可以說成為北部泰雅族全體生存或滅亡的關鍵。「大嵙崁蕃」的發難，獲得所有被隘勇線圍堵受困的內山泰雅族，以及所謂「歸順蕃」的線外同族的共鳴④。「大嵙崁蕃」、「馬里可萬蕃」、「溪頭蕃」又分別派人去勸告南投廳轄區的「沙拉馬奧社」、「司加耶武社」等共同反抗⑤。

七月二十八日，南投廳第二期道路工程，即「白狗社」經「沙拉馬奧社」、「司加耶武社」往畢祿溪上游到中央山脈鞍部，因遭受該地區「蕃人」聯合起來抗日，而被迫停工⑥。這條路是

②同上書，第三編（上卷），頁五一一—三。
③同上書，頁六三—四。『佐久間左馬太』，頁五六四。
④『佐久間左馬太』，頁五六六。
⑤『理蕃誌稿』第三編（上卷），頁一〇七—一一一。
⑥同上。

日方從宜蘭到南投之間，計劃開闢的縱貫道路南端部分。南投廳濁水溪上游「霧社蕃」，也在十月二十四日、三十日及十一月一日屢次襲擊樟腦製造業、殺害腦丁⑦。這些被日方認定為「歸順投降蕃」，也乘著日方派出增援的警察隊而該地區呈現警備單薄之際起來抗日，其目的在牽制日警鎮壓「蕃人」，並表達對那些勇敢奮戰同胞的響應和聲援。

不但如此，像臺中廳「阿冷社蕃」頭目，於一九一一年二月為了解救眉原社在孤援艱困中抗戰，率領該社壯丁和「北勢蕃」共同支援奮戰⑧，使日警飽受威脅。接著五月，白狗社、馬列巴社、沙拉馬奧社等，聯合襲擊興建中的白狗和馬列巴二個蕃務官吏駐在所以及隘勇線⑨。據日方偵察他們起事時的武器和物資的來源，是由阿冷社、眉內蚋社，甚至於宜蘭的「溪頭蕃」供應補給⑩。「霧社蕃」於七月間策劃抗日，其最大的原因，乃在於他們認清了日方開闢道路的意圖。『理蕃誌稿』第三編曾記載稱：

> 各駐在所之間的交通路完成之日，也是各社的頭目勢力者被官方殺戮之時。埔里社支廳長為偷偷地探究此傳說的由來，派人探查的結果，萬大蕃務官吏駐在所員說，有霧社蕃

---

⑦同上書，第三編（下卷），頁六八〇。
⑧同上書，頁六九九。
⑨同上書，第三篇（上卷），頁二〇五——六。
⑩同上書，頁二五〇。

荷哥社的蕃丁二人來該社，透露官府早晚要殲滅蕃族，不如我方先行襲擊駐在所，奪其鎗和彈藥，立刻衝擊隘勇線之虛，一天就能事功告成⑪。

泰雅族在臺灣中央山脈，共同擁有狩獵領域，為了打獵，而自然形成了所謂的「鹿路」。「鹿路」是四通八達的，經由「鹿路」，人和人、物和物之間有頻繁的交通往來。所以中央山脈一帶的「鹿路」，是泰雅族的經濟動脈，也是各「蕃社」之間締結親戚朋友連繫，或形成仇敵交惡關係，以及各種消息來源之道。泰雅族的聯合抗日運動，也是經此「鹿路」傳達而形成。概言之，泰雅族的聯合抗日運動⑫，是以「鹿路」對抗異族的開闢道路，因為這是以「文明」或「現代化」的名目，侵犯其祖先傳下來的神聖領土。對他們來說，這種道路只會帶來各種莫名其妙的「文明」疾病，使人和大自然融和而組成的那種潔淨環境遭受破壞，而導致「蕃人」的滅族。

泰雅族聯合抗日運動的興起，迫使日方放棄那「紙上談兵」似的五年計劃行動表，改弦更張，全力以赴，極力阻止抗日局勢的蔓延擴大。因為日方深恐泰雅族抗日運動波及全臺「蕃地」，而引發不可收拾的全臺「蕃人」聯合共同抗日。那時日方再投入多大的武力，也難加以解決，將使臺灣總督府的殖民地統治陷入泥沼，亦可能同時引發漢人民族抗日運動。「分而治之（divide and

---

⑪同上書，頁二三一。

⑫大津麟平『理蕃策原議』（自印，一九一四年）頁四。

rule），為殖民地統治者一貫的政策，豈可讓殖民地人民團結起來聯合抗日？何況這些抗日「蕃人」的背後，必有漢人抗日份子暗中協助，提供若干消息並擔任參謀⑬，所以泰雅族的聯合抗日運動，也潛伏著「漢」「蕃」聯合抗日的隱憂。日方也獲得情報：「大嵙崁蕃」、「馬里可萬蕃」社內潛匿「土匪」，有志氣高昂的年輕人在煽動⑭。日方當然非常重視潛居內山「蕃社」的漢人抗日份子，後來特別講究「以蕃制漢」政策，誘使「蕃人」提出漢人首級為獎勵和其歸順的條件⑮。

日方的策略是各個擊破，以阻止聯合抗日。一九一〇年五月九日，日方決定先對主使「蕃人」聯合抗日的「大嵙崁蕃」，發動圍剿。時計劃以三十九天的時間，動員宜蘭廳長、警視以下共一、八一四名警察隊（其中日本工人二七五名、漢人隘勇四三〇名和工人七〇〇人），圍剿「大嵙崁蕃」。如得到成功，就把隘勇線設置在其領域內⑯。到了五月十四日，大津蕃務本署長發佈緊急召集令給臺北、桃園、臺中、南投各廳，再召集了六八四名警察隊（其中隘勇六〇〇人），增派

⑬『理蕃誌稿』第三編（下卷），頁六一九。
⑭同上書，頁五六五。
⑮同上書，第三編（上卷），頁一九二。
⑯同上書，第三編（下卷），頁五四七—五五三。

赴宜蘭廳支援⑰，並且於十九日在宜蘭召集「溪頭蕃」和「南澳蕃」，勸告其不得蠢動響應，並且由日警的「蕃通」指揮「溪頭蕃」和「南澳蕃」組成一支「別動隊」⑱，日方稱為「友蕃」，抗日者呼為「走狗蕃」。

然而日方的這些武裝警察隊，除了指揮者的全部和擔任土木工程或運輸的工頭為日本人以外，實際上在最前線與「蕃人」打仗的隘勇和充任工人的保甲壯丁，全為漢人。這種以漢人為主力的武裝警察隊，其作戰的意志消沈，攻擊能力也大打折扣，完全敵不過「蕃人」的勇武。「溪頭蕃」和「南澳蕃」充當「別動隊」，因為先前歸順時宣誓「絕對服從」而不敢違背，故以消極的態度扮演了嚮導的角色。『佐久間左馬太』一書曾記載反叛的「蕃人」對此等為日作倀的「南澳蕃」說：

你們這些是我們的同族，卻反而充當日本的爪牙，要來壓迫我們。此罪是不容默許的。這都是你們這些努力不足之故。趕快滾出去那邊，如再慢吞吞的，你們這些也幹掉算了⑲。

日警率領的「別動隊」，因受抗日「蕃人」責備和威脅而退卻，日方對求去的「南澳蕃」，

---

⑰同上書，頁五五三。
⑱同上書，頁五五三—四。
⑲『佐久間左馬太』，頁五七二。

也無力來強制加以挽留⑳。「溪頭蕃」聽到抗日「蕃人」有襲擊計劃，畏懼而狼狽地逃避㉑，因此根本無法收到預期的效果。

至於漢人的隘勇工人，更不願意合作。該書亦記載稱：

隘勇、工人逃去者相接踵，殺氣漲溢滿出，如要強行抑止，他們即齊口答道「以如此少許工資，要奪取我們的生命嗎？」反而有對我方擺鎗勢相向者。巡查之中也有棄職逃走者，一般之眾更是爭先下山。事態如此，也無可奈何，只好向圓山本部報告，另圖他計之外毫無辦法㉒。

可見日方的「以蕃制蕃」「以漢制蕃」政策，犧牲殖民地人民來謀求日本帝國的統治手段，因遭受漢人和「蕃人」的不合作而失敗。日方認為警察隊的失敗，除了被抗日「蕃人」先發制人之外，歸咎於「以蕃制蕃」「以漢制蕃」政策的失靈，以及日方不熟悉地理環境，未能適應深山幽谷之戰㉓。於是，日方決定出動軍隊一大隊、山砲隊、迫擊砲隊等，協助警察鎮壓抗日「蕃人」㉔。

---

⑳『理蕃誌稿』第三編（下卷），頁五六五。
㉑同上書，頁五六六。
㉒『佐久間左馬太』，頁五七一。
㉓同上書，頁五七五—六。『理蕃誌稿』第三編（下卷），頁五八六。
㉔『佐久間左馬太』，頁五七四。

然而日軍竟仍遭遇抗日「蕃人」的激烈戰鬥，而陷入被包圍的窘境。『佐久間左馬太』一書記載當時的情形說：

六月十七、八日間，糧道被斷，水源被奪，要吃無糧，要飲無水，眾皆疲勞而極為意氣沮喪。在重圍包圍之下，電話線被切斷，罹患疾病者，也日以繼夜，而有陷入如此慘澹窮境的部隊。雖然也有實習中的巡查一百三十名來支援，但是到底尚不能屈服那些兇蕃。勉強在六月二十一日午前二時的夜襲以後得開闢一條活路㉕。

當佐久間總督於六月二十一日獲得日軍陷入艱苦困戰的消息時，立刻（夜十一時）在神戶往東京的途中打電報到臺灣總督府說：

命小泉少將為宜蘭方面的軍隊指揮官。如有糧食缺乏的報告時，即命以大嵙崁蕃人之肉來充飢。此旨傳達給大津總長，與軍隊協力合作，以達討伐的目的㉖。

因為日方在預期的三十九天時間內不能完成對「大嵙崁蕃」的鎮壓，所以從七月一日起，日方準備第二期鎮壓行為。在宜蘭廳重新編成警察隊共二、三〇八名（其中隘勇五七一名、工人九三〇名）㉗，在軍方一大隊支援之下，決定採取軍警聯合的鎮壓軍事行動，並且準備了速射砲、

㉕同上書，頁五七五。
㉖同上書，頁五七七。
㉗『理蕃誌稿』第三編（下卷），頁五九五—八。

山砲、迫擊砲、臼砲、機關砲等㉘，以便砲擊抗日「蕃人」的根據地。軍方似乎有意藉此機會，試行殺傷力演習，以瞭解各砲的性能。在「別動隊」方面，這回利用在臺北的已歸順而較聽話的「屈尺蕃」㉙。除此之外，日方為了分斷泰雅族的聯合抗日運動，從新竹、桃園等四周，同時推進隘勇線，形成包圍，來作牽制㉚。並且從七月下旬，利用「大嵙崁蕃」的投降者去說服抗日「蕃人」投降㉛。到了十月六日，「大嵙崁蕃」表示願意投降，日方先替他們安排「臺北觀光」，才准許舉行歸順典禮㉜。

總而言之，日方為了征服「大嵙崁蕃」十七社，三八〇餘戶，一千餘人，以及沒收其六一六枝鎗，動員了如此大批的軍警人員，並耗費五個月的時間㉝。然而「大嵙崁蕃」的鎮壓，只不過是第二次「理蕃」五年計劃的序幕而已，「理蕃」事業真是前途艱難。

如何早日完成「討蕃」事業，軍人出身的佐久間總督和警察出身的大津蕃務署長，對「討蕃」

㉘同上書，頁五九二。
㉙同上書，頁六〇〇。
㉚『佐久間左馬太』，頁五七八—五八〇。
㉛『理蕃誌稿』第三編（下卷），頁六一〇—四。
㉜『佐久間左馬太』，頁五七九—五八〇。
㉝『理蕃誌稿』第三編（下卷），頁六一六。

戰略本來就有不同的意見。佐久間總督認為大津蕃務署長的作風太緩慢，是以「甘諾」政策行姑息之計。加上一九一〇年七月二十七日民政長官大島久滿次因牽涉林本源製糖株式會社收買土地事件而被免職㉞，遺缺經拓殖局總裁桂太郎和副總裁後藤新平的推薦，由遞信省管船局長內田嘉吉接任，內田後來就任了第九任臺灣總督㉟。這時內務局長也換人，由龜山理平太接任，大津蕃務署長因為民政局長、內務局長的易人，而更失去有力支持。一九一二年七月三十日明治天皇去世，佐久間總督對尚未完成天皇的遺囑「理蕃」，耿耿於懷，因此更加深其對「討蕃」事業的熱衷，一味採取軍警圍剿的掃蕩政策，而引起與大津蕃務署長的激烈衝突，終於導致大津的引退和公開批評㊱。因此以一九一三年六月大津辭職為分界，第二次「理蕃」五年計劃可分為前後兩期，前期為大津蕃務署長領導警察推行「威撫兼用」的討伐時期（一九一〇—一二年）；後期為佐久間總督親自領率軍警，到深山幽谷設立指揮中心，完全以「武力」圍剿時期（一九一三—一四年），這也是佐久間總督以七十歲到七十一歲高齡，仍親上戰場時期。

㉞『佐久間左馬太』，頁三八。
㉟三井邦太郎編『五等の知れる後藤新平伯』（東京，東洋協會，一九二九年）頁四四。
㊱『佐久間左馬太』，頁六〇八。『理蕃誌稿』第三編（上卷），頁三九四—四一五、四三一—二。

日本要實行一新政策，往往先行改革官制，以調整執行政策的機構。臺灣總督府對「理蕃」政策的變更，也是如此，必先從事制度改革。

一九一一年四月二十一日臺灣總督府公佈「蕃務監視區規程」（共四條），將「蕃地」以南投廳濁水溪為界，分為北南兩個監視區，由警視出任區長，擔任對「蕃人」的操縱、化育及監督警備人員等㊲。這可以說是輔助蕃務本署日益忙於「討蕃」的軍事行動，而另設專管「撫蕃」的機構，以求十全十美地發展其「理蕃」事業。但是這種所謂「蕃務」的擴大，在該年十月十六日經「臺灣總督府官制」的改革，又恢復了警察本署㊳。到了一九一三年六月八日，經「臺灣總督府官房及民政部各局署部課規程」的修改，決定廢止蕃務本署調查課㊴；再於九日廢止「蕃務監視規程及施行細則」，決定隘勇線內的「蕃務」，由警察本署的普通警察來管理㊵。但是「北蕃」當中，未歸順的「線外蕃」還有繼續監視的必要，所以派一名警視駐紮在桃園廳角板山㊶。換言之，「蕃務本署」這個機構，萎縮成僅對「線外蕃」推行「討蕃」，而對線內「蕃地」和「蕃人」

㊲『臺灣總督府警察沿革誌』第一編，頁一四三—五。『理蕃誌稿』第三編（上卷），頁一九四。
㊳『臺灣總督府警察沿革誌』第一編，頁一四五—六。
㊴同上書，頁一五八—九。
㊵同上書，頁一五九。
㊶同上。

則改由警察本署統合管理「平地」和「蕃地」，以便線內的「蕃地」與「平地」並駕齊驅邁向經濟開發的途徑。因為佐久間總督的「理蕃」五年計劃，最終目的乃在於促進「蕃地」資源的全盤開發，而非為「蕃人」謀求「福利」，來改善其生活。

（表二十八）　一九一一年制定的臺灣總督府組織

- 總督
  - 總督官房
  - 民政部（民政長官）
    - 財務局
    - 通信局
    - 殖產局
    - 土木局
    - 警察本署（警視總長）
      - 警察管區（一九一七年八月廢止）
      - 警務課
      - 保安課
      - 衛生課（防疫從事人員）
    - 蕃務本署（蕃務總長）
      - 庶務課
      - 理蕃課
      - 調查課（一九一三年六月廢止）
      - 蕃務監視區（一九一三年六月廢止）
    - 地方部
    - 學務部
  - 陸軍幕僚
  - 海軍幕僚

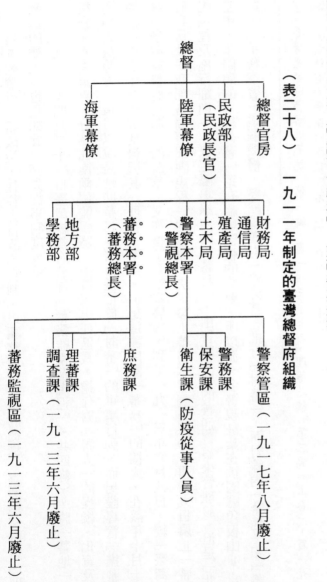

對佐久間總督來說，大津蕃務署長所採用的一些措施，例如僱用日本佛教和尚入山，想以宗教的薰陶，來改變「蕃人」的蠻俗㊷，或舉辦「內地觀光」，讓「蕃人」知道日本帝國的偉大和軍隊的強盛，而產生恐懼，不敢再輕舉妄動地起事抗日㊸，都是遙遠的空計劃，不能發生立竿見影的效果。既然警方打不贏「蕃人」，而面臨「蕃人」激烈的聯合抗日時，只好另謀一個妥協辦法，這就是一九一一年十二月二十五日公佈的「貨與鎗」措施，亦即日方雖然沒收「蕃人」的鎗彈，但是鑑於「蕃人」從事狩獵需要，即在各「蕃務官吏駐在所」內設置鎗，借給「蕃人」使用，其數目除嘉義廳以外，其他九廳共設置七三五枝鎗㊹。如此以鎗彈的「貨與」與否，來控制「蕃人」。

蕃務本署的功能，於是僅限於「線外蕃」的討伐，這很符合佐久間總督以討伐為主的政策。然而從臺灣總督府的整體經濟政策來說，番務本屬的政策以平定「蕃人」的抗日運動而消除經濟開發的阻礙為最重要。警察本署則反而是應協助殖產局的「臺灣林野調查事業」，為「平地」和「蕃地」的綜合開發，奠定基礎。

㊷『理蕃誌稿』第三編（上卷），頁八一——三、一三九——一四一。
㊸同上書，頁一九五——八。
㊹同上書，頁二六三——四。

一九一〇年十月三十日，臺灣總督府公布「臺灣林野調查事業規則」，決定從一九一〇年到一九一四年，花五年時間，把從前實施土地調查時，尚未包括在調查範圍內的所謂「山林原野」，予以調查。並依照人民的申請而測量劃界製圖，以確定「山林原野」所有權。此調查事業從東部開始往北部進行，範圍包括溪谷及海岸或散在山間的田園、建築地基、魚池等，以及東部的臺東、花蓮港、澎湖，與其他二十多個小島嶼。根據官方資料，殖產局林野調查課在這五年間所收到的申請案件共有一六七、〇五四件，而調查實測的面積總共達九七三、七三六甲，經地方林野調查委員會的查定，或高等林野調查委員會的裁決，其中被確定為「民有地」的共有五六、九六一甲，其餘的九一六、七七五甲則歸於「官有地」，即日本的「國有地」㊺。

當時確定為官有或民有所有權之標準，在於有無「確實證件」，因此絕大多數的人民既墾良田，因缺乏「確實證件」㊻而被沒收為國有地。

日方以「合法」之名，奪民有地為官有地之舉，也引起了漢人激烈的反抗。一九一二年三月二十三日，南投廳林圮埔支廳頂林派出所遭受漢人劉乾、林啟禎等抗日份子的襲擊。引發此「林圮埔事件」的直接原因，是他們的竹林被日本官方掠奪而移轉給日本大財閥三菱，他們失卻長久

㊺『臺灣林業史』第一卷，頁八六—九二。
㊻同上書，頁八九—九。

以來賴以謀生的竹紙業，淪落為所謂「浮浪者」的無業遊民㊼。日本不承認竹山鄉民對一萬五、六千甲竹林的共同所有權，其理由是該地區從清代到漢人武裝抗日運動被鎮壓的一九〇二年，一直都屬於「蕃人蟠踞」或「土匪跳梁」之地，所以此美麗的竹林不可能由他們祖先種植栽培㊽。不管專家以何種理由來觀察或評估此竹林，無可否認的這是臺灣總督府既定政策，想利用竹林來「殖產興業」，亦即讓三菱在嘉義設立近代設備的造紙工廠。此造紙工廠後來在一九一四年，因營業不佳而停工，但仍不放棄其既得權利㊾，而成為其後點燃臺灣農民運動的一個導火線。

佐久間總督的第二次「理蕃」五年計劃，本來是預定在五年之內，從北部推行到南部和東部。但是此計劃因為面臨北部泰雅族的聯合抗日運動在時間上有所延誤，所以從一九一三年起跨越新竹、桃園、南投、臺北各廳展開「基納吉蕃」的鎮壓時，佐久間總督不但把大津蕃務署長免職，還把臺灣軍參謀長也換人㊿，以人事變動表明佐久間總督對「理蕃」事業的決心。總督這種鐵石心腸的態度，直接地反映在軍人鎮壓「蕃人」行動上，一切採取極為殘酷的手段去殺戮「蕃人」，

㊼『現代史資料（21）臺灣（1）』，頁二七—九。
㊽臺灣總督府警務局編『臺灣總督府警察沿革誌』第二編：領臺以後の治安狀況（中卷）臺灣社會運動史（臺北，臺灣總督府警務局，一九三九年）頁一〇三九—四〇。
㊾同上書，頁一〇四〇。
㊿『佐久間左馬太』，頁六〇九。

甚至連嬰兒都不放過㊿①。

另一方面在東部，臺東和花蓮港廳長鑑於林野調查第一（一九一〇）年的調查地區為該區，因此配合著從一九一一年三月開始沒收該地區阿美族的鎗枝，臺東廳方面僅花三天的時間，即沒收了三、〇九七枝槍㊾；花蓮港廳方面進行得比較不順利，日方先以檢證登記鎗枝為由，加以收押，然後採取以酒食收買和說服的手段，沒收了鎗五一〇枝㊼，達成其解除武裝的目的。故東部的沒收鎗枝，整個過程可說是以和平手段順利進行的，日方也以「收購」鎗枝的名義，付給「蕃人」農具、豬等，作為補償。換言之，日方在東部未遭受嚴重的抗拒，而達成解除武裝，並同時順利進行林野調查事業。東部溫順的「平地蕃」，從此被驅趕到出賣廉價勞力的市場㊹，這種利用「蕃人」勞力去開拓東部的計劃，也是臺灣總督府為掠奪殖民地財富，而事先加以設計安排的。

在南部方面，自一九〇九年十二月發生漢人通事舉刀抗拒日警探險隊橫貫阿猴到臺東路線事件㊺後，漢人通事和布農族結合的問題，特別受日本當局注意。漢人通事在布農族擁有很大的勢

㊿同上書，頁六三七。
㊾『理蕃誌稿』第三編（上卷），頁一八五—六。
㊼同上書，頁一八六—一九二。
㊹同上書，頁一八八。
㊺同上書，頁三一—四〇。

力，其最大的原因是漢人通事為鐵匠兼能製造火藥，而提供給布農族為打獵之用。「蕃地」是不生產鐵由漢人通事，販買自平地，甚至於從中國大陸偷運進口。例如一九〇九年在阿緱廳阿里港支廳舊寮，發生過硝石偷運進口事件㊱。當然也有從臺東海岸偷運上岸的㊲，可見當時硝石是與「蕃產」交換最為有利的貨品。

日方為了杜絕硝石偷運進口，以及火藥流入布農族手中，除了在南部的有關各廳召開「蕃務會議」商討對策之外㊳，另召開所謂「接壤會議」，在阿猴和南投的接壤地區，跨越各廳的行政區，來研究對付武器和火藥的走私㊴。並且於一九一三年三月十七日以「民警第四一〇號」令，飭各廳把民間漢人鞭炮店的一切火藥強行搜購，總共以四二二圓三五錢的代價，收購了一二二、四一一個鞭炮㊵。接著四月公佈「硝石取締規則」（共八條），嚴格地監督硝石買賣㊶，以防止硝石流入布農族手中。

㊱同上書，頁二〇六—二一八。
㊲同上書，頁二九九—三〇〇。
㊳同上書，頁二八七—二八八。
㊴同上書，頁一九九—二〇〇。
㊵同上書，頁二六五—六
㊶同上書，頁三九一—二。

一九一四年六月佐久間總督為鎮壓「太魯閣蕃」，率領警察隊三、一二七名（其中有原為日本人隘勇而改稱為「警手」[62]的四九一名，漢人隘勇一、〇〇八名[63]，另外附屬警察隊的工人四、八四〇名（其中日本人二五二名，漢人壯丁四、五八八名）[64]，預備隊四〇四名（其中隘勇一六八名）及其所屬工人六二四名（其中日本人二四人，漢人壯丁六〇〇人）[65]；和日軍步兵第一和第二聯隊（附機關鎗十挺）共三、一〇八名，以及山砲、鋼製九珊砲、臼砲[66]等，總人數為一一、四七九名，前往作戰。相對的，「太魯閣蕃」有九七社、一、六〇〇餘戶、九千多名，其中壯丁僅三千多名而已[67]。九月十九日，佐久間總督為了向天皇上奏完成「理蕃」事業而赴日[68]。可見第二次「理蕃」五年計劃在實際推行後，將計劃目標改為僅針對北部的泰雅族，至於南部則草草了事。

---

[62] 同上書，頁四一七—八。『臺灣總督府警察沿革誌』第一編，頁五九九—六〇〇。
[63] 『佐久間左馬太』，頁六七一。『理蕃誌稿』第三編（下卷），頁九二七。
[64] 『理蕃誌稿』第三編（下卷），頁九二八—九。
[65] 同上書，頁九三九。
[66] 『佐久間左馬太』，頁六八三—四。『理蕃誌稿』第三編（下卷），頁九三二，九四二。
[67] 『佐久間左馬太』，頁六三九。
[68] 同上書，頁八一三—四。

然而，南部從一九一三年到一九一四年之間，興起了排灣族和布農族抗拒日警沒收鎗枝事件⑲。雖然日方從「南蕃」共沒收了六、三〇〇多枝鎗⑳，暫時達成解除「南蕃」的武裝，但卻從此面臨更多的「蕃害」㉑。因為「蕃人」視鎗為其生命和精神的依托，所以為奪回其原有的鎗枝而陸續採取暴力行動，襲擊日警或腦寮，尋找其鎗枝和其所象徵的威武精神。「蕃人」的這種不屈服的行動，表示佐久間總督的「理蕃」政策，只是以暴易暴，而未能收服人心。

佐久間總督對「理蕃」事業的完成㉒，可以說是日本統治殖民地臺灣的一項劃時代之舉。一九一三年即中華民國二年，在苗栗發生震駭臺灣總督府的羅福星「陰謀」革命事件。當佐久間總督犧牲漢人的生命和財產，推行「理蕃」事業而以軍警圍勦和殺戮「蕃人」時，臺灣的漢人乘虛計劃從異族的苛政中解脫，並與大陸的辛亥革命相呼應，在臺灣策劃中華民族的革命運動，謀推翻日本的殖民地統治㉓。再則，在一九一五年七月發生噍吧哖事件時，阿猴廳甲仙埔支廳的布農

---

⑲『現代史資料（22）臺灣（2）』，頁三九八、四〇〇—一。

⑳『佐久間左馬太』，頁七九〇。

㉑『理蕃誌稿』第四編，頁二一、二九、三四、三五。

㉒佐久間總督為第二次「理蕃」五年事業，共耗費一、六二四萬圓（『佐久間左馬太』，頁五二四）。

㉓『現代史資料（21）臺灣（1）』，頁三二—五。『臺灣匪談』，頁一〇二—一四九。

族，也有計劃與漢人聯合推行武裝抗日運動，但是「蕃人」的計劃事先被日方查獲而未得實行⑭。日方的警察政治，可以說在「蕃地」已發揮其威力，將漢「蕃」聯合抗日行動，在未爆發前，能以「陰謀」事件而加以事先防範。

（表二十九）　一九一五年制定的臺灣總督府組織

- 總督
  - 總督官房
  - 民政部（民政長官）
    - 財務局
    - 通信局
    - 殖產局
    - 土木局
    - 警察本署（警視總長）
      - 警察管區（一九一八年八月廢止）
      - 警務課
      - 保案局
      - 理蕃課
      - 衛生課（防疫從事員）
      - 蕃務監視區（一九一五年十月設置）
      - 監察官（一九一八年八月設置）
    - 地方部
    - 學務部
  - 陸軍幕僚
  - 海軍幕僚

---

⑭『理蕃誌稿』第四編，頁九八——一〇三。

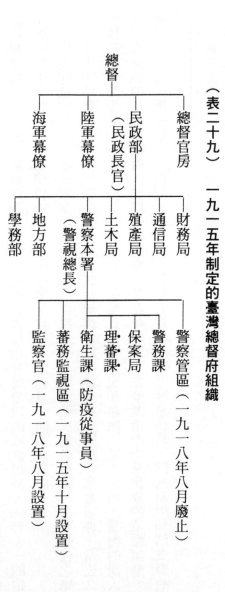

第四節　丸井圭治郎的同化政策

佐久間總督任內除了推行以征討為主的「理蕃」政策，在其任期的最後一年尚且實行同化主義的「教化」政策，企圖將「蕃人」同化為效忠「天皇」的「大日本帝國臣民」。

臺灣總督府的「囑託」（丸井圭治郎）於一九一四年九月向佐久間總督提出『撫蕃意見書』、『蕃童教育意見書』①。這是為日本的臺灣總督府設計出一套應用「撫蕃」手段，促使「蕃人」早日脫離「野蠻」未開階段，不經過漢化的「本島人」過程而直接被日本同化，進化成「日本國民的一部份」。

丸井認為利用「警政」體系，發揮警察的軟硬兼施的功能，實施積極的「撫育」措施以及強制的「同化」政策最為有效，該撫育的對象為「歸順蕃」，這是南北「生蕃」被鎮壓後的名稱。在一九一五年，「蕃地」共有六八〇個番社、戶口總數為二三八二九戶、總人口達一三二二七九人（男六六二三三人、女六六〇四六人）②。這些「歸順蕃」不能以「化蕃」稱之，因為其歸順

①丸井圭治郎『撫蕃ニ關スル書，蕃童教育意見書』（台北，臺灣總督府民政部蕃務本署，一九一四年）。

②『理蕃誌稿』第四編，頁一四三——一四四。

僅表示承認日本的武力、物質及人口比他們「生蕃」富強，他們為了避免陷入滅族的惡運，以表面上的恭順暫時求得生存。然而，日本的總督府準備了一套同化政策，除了保存原住民族的人種之外，其他一切皆必須徹底改造，同化主義的理蕃政策，就是要從地球上完全消滅「蕃人」與「蕃地」的存在，而使「日本帝國」的新種仔播長於新領土上。

同化政策其實是一種文化侵略政策，臺灣總督府以統治者的優勢文化姿態，藉武力的強制為後盾，企圖在殖民地移殖日本文化。

丸井的同化主義「撫育」政策，重點在於精神教育，其次再配合物質教育。從前在掠奪山地資源時期的「撫育」政策重點在於授產、「換蕃」的交易所、施惠等，利用「文明」的物質商品來刺激蕃人的物品的慾望，企圖引起他們對「文明」的嚮往，進而由衷地服從施惠的統治者。然而，代表文明與統治者文化的物質商品，對原住民族的精神文化生活，雖然發揮某種程度的影響力，但是其效果緩慢，不能立刻打破原住民族隱藏在內心的傳統「慣習」、「祖先遺訓」以及「迷信」。現在，改由「警政」系統來擔任「在精神上征服」原住民族的教化工作。預計不到半世紀即能達到同化的效果。

由於「蕃地」教育的目的與任務，在於將原住民族改造為「純然的日本人」，所以丸井一再地建議徹底實行「漢蕃隔離」措施：例如禁止蕃人使用漢服與漢語；禁止「漢蕃兒童」同在公學校念書；禁止「漢蕃」婚嫁等。另一方面由日本人警察在「蕃地」以軟硬兼施的手段，推行空前的國家主義同化教育③；日本人的警察攜眷駐在「蕃地」派出所內，夫妻共同協力懷柔「蕃人」，推展日式的生活、文化、及精神④。因此，「派出所」不但是一個警備機構，還兼做一個日本的文教中心。實際上，派出所與教育所、醫療衛生所、換番的交易所、懲罰的裁判所結為一體。警察一身兼具政治、經濟、文化、保健、司法等多種權力的功能。

「蕃童教育」在同化政策當中被視為最根本的措施。只要能用簡易的日本話，與日本人直接溝通，並習染日式的禮儀，以懇切的態度面對統治者，在統治者一聲令下立刻採取很有規律的行動等，就算達到教育的目的。因此，「蕃童教育」的重點在於學習簡易的日語會話、「修身」的禮節、「衛生」「實業」等有關衛生、農耕、木材加工業，以及能算出工資加減的簡單「算術」等實用知識。其他尚有「唱歌」和「體育」的課程，以唱日本歌的方式灌輸日本文化優越的思想，以「體育」教育實施變相的軍事操練，這些都有助於日式生活文化的推展。

然而臺灣總督府慣用的「以夷制夷」政策，也可以在「蕃童特別教育」的構想中窺見。在日方的同化政策中，「蕃童特別教育」是培育「蕃秀才」的精英，來補強日方的「警政」系統，並促使原住民族的社會結構與價值觀趨於根本的崩潰。因此，這是日本當局極為注重的策略性教

③『蕃童教育意見書』，頁二——三。
④『撫蕃意見書』，頁九九。

育。「蕃童特別教育」的辦法為：每年從「蕃人」七族（泰雅族、布農族、鄒族、排灣族、阿美族、塞夏族、雅美族）中選拔各族二、三名十二歲以下的男女兒童總共十二名，分別入學於為日本人學童設立的「小學校」。如果其日本化的成績良好，再施予中學、師範、農事、醫學等高等教育。「蕃童」被選拔的條件為：㈠頭腦清楚；㈡身體健全；㈢性質溫順；㈣家庭較富，不須家計幫助⑤。這些接受「蕃童特別教育」的兒童們，及施給完全日本化的洗腦教育，其後即扮演默默地接受日本統治者的代辯人角色，幫助日本當局對自己的同胞施行統治。

從臺灣總督府「理蕃」當局的立場來說，臺灣原住民族的貧窮狀態最適合統治。原住民族均貧時，會增加對日本的依賴程度，日本當局即可藉「庇護」略施「恩惠」，強制其更多的「奉公」犧牲。在此狀況下，原住民族為了生存和適應，不得不打破其傳統的「禁忌」和「社會規範」，特別是放棄「出草」、「馘首」的慣習，因為日本當局視「出草」、「馘首」為犯罪⑥，認為「出草」、「馘首」象徵其最野蠻的行為。原住民族在此同化政策當中，顯然是被安排著消滅「蕃人」「蕃地」，而成為最窮最弱最效忠日本的一群。

臺灣總督府的同化主義「理蕃」政策，其後就是安排原住民族的遷移下山、重新編組共同集

⑤同上書，頁五一—五五。
⑥『撫蕃意見書』，頁四二。

團的農耕部落而告一段落⑦。被迫離鄉背井、與傳統山地分離的原住民族，來不及建立或創造自己的文化，就被灌輸為日本帝國犧牲奉獻的思想。丸井說：「如果教育方法得宜，則不久的將來，能使此十二萬人改造為純然的大和民族。在其自覺同為日本天皇赤子之下，進而令他們擔負本島的守備任務，決心作赤誠的日本臣民，並不是難事。」⑧

這些以「蕃童特別教育」刻意栽培的一些青年，在原住民族社會成為日本統治者的化身，他們努力協助推行「同化」政策，以身作則，成為「教化」成果的模範。他們大都被編入日方的警政體系，被任命為「警手」。「警手」雖然在警政體系中官階最低，充當日本人警察的「雜役」「僕役」，但是穿著警察的衣服和鞋子、領取低薪的「貨幣」，在日常生活中使用日本的東西，又過著純日本式的生活，在原住民族的社會充當原住民嚮往日本的指標。

然而，一九三〇年十月霧社抗日事件的發生，證明了日本的臺灣總督府的「教化」和「同化」，還是無法完全消滅原住民族潛在於精神領域的人格尊嚴，特別是日本所培養的「警手」花岡一郎和花岡二郎，選擇與其同胞共同命運，死亡在其故鄉的山河，而拒絕在充當日本的「走狗」時，此一驚天動地的舉動震撼了日本「理蕃」當局⑨。事後，日本當局為加強對原住民的「教化」和

⑦同上書，頁四八—五四。
⑧『蕃童教育意見書』，頁六。

「同化」，即再展開戰時非常時期的「皇民化」政策，驅使臺灣原住民族充作「高砂義勇隊」到南洋去為「日本帝國」犧牲。

一九一五年五月一日，第六任臺灣總督安東貞美就任。七月二十一日公佈「臺灣總督府官制」改革，將「蕃務本署」廢止⑩，而在警察本署內設立「理蕃課」⑪。九月更改「蕃務官吏駐在所」為「警察官吏駐在所」⑫，從此結束了以征討為主要的「理蕃」政策及「同化」教育。

⑨許介鱗『證言霧社事件』（東京，草風館，一九八五年）。
⑩『理蕃誌稿』第四編，頁八九—九〇。『臺灣總督府警察沿革誌』第一編，頁一六二—三。
⑪『臺灣總督府警察沿革誌』第一編，頁一六三—四。
⑫同上書，頁六〇三。

（表三十） 理蕃政策的綱領圖

- 理蕃（全然消滅蕃人蕃地之意義為目的）
  - 蕃人同化（易俗移風使蕃人改造為純然日本人）
    - 威壓
      - 一、預防蕃人之犯罪發生
      - 二、處罰罪人
    - 撫育
      - 一、生活狀況之改善
      - 二、社會地位之提昇
      - 二、增加與他種族之生存競爭能力
      - 蕃人
        - 一、刺激求智欲和物質欲以獲滿足需求達成其對文明之興趣
        - 二、尊重慣習避免激烈改革不使蕃人產生疑懼之念
        - 教育
          - 一、智能之開發
          - 二、德心之養成
          - 三、宗教心之鼓吹
        - 衛生—夭壽之保全
        - 授產
          - 一、天然物產之利用
          - 二、對舊業之改善
          - 三、有用品之供給
          - 四、以物質品來啟發
        - 惠與
          - 一、對善行者之表揚
          - 二、對求救之救濟
      - 蕃地
        - 一、交通之便利
        - 二、耕地之改良
        - 三、蕃社之併合及轉置
  - 蕃地開發
    - 一、母國資金之投入
    - 二、富源之開發
    - 三、天然物產之利用
    - 四、蕃人勞力之利用

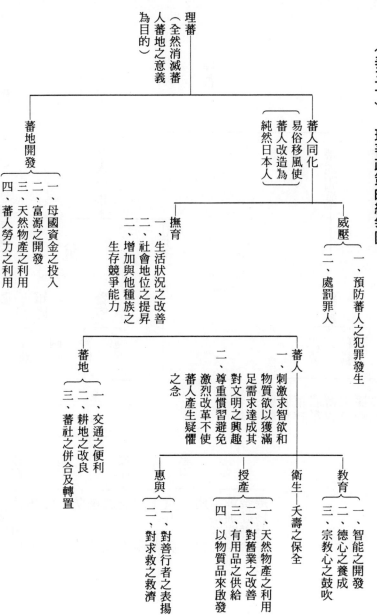

表（三十一） 理蕃機構的關係圖

- 理蕃
  - 蕃人同化
    - 威壓
      - 軍隊
        - 守備
        - 砲臺
      - 警察
        - 警備
        - 懲惡
    - 撫育
      - 蕃人
        - 教育
          - 蕃童教育
          - 蕃人觀光
          - 觀光
        - 衛生
          - 醫療
          - 防疫
        - 授產
          - 換蕃
          - 農業
          - 飼育
          - 水產
          - 工業
        - 惠與
          - 賞與
          - 賑恤
      - 蕃地
        - 道路開通
        - 埤圳開鑿
        - 蕃社併合
        - 遷移至平地
  - 蕃地開發
    - 經營
      - 官營
      - 私營
        - 製腦
        - 製林
        - 植林
        - 農業
        - 畜牧
        - 工業
        - 採礦
        - 移民

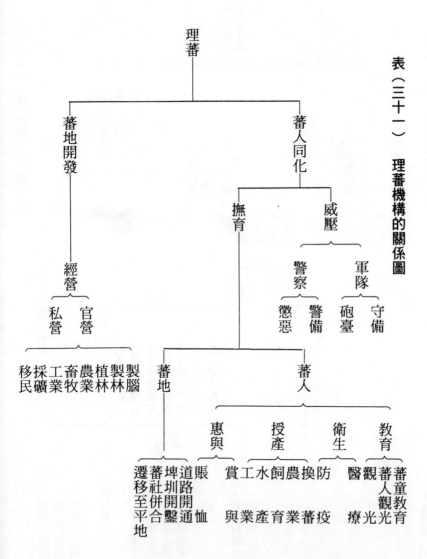

結論

日本治臺初期，臺灣總督府對臺灣原住民採取「綏撫」政策。這是因為當時尚未制定明確的殖民方針，只好沿襲清代的模式，藉舊有「撫墾」機構以維持「蕃地」的安定秩序，並阻擋「平地」漢人洶湧澎湃的武裝抗日運動波及「蕃人」社會。

撫懇署為設立於「平地」和「蕃地」的接壤要地，充當「漢」「蕃」隔離政策的一種裝置。為了圓滿達成「綏撫」任務，撫墾署亦常「以酒肉饗宴、賦與色布」來討好原住民，用籠絡手段來達成其「愚民」政策的目的。臺灣總督府第一任總督樺山資紀雖然尚未制定具體的「蕃人」政策，但將「蕃地」視為天然資源寶庫，是早已既定的方針。「蕃地」的經濟利益，特別是以樟腦製造利益為優先，自然直接地影響其「蕃人」政策。

試比較清代「撫墾局」與日據時期「撫墾署」之間有何差異？

第一，清代的撫墾局，為洋務自強運動下，在臺進行「開山撫番」政策的一個機構。雖然劉銘傳等洋務官僚，早已吸取西洋人以「船堅砲利」的武器來征服「化外之民」的伎倆，但是其「撫番」的理念仍然存在。將中華文化推廣到散居於中國邊疆的民族，促使邊疆的野蠻民族「漢化」

為其最後理想。故清代「撫墾局」和日據時期「撫墾署」，雖然都提倡「撫育」或「綏撫」政策在字義上好像相同，但在政策的推行上含有不同的方法：前者重視教化、授產、施醫等感化教育，後者是在尚未擁有絕對優勢武備鎮壓之前，不得不暫時因襲前制而採用的敷衍政策。

第二，從「開山」這個開發山地經濟利源的方式來比較。清代「撫墾局」的招墾事業，以及「腦務局」的樟腦製造業，是清朝地方官委託民間業者林維源、林朝棟等去負責推行，加上英德等外商掌握樟腦或茶的銷售命脈，使開發臺灣山地的洋務運動陷入一種買辦經濟的模式。這使臺灣的「開山」和中國整體經濟的發展分離，而不發生經濟的依賴（dependence）和利用（exploitation）的相互關係。但是，日本的臺灣總督府「撫墾署」是以母國的經濟利益為主的殖民地主義（colonialism）出發。為了壟斷殖民地臺灣在「蕃地」的樟腦製造利益，到了兒玉源太郎總督時期實施專賣制度，是以國家整體經濟的發展設想，策劃驅逐「外商」勢力，以達日本人企業家掌握經濟利益的目的。

然而，臺灣總督府在「平地」的糖業政策，必須等到漢人武裝抗日運動鎮壓，恢復治安之後才能著手，但是在「蕃地」的樟腦政策就不必先經過對「蕃人」「蕃地」的全盤鎮壓，只要針對某山地樟腦原料需求施以「綏撫」或「取締」即可達到目的。這就是撫墾署有其存在的理由。再說臺灣總督府設置撫墾署，與官方委託日本人民間業者經營「換蕃所」，在「綏撫」政策上有其相輔相成的作用。各撫墾署發給業者「蕃產」交換許可執照，並在撫墾署官員的督導之下經營「換蕃所」，與「蕃人」從事交易。藉此物品交易的管理，日方一方面能夠控制「蕃人」的經濟命脈，另一方面從日人與「蕃人」的交易接觸，容易培養通曉「蕃語」並精通「蕃情」的日人「通事」，以便削減漢人「通事」在各「蕃社」所擁有的勢力。正如「平地」的製糖事業，漸由日本人業者取代經營，「山地」的樟腦製造業及「蕃產」也漸由日本人業者來掌握，這樣才能使殖民地臺灣的經濟開發利益，還流到母國的日本去。

當時日本經中日甲午戰爭獲勝，一躍而昇為擁有殖民地的帝國主義國家，但是其後以「三國干涉」的「臥薪嘗膽」為口號推動的軍備擴張和國內產業資本主義政策，而急迫需要殖民地的奶水，樺山總督以撫墾署的「綏撫」掠奪「蕃地」利源的企圖，卻實無發揮揮有效的功能。

第二任總督桂太郎任期短暫且對「蕃政」並無提出任何意見。第三任總督乃木希典以總督府「軍政」構想暫時保留撫墾署，但是第四任總督兒玉源太郎鑑於「民政」的基礎乃在「殖產興業」，對於「蕃地」開發不能發揮功能的撫墾署廢止，而另設專管樟腦製造業的「樟腦局」，並實施樟腦專賣制度，以表明其經濟財政為優先的「蕃政」方針，奠定了今後日據時期臺灣總督府經營「蕃地」處理「蕃人」的基本架構。從此以後，日本的臺灣總督府對原住民政策，不再以沿襲清代的「撫蕃」或「蕃務」或「蕃政」稱之，改稱為「理蕃」。「理蕃」，乃參照西洋對付殖民地原住民的概念與方法，涵蓋著日本帝國尚未完全收歸「蕃地」為「國有地」之前，用以武力達成整頓「蕃人」「蕃地」的意圖。

「警政」體系（police system）在兒玉總督時期設定為殖民地統治裝置（governing apparatus）的中樞，以運用「軟硬兼施」「先發制人」的手段，謀求殖民地治安的維持和其社會經濟的安定發展。

臺灣總督府為長久解決漢人武裝抗日運動，於一九〇〇年在民政部設立「警察本署」而於一九〇二年迅速地達成其鎮壓目的，解除「平地」漢人的武裝，成功地顯示警察政治的功效。一九〇三年制定「理蕃大綱」，這表示兒玉總督在鎮壓「平地」之後，要繼續往內山的「蕃地」推擴其警政成功的經驗。因此，其政策方針，與設立推行「蕃地警政」單位的「蕃務掛」有密切的關係。「蕃務掛」是警察本署內部的一個股，但其指揮系統的中樞為警政單位最高統帥「警視總長」兼「警察本署長」大島久滿次。大島為一九〇二年「土匪招降策」的策畫執行者，在其毒辣的手段之下，漢人抗日份子被誘騙到「歸順」典禮，而用「臨時處分」的方式集體屠殺①。從此也可想在大島警視總長指揮下的「蕃務掛」，其所標榜的「蕃地警政」，究竟是要以何種方式對付臺灣原住民了。

「蕃地警政」與「平地警政」不同。「平地」為普通行政區，警察雖然蠻橫霸道壓迫漢人，但原則仍然依法統治，根據「殖民地法」②治理。「蕃地」則被劃為不實行法律的「特殊行政區」，

①『臺灣總督府警察沿革誌』第二編，上，頁四五五—四七五、四七四—五、六一四—六二八。

警察不需要有法治知識，只要身體健壯、略知軍事技術，能指揮隘勇線，扮演攻守兼備而威撫兼施的侵略執行者即可。「蕃人」不必適用法律可以任意處分，在那些素質不良而又有精神武備的「蕃地警察」強權之下，臺灣原住民最後的選擇，只有「絕對服從」或「絕滅死亡」二條路。

持地六三郎的治理「野蠻人」的理論，是美國白人侵佔美洲原住民「印第安人」的土地時，編造「野蠻之地為無主地」「文明人有權開發野蠻地」等印第安政策③的翻版。他的「理蕃」論，以兒玉總督的所謂「印度使英國致富、臺灣應化為日本的寶庫」④，也很合乎後藤民政長官的所謂「應用生物科學統治殖民地」⑤的論調。這是完全為日本帝國經濟利益，肯定「文明人」對「野蠻人」的討伐、優勝劣敗的自然淘汰，或同化絕滅種族之權，至於「文明人」掠奪「野蠻人」的土地或財產權，乃視為理所當然。當時兒玉總督因鎮壓漢人抗日運動已耗費過多氣力，暫緩採取嚴厲的攻勢討伐「蕃人」，僅由日警指揮推進隘勇線包圍「蕃地」，但奠定了第五任總督佐久間

---

②中村哲「植民地法（法體制確立期）」，鵜飼信成等編『講座日本近代法發達史』五（東京，勁草書房，一九五八年）頁一七五—一八一。

③Hagan, William T., American Indians, Revised Edition, Chicago, The University of Chicago, 1979.

④『兒玉源太郎』，頁三二四。

⑤『後藤新平』第二卷，頁二八—九。戴國煇「伊澤修平と後藤新平」，『日本人とアジア』（東京、新人物往來社，一九七三年）頁一〇六—七、一四一。

左太馬「理蕃五年計劃」的討伐政策基礎。一般，兒玉總督和後藤民政長官的傳記，以如何消滅漢人抗日「土匪」的政績顯赫，因此也就不記述「理蕃」的事蹟了。

一九〇三年制定「理蕃大綱」的內在因素，固然是「平地」治安問題的解決促使了開發「蕃地」的志向，然而一九〇三年桂太郎內閣決定對俄宣戰，也是影響整個殖民地政策的重大外在因素。因為要準備日俄戰爭，日本政府在財政拮据而戰費短絀的狀況下，必須需向英美等列強借債才能支撐戰爭，這直接影響了殖民地臺灣的財政結構。自從一八九六年以來臺灣財政的經營，依靠甲午戰爭清廷賠款轉撥一部分作為「國庫補助」名目維持⑥，但從決定日俄戰爭之後，殖民地臺灣再也不可能依靠母國而勢必「獨立」自給。

於是在此非常時間，以後藤民政長官為中心的臺灣總督府當局，運用「警政」體系在治安方面維持殖民地內部的安定，並為提昇殖民地臺灣的財政自給能力，利用「警政」裝置去開發新財源，謀求「財政獨立」的目的。臺灣的財政從一九〇三年起，即逐漸減少母國的補助；翌（一九〇四）年雖然接受少額補助，但其收支已出現盈額；一九〇五年時，其盈餘高達約六百八十萬圓，不但輕易地達成「財政獨立」的目標⑦，更進一步使臺灣成為日本帝國經營殖民地奪取財富的「寶

⑥『殖民地發達史』，頁三五〇。『近代日本經濟史要覽』，頁六八。
⑦『臺灣銀行二十年誌』，頁一〇六—七、一四一。

庫」。只是當時財富的「寶庫」仍然是以「平地」漢人生產糖、米、茶的地區為主，至於「蕃地」的大部分仍然是未開發的「處女地」寶庫。臺灣總督府當局制定「理蕃大綱」的背景，在指向此「處女地」，開發其蘊藏豐富的利源。

從整體經濟結構來看，臺灣總督府在兒玉總督時期開始注重「平地」與「蕃地」的均衡開發，在「平地」以糖業，在「蕃地」以樟腦製造業，設定臺灣的兩大策略性生產業。特別是以優厚的保護條件，獎勵日本大企業家來臺投資設廠，促使殖民地臺灣的農林產品加工業發展。如果殖民地臺灣在農林產品方面多支援母國，則日本可以節省很多農林業生產的餘力，投資於重工業，特別是軍需工業方面。

臺灣是日本的殖民地，殖民地依照母國的需求發展。臺灣「平地」盛產稻米，多生產稻米即可多供應日本，這是勿庸多言的。問題是日本如何設計臺灣另行開發栽培策略性的農林產品，以利其母國。在臺灣的地理因素下，糖和樟腦即可變成日本刻意策畫的栽培農林業，也就是日本擁有殖民地的利源所在。

關於「平地」的糖業，臺灣總督府於一九〇二年六月公佈「糖業獎勵規則」，一九〇五年公佈「製糖場取締規則」，規定「原料採取區域制度」⑧。至於「蕃地」的樟腦製造業，於一八九

⑧臺灣總督府殖產局『臺灣の糖業』（臺北，一九三〇年），頁一一二—四。

九年六月實施「樟腦專賣制度」，於一九〇二年七月南庄塞夏族抗日事件之後，即淘汰小規模樟腦生產業者，把「蕃地」樟腦生產地域劃給幾個規模較大的業者⑨，這可以說是「原料採取區域制度」的先聲。只是「蕃地」的經營，光靠少數日本人的「蕃地警察」難以維持治安，需要漢人的協助才能順利進行，因此樟腦製造業者中有不少漢人大業主存在⑩，相對地，近代式糖業經營，投資者幾乎全由日本大企業者所壟斷⑪。

在日本的「警政」裝置的強制下，臺灣的經濟結構，不論是「平地」或「蕃地」，都被套入「原料採取區域制度」的範疇，為糖業和樟腦業的發展，成為原料供應的生產地。而且糖業和樟腦業，這種策略性農林產品加工業，並不是為臺灣經濟的自主性發展而設計，而是為母國的日本

---

⑨『臺灣樟腦專賣志』附錄，頁一六—七。

⑩以一九〇三年為例，樟腦製造業者中，除了北部的荒井泰治、小松南彌，臺東的賀田金次郎以外，其餘的中、南部地區則由徐泰新、劉緝光、黃南球、吳永康、葉仕添、劉慶業、黃春帆、林季商、林列堂、林月汀等漢人大業主來經營。

⑪例如臺灣製糖株式會社於一九〇〇年設立，其大股東投資者為三井、毛利、原、細川、藤田等日本的富商，及政府的內藏寮，資本額為一百萬元。從此之後，日本人投資糖業而設廠，例如明治製糖株式會社、大日本製糖株式會社、鹽水港製糖株式會社、新高製糖株式會社、昭和製糖株式會社、帝國製糖株式會社等。至於漢人投資設廠新式糖業公司則新興糖株式會社（陳中和）、林本源製糖株式會社的兩家而已。

帝國抽取利潤和支援財政而設計。為了要獲得充分而穩定的原料供應，這種殖民地策略性農林產品加工業非靠「強制手段」，無法達成預期的工業生產目標。因為「強制供應」為其工業發展的前提，所以對樟腦業主或糖業投資者的保護簡直是無微不至地優厚，相反地，對原料供應的生產（漢人農民）或原料所有者（臺灣先住民），則運用「警政」強迫服從。

在「平地」的漢人比臺灣原住民幸運多了。「平地」是經過土地調查、消滅大租等一連串的土地改革措施，確定土地所屬關係，奠定漢人的土地所有權。糖業政策也是以漢人土地所有權為基礎，糖業公司運用「警政」裝置施加壓力，用買賣契約來強迫漢人農民種植甘蔗，按時供應，並隨著糖廠不斷地提高生產力，而增強對漢人農民勞力的榨取。

「蕃地」的樟腦製造業則完全與「平地」不同，那是從頭到尾一貫的赤裸裸的侵略和殺戮。根據持地六三郎的「理蕃」理論，臺灣原住民不但沒有土地財產所有權，連其人格尊嚴和生存權都被忽視。臺灣原住民根本不如「平地」的漢人農民，未被列入勞力資源開發的對象，而是被視為經濟開發上的一大障礙物，應當處分剔除的對象。這反映了日俄戰爭前夕臺灣總督府充滿侵略氣息的「理蕃」理論，完全為急需開發新財源而提倡對臺灣原住民的侵略政策。後藤民政長官為了無法迅速提高樟腦專賣收入而感到焦急，曾於一九〇四年間向軍方要求動員軍力，企圖以武力開闢北部的新原料採取區⑫。

⑫『理蕃誌稿』第二編，頁三六二—三。

在經濟和財政第一優先的前提之下，日本當局根本不談「人道」或「良心」的問題，也不假藉「上帝的啟示」或「文明人的義務」等詞，去為其侵略意圖辯解，反而一再地強調日本帝國在「蕃地」的利益，以及「蕃地警察」在經濟侵略上的任務。

第五任總督佐久間左馬太以「理蕃」事業為聞名。在日本統治臺灣的半世紀中，佐久間總督將「理蕃」當成一個事業，浩浩蕩蕩地動員軍警，徹底「征服」臺灣原住民。

佐久間總督統治臺灣的時期，為一九〇六年到一九一五年，正是日本帝國主義邁進雄飛發展期。日俄戰爭的勝利，遂行了明治初期「征韓論」以來的「北進」宿願，其後向朝鮮及中國東北的「南滿」伸展殖民地領域的欲望，促使日本軍國主義抬頭。第一次世界大戰爆發後，日本乘列強忙於歐戰之際，向袁世凱政府提出二十一條要求，貪得無厭地企圖獨佔中國的經濟命脈，甚至控制中國的內政，其赤裸裸的野心，引發了日本和英美等列強之間的衝突，更激發了朝鮮和中國的「排日」民族運動的蓬勃發展。臺灣於一九〇七—一九一五年間頻頻發生武裝的抗日事件，漢人響應中國本土的民族運動，也偶而與臺灣原住民聯合抗日，表現出「漢」「蕃」共同反對日本帝國壓迫的民族運動。

佐久間總督繼承日本帝國的武力鎮壓策略，在「平地」佈置了警政系統的控制，以先發制人的效率，在漢人「抗日」尚未成熟的「陰謀」階段及時鎮壓，同時在「蕃地」也開始展開熾烈的軍警聯手「討伐」。於是，位於中國東南海上的孤島，甲午戰後成為日本第一個殖民地的臺灣，逐漸陷入日本帝國的全盤控制之下，扮演日本的「模範殖民地」的角色。

當時日本帝國正積極地推行「北進」的大陸侵略政策，日本的朝野趁著日俄戰爭的餘威，也熱衷於北方殖民地的經營，日本唯一的南方殖民地臺灣，盛產糖米樟茶等農產物，對母國默默地以「農業支援工業」，而扮演了很重要的「農業報國」的角色。

臺灣生產樟腦，一向是日本的臺灣總督府在臺灣積極推動「理蕃」政策的最主要原因。特別是歐洲興起賽璐珞工業後，樟腦成為軍需化學工業所必需的原料之一，臺灣山地當時為世界上稀少的天然樟樹分佈地區，這乃是日本企圖以掠奪方式，從佔有山地的臺灣原住民，奪取其最有經濟價值的樟腦採取區域，展開殘酷的「討伐」進行侵略的動機。

既然樟腦為國際上稀有的原料，臺灣總督府為了壟斷其利益，先於一八九九年六月在臺實施「樟腦專賣制度」，從樟腦的生產和原料採取過程中，排除英、德外商的參與。接著一九〇三年十月實施日本國內與臺灣共通的樟腦專賣制度，將殖民地和母國連串為一體，為因應日趨增加需求量的歐美市場輸出，並藉此在世界經貿關係上企圖確保日本為壟斷該化學工業原料國的地位。

日本為了達成更完全壟斷市場的地位，後藤民政長官，於一九〇一年在福州設立「三五公司」，在華南地區展開樟腦收購業務。至一九〇五年，該公司在福州設廠從事腦油再製，以達成日本掌握且控制華南地區的樟腦產量及其輸出量的目的。三五公司原為兒玉總督一九〇〇年廈門佔領事件失敗之後，以民間公司的面貌掩護，在華南地區輔佐日本經濟力的伸展，扮演了與「北進」並行的「南進」國策公司的角色⑬。

兒玉總督在一九〇三年三月制定「理蕃大綱」，對北部「蕃地」的樟腦密佈地區，採取推進隘勇線的包圍攻勢，與日俄戰爭前夕日本預估開戰後歐洲腦價爆漲的經濟動機有關，當時市場顯現了一片買主的壓力，出現供不應求的盛況⑭。日俄戰爭後，佐久間總督以「理蕃」為其畢生事業，拼其老命再三地修改及不斷地昇高「理蕃」政策，也是與樟腦的國際行市有密切的關係。佐久間總督第一次以「甘諾」政策為中心的「理蕃」五年計畫是在一九〇七年，第二次以「蕃務本署」為中心推行「理蕃」計畫是在一九一〇年，第三次在一九一三年和一九一四年佐久間總督親自率軍警討伐，以上三次「理蕃」政策改變最大的時期，正是樟腦價格在國際市場上揚，供不應求的時期⑮。特別是第一次世界大戰前夕，賽璐珞工業為了趕製火藥等大量軍需品而對樟腦的需求量增加，這直接地影響臺灣總督府快馬加鞭的「理蕃」政策。於是佐久間總督親自出馬率領討伐軍，指揮掃蕩從北部至中南部的「蕃地」。然而佐久間總督所推行的「理蕃」事業，實為殺戮

⑬『後藤新平傳』第二卷，頁四八九—四九三、四九七—五〇〇。『臺灣樟腦專賣志』，頁八三八—九。
⑭『臺灣樟腦專賣志』，頁四七四。
⑮同上書，頁四七四—六。

臺灣原住民的戰爭行為。

從日俄戰後到第一次世界大戰的佐久間統治臺灣的時代，因為是日本帝國主義的發展時期，殖民地臺灣除了直接供應糧食等農產品之外，還提供了可以代替的農工勞力。

在日俄戰前臺灣已經對母國供應糧食和農產品加工原料，日俄戰後因為日本帝國「北進」侵略的腳步加快，臺灣要更加一層的擔起增產糧食，來補充日本農業人口大量投入北方前線而引發的農村蕭條和生產力減退的後果。日本的「徵兵制」主要在徵召農村子弟，而廣大農村勞動力的流出充當士兵，自然影響農業生產力。一九〇七年日本陸軍針對俄國南下和加強對韓控制，策劃增兵計劃，提出常備軍從十三個師團增加為十九個師團，並在韓國設立駐紮二個師團的要求。如此對日本農業生產人口的抽調和日俄戰爭時兵員軍需品的大量消耗，對日本社會經濟的發展顯然有不良的影響。

農業生產人口的徵召入伍，在另一方面還阻礙了農村人口順利移轉到工業生產線，以補充日本資本主義發展所需龐大勞工階層的來源。雖然日本為了對外侵略而犧牲國內農村，但是日本的「皇軍」絕對不肯用外國雇傭兵或殖民地人民。忠誠於天皇的「皇軍」只有日本男人才可以勝任，不可有代替品，那麼農業和工業的生力軍是否可由殖民地人民代替？臺灣經過十餘年的殖民地統治，經由「日本化」的教育效果，使其逐漸能扮演提供人力和物質雙重「奶水」給日本的角色。

從歷史和地理條件來看，當時的殖民地臺灣是不可以當作單純的掠奪金銀寶藏的對象，也不是貿易經商推銷商品獲利的市場，其基本社會經濟狀況為清代拓墾社會傳襲下來的綜合土地開發。英國之所以不選擇臺灣為其殖民地或貿易經商基地，是因為像臺灣那樣需要耗費龐大的行政費用，而且必需投資於土地開發等大島嶼經營，對英國金融資本來說，成為沈重的包袱。相反地，對後進資本主義國日本來說，殖民地土地的擴大佔有和其多功能的開發，正是有助於日本資本主義的發展，換言之，土地仍舊是後進資本主義國家日本所必需的原始資本。

佐久間總督的「理蕃」事業，征服臺灣原住民的行為，從另一個角度來看，也是日本帝國掃蕩「蕃地」歸屬為國有地的政策實踐，其目的在謀求整個臺灣的北中南部，「平地」和「蕃地」都進行均衡開發，以殖民地的經濟力來支援日本帝國的「北進」侵略。當時的臺灣，經過兒玉總督統治時期「治安恢復」「財政獨立」，為殖民地「現代化」先行鋪路工程，到了後任佐久間總督時代，臺灣財政正值黃金時期，才不惜於殖民地投下公共建設費用，從此發覺投資開發殖民地的潛在生產能力，反而對回饋母國有莫大的幫助。佐久間總督的「理蕃」事業，就是臺灣當時最重要而迫切需要的公共建設項目之一。因為「平地」的治安影響糖業政策，而「蕃地」的治安不但影響樟腦事業，甚至及於「平地」糖米等農產品的增產計畫。如果「蕃地」的治安平定的話，可以撤銷在警備線上的隘勇，把隘勇移到「平地」從事農業生產，至於投降而納入「警政」指揮下的臺灣原住民，可以化為溫順的農民，為日本開發「蕃地」資源時充當廉價的勞力。將臺灣原住民教化為「模範」的親日派，是佐久間總督推行嚴厲的討伐政策時，默默所安排的「蕃人」未來藍圖。這樣，臺灣就不虧為一個「模範殖民地」了。

然而，從臺灣原住民的座標來看日治時期臺灣總督府在「蕃地」推行的「現代化」政策過程，可以說是為其民族的尊嚴和生存奮鬥的輝煌抗暴運動史。因為臺灣原住民尚未擁有自己的文字之前，被「文明」侵略，所以一直沒有其文獻記載而遺失了很多寶貴的歷史經驗，只好從統治者的文獻中尋找出其「被統治者」的歷史印證。臺灣總督府所遺留下來的『理蕃誌稿』，雖然充滿了統治者的偏見，但是也無可掩蓋了被統治者不屈不撓的抗日事實。

根據以編年體史編撰的『理蕃誌稿』，可以發現從一八九六年到一九一五年間漢人和「蕃人」聯合抗日運動始終存在。換言之，在漢人以土豪為主力的前期武裝抗日運動（一八九六－一九〇二年）即日本人所謂的「土匪」抗日時期，以及漢人被解除武裝後所試圖的民族革命運動（一九〇七－一九一五年）即日本人所謂的「陰謀民族革命事件」時期，一直存在著漢「蕃」聯合抗日之事件發生，而且深為日本感到頭痛棘手。當原住民被日警指揮下的隘勇線包圍或監督時，山腳接壤地區的漢人，即成為「蕃人」唯一消息來源。特別是北部的「隘勇」和南部的「通事」，扮演了對原住民傳播情報的角色。故日方特別監視「民蕃接觸」，並防止所謂「土匪」的漢人抗日份子煽動「生蕃」。

漢人和臺灣原住民經過二百多年的接觸和鬥爭之後，兩者之間已經建立了「共存」的模式和相輔相成的和睦關係，這由兩者之間互相遵守百年以來的「蕃租」契約，以及樟腦製造時的「和蕃」契約等可以得到證明。在漢人和原住民接觸的過程中，特別是通事扮演了充當兩者橋樑的角色。通事受清廷地方官的委託，也兼任清代山地的行政工作，甚至也擔任教育先住民的角色。漢人和原住民之間的這種關係乃是站在互惠的經濟利益，以謀求兩者「共存」的一種契約社會為基礎，故面對日本的臺灣總督府「無主地即國有地」的徹底掠奪政策時，漢人因本身的利益會起而援助先住民。畢竟直接加入援助原住民的漢人，是失卻既得利益而凋落為無產邊緣，在漢人社會中形成最下階層者多，與先住民在經濟上的貧窮可憐沒有兩樣。在臺灣原住民方面，為了抵抗各「蕃社」共同的 paris（泰雅族語的「敵人」），放棄從前的「蕃社」為主體或狹義的敵對部族觀念，冒著生命危險赴戰援助他社聯合抵抗到底。

臺灣原住民和漢人聯合抗日運動，及「蕃人」的原住民族聯合抗日運動，雖然無英雄人物英明領導，參與者皆為「野蠻」或貧農或無業遊民，在日本帝國「現代化」文明的強大攻勢下只有節節敗退的命運，但也無可否認這是能揚棄種族偏見，為謀求人類共存和人格尊嚴而奮鬥的抵抗暴政史。

在十五、六世紀歐洲的航海冒險家「發現」新大陸滿藏印第安人的財富時，基督教徒就狂熱地嚮往「無知而黑暗的大陸」，展開對原住民的屠殺和掠奪。然而，在西班牙殖民地統治下的印第安人，馴良到遭逢滅族的危機，也不知道起來抗暴。在美國的白人對印第安人進行剝奪時，首先起來抵抗者為混血的印第安人。而且一百萬人口以上的印第安人，因為沒有一個有效統制的機構或缺乏偉大的領導者，所以根本敵不過擁有近代新武器的侵略者。日本北海道的愛奴，被大和民族幾百年的侵略，早已絕滅，僅留存了極少數的溫馴混血兒而已。但是，臺灣的原住民，不但知道以實力維護其「所有權」，以抗暴爭取其民族的生存，而且還有漢人加以協助，共同抵抗。所以原住民雖然散居在山區，也沒有一個強有力的統治機構如政府，但是在清代山地行政過程當中所產生的「頭目政治」和由通事協辦的漢「番」溝通管道，卻能發揮其政治領導作用，故能形成「蕃人」民族聯合及漢「蕃」聯合的抗日運動，在日治前期歷久而不衰。

那麼為何「蕃人」民族聯合抗日運動及漢「蕃」聯合抗日運動，到了一九一五年卻告衰退？究其原因，除了日方的「理蕃」機構即「蕃地警政」漸趨完整，統治的科技設施充實外，另由嚴密的「歸順」條件，也可以具體瞭解其情況。亦即日方先實行各種調查事業，逐漸掌握原住民的生活規範和其他地理環境，再以「威撫兼用」政策解除原住民的武裝，巧妙地利用其規範（例如「埋石」儀式），要求「歸順」投降時「贖罪」。原住民放是被迫以自動的形式，提出其所有財產，遵守「官命」遷移到隘勇線以外，聽從日警的指揮，從事農耕，並接受日警的「蕃童」教育。日方這種強迫離鄉背井，將原住民從其鄉土和傳統文化加以隔離的徹底歸順政策，與清政府所認定的歸順條件為納稅、教化、報戶口、出公役的標準不同，顯然是以武力強制手段，從根本上消滅原住民固有的一切，雖然是極為成功，但卻是慘無人道的。

到一九一五年時，日方對「蕃地」和「平地」的監視系統即警察網已經完成。不論漢人或原住民，都在「法制」和「權力制裁」的籠罩下。在強制「服從」和民族「分化」的統治政策下，日本的臺灣統治，給原住民所帶來的災害和破壞，真是從前未曾有的。日後臺灣原住民本身文化的沒落，是完全由日本人所播種下來的結果。

就學理言，臺灣原住民是有人格價值。此於其民族的名稱可得到證明。如「泰雅」、「塞夏」、「鄒」、「布農」等稱呼，在其語源上，即是「人」的意思。換言之，臺灣原住民以其民族的名稱，能與大自然和野獸截然區別！而把自己稱為「真正的人」。日本的學者經過各種實地調查之後，發現日本人將歐洲人的「進化論」，套用在治理臺灣原住民上，本來就是完全錯誤的。因為臺灣先住民的社會是多元的（pluralistic）社會，具有一種民主主義（democratic）的色彩，是一個以「知恥」和「負責」及「信賴」為美德的完善秩序的社會。但是日本發現此「事實」之後不敢立刻公諸於世，如果公開了不等於是承認其「理蕃」政策上的錯誤了嗎？或許知道「事實」真相的日本人是少數，而絕大多數的殖民地主義者或僅追求利潤的「經濟動物」，如今還不肯接受「理蕃」的惡果，卻不得不面對日本的侵略最後放棄臺灣的失敗事實。

參考書目

一、史料

1臺灣省文獻委員會編：日本據臺初期重要檔案，臺中，一九七七年。
2臺灣省文獻委員會編：臺灣前期武裝抗日運動有關檔案，臺中，一九七七年。
3臺灣省文獻委員會編：臺灣北部前期抗日運動檔案，臺中，一九七九年。
4臺灣省文獻委員會編：雲林、六甲等抗日事件有關檔案，臺中，一九七八年。
5臺灣省文獻委員會編：日據初期警察及監獄制度檔案，附錄（臺灣中部前期抗日運動檔案），臺中，一九七九年。
6臺灣省文獻委員會編：日據初期之鴉片政策，臺中，一九七八年。
7臺灣省文獻委員會編：臺灣南部武力抗日人士誘降檔案，臺中，一九七八年。
8臺灣省文獻委員會編：臺灣南部地區抗日份子名冊，臺中，一九七八年。
9屠繼善：恆春縣志，（光緒二十年），臺灣文獻叢刊第七五種，臺北，臺灣銀行經濟研究室，一九六〇年。
10羅大春：臺灣海防並開山日記，臺灣文獻叢刊第三〇八種，臺北，臺灣銀行經濟研究室，一九七二年。
11新竹縣采訪冊（光緒二十年），臺灣文獻叢刊第一四五種，臺北，臺灣銀行經濟研究室，一九六二年。
12盧德嘉：鳳山縣采訪冊，（光緒二十年），臺灣文獻叢刊第七三種，臺北，臺灣銀行經濟研究室，一九六〇年。
13洪棄父：臺灣戰紀，臺北，臺灣書店，一九四六年。
14臺灣省文獻委員會：臺灣省通志稿，臺北，一九六五年。
15臺灣省文獻委員會：臺灣省通志，臺北，一九六八年。
16臺灣省文獻委員會編：臺灣史，臺北，眾文圖書公司，一九七九年。
17伊能嘉矩等編：理蕃誌稿（第一編—第五編），臺北，臺灣總督府警務局理蕃課，一九一八—一九三八年。
18臺灣總督府編：臺灣總督府民政事務成績提要，臺北，一九〇五年。
19臺灣總督府警務局編：臺灣總督府警察沿革誌第一編，警察機關の構成，臺北，一九三三年。
20臺灣總督府警務局編：臺灣總督府警察沿革誌第二編（上卷）臺北，一九三八年。

21臺灣總督府警務局編：臺灣總督府警察沿革誌第二編（中卷）領臺以後の治安狀況（臺灣社會運動史），臺北，一九三九年。
22臺灣總督府警務局編：臺灣總督府警察沿革誌第二編（下卷）領臺以後の治安狀況（司法警察及犯罪即決の變遷史），臺北，一九四二年。
23臺灣總督府陸軍幕僚編：陸軍幕僚歷史草案第1—10卷，臺北，一九〇三—五年。
24臺灣憲兵隊編：臺灣憲兵隊史，臺北，一九三二年。
25第十三回貴族院議事速記錄（一八九八年十二月十日）官報號外：臺灣ニ施行スヘキ法令ニ關スル法律其ノ沿革並現行法律，東京，內閣記錄課。
26嘉義廳警察課：嘉義剿匪誌，東京，東京國文社，一九〇六年。
27臺灣慣習研究會：臺灣慣習記事，臺北，臺灣總督府民政部法務課該會，一九〇六年。
28臨時臺灣舊慣調查會編：蕃族調查報告書，一九一三—一九二一年。
29臺灣總督府警務局理蕃課編：理蕃概況，臺北，一九四二年。
30臺灣總督官房文書課編：臺灣蕃人事情，一九〇〇年。
31藤根吉春編：蕃人觀光日誌，抄本。
32寺田氏：東勢角支署管內蕃情一班，手抄本。
33大津麟平：理蕃策原議，自印，一九一四年。

34 丸井圭治郎：撫蕃ニ關スル意見書・蕃童教育意見書，臺北，臺灣總督府民政部蕃務本署，一九一四年。
35 臺灣總督府民政部蕃務本署：治蕃紀功，臺北，一九一一年。
36 瀨野尾寧：蕃界稗史殉職秘話，臺北，一九三五年。
37 森丑之助：太魯閣蕃之過去及現在，手抄本，一九一〇。調查書。
38 森丑之助：臺灣蕃族志，第一卷，一九一七年。
39 山邊健太郎編：現代史資料（21）臺灣（1），東京，みすず書房，一九七一年。
40 山邊健太郎編：現代史資料（22）臺灣（2），東京，みすず書房，一九七一年。
41 戴國煇編著：臺灣霧社蜂起事件—研究と資料，東京，社會思想社，一九八一年。
42 參謀本部編：臺灣史料，一八九五年。
43 臺灣經世新報社編：臺灣大年表，臺北，一九三二年。
44 臺灣總督府臨時臺灣土地調查局編：臨時臺灣土地調查局第一回事業報告，臺北，一九〇二年。
45 臺灣總督府臨時臺灣土地調查局編：土地調查提要，臺北，一九〇〇年。
46 臺灣總督府臨時臺灣土地調查局編：大租取調書附屬參考書，臺北，一九〇四年。
47 臺灣總督府臨時臺灣土地調查局編：臺灣土地調查事業概要，臺北，一九〇五年。
48 臺灣總督府臨時臺灣土地調查局編：臺灣土地慣行一班，臺北，一九〇五年。

49臺灣總督府民政局殖產部編：臺灣產業調查錄，臺北，一八九六年。
50臺灣督府民政局殖產課編：殖產部報文（一八九七年調查新竹縣南庄地方林況），臺北，一八九八年。
51臺灣總督府民政部殖產課編：殖產報文（一八九八年調查臺中縣東勢角地方林況），臺北，一八九九年。
52松下芳三郎：臺灣樟腦專賣志，臺北，臺灣總督府史料編纂委員會，一九二四年。
53臺灣總督府專賣局編：專賣事業，臺北，一九二四年。
54臺灣總督府專賣局編：臺灣の專賣事業，臺北，一九三〇年。
55賀田直治：臺灣林業史，臺北，臺灣總督府殖產局，一九一七年。
56臺灣總督府殖產局：臺灣の糖業，臺北，一九三〇年。
57臺灣總督府營林局編：濁水溪上流地域治水森林調查書（山崎嘉夫報告），一九二〇年。
58臺灣銀行編：臺灣銀行二十年誌，臺北，一九一九年。
59名倉喜作：臺灣銀行四十年誌，東京，臺灣銀行，一九三九年。
60西鄉都督と樺山總督紀念事業出版委員會編：西鄉都督と樺山總督，臺北，一九三六年。
61大路會編纂：大路水野遵先生，臺北，一九三〇年。
62德富豬一郎編：公爵桂太郎傳（乾卷），東京，故桂公爵紀念事業會，一九一七年。

63宿利重一：乃木希典，東京，對胸舍，一九二九年。
64宿利重一：兒玉源太郎，東京，對胸舍，一九三八年。
65森山守次：見玉大將傳，東京，東京印刷株式會社，一九〇八年。
66鶴見祐輔：後藤新平傳，東京，後藤新平伯傳記編纂會，一九三七年。
67三井邦太郎編：吾等の知れる後藤新平伯，東京，東洋協會，一九二九年。
68小森德治：佐久間左馬太，臺北，臺灣總督府警務局內財團法人臺灣救濟團，一九三三年。
69臺灣總督府編：佐久間臺灣總督治績概要，臺北，一九一五年。
70杉山靖憲：臺灣歷代總督之治績，朝鮮，帝國地方行政學會朝鮮本部，一九二二年。
71葛生能久：東亞先覺志士記傳，東京，黑龍會出版社，一九三三年。
72辜顯榮翁傳記編纂會編：辜顯榮翁傳，臺北，一九三九年。
73官崎健三編：陳中和翁傳，臺北，一九三一年。
74鄭喜夫編：林朝棟傳，臺灣先賢先烈專輯第四輯，臺中，臺灣省文獻委員會編，一九七九年。
75安倍明義編：臺灣地名研究，臺北，蕃語研究會，一九三八年。

二、專書

1水野遵：征蕃私記，手抄本，一八七九年。

2伊能嘉矩：臺灣蕃政志，臺北，臺灣總督府民政部殖產局，一九〇四年。
3藤崎濟之助：臺灣の蕃族，東京，國史刊會藏版，一九三〇年。
4岩崎發：臺灣蕃地事情，長野亮啞學校研究部編輯，一九三一年。
5楢崎太郎：太魯閣蕃討伐誌，臺南新報社臺北支局，一九一四年。
6井上伊之助：生蕃記，東京，警醒社書店，一九二六年。
7井上伊之助：臺灣山地醫療傳道記，新教出版社，一九六〇年。
8西岡英夫：臺灣蕃人風俗と生活，臺北，鄉土史研究講座，一九三二年。
9高濱三郎：臺灣統治概史，東京，新行社，一九三六年。
10杉浦和作：明治二十八年臺灣平定記，臺北，新高堂書店，一八九六年。
11秋澤烏川：臺灣匪談，臺北，杉田書店，一九二三年。
12鷲巢敦哉：臺灣統治回顧談，臺北，臺灣警察協會，一九四三年。
13井出季和太：臺灣治績志，臺北，臺灣日日新報社，一九三七年。
14井出季和太：南進臺灣史考，東京，誠美書閣，一九四三年。
15吉川貫二編著：臺灣蕃界踏查記—同志社高商山岳部臺灣遠征隊報告書，京都，澤田書店，一九四一年。
16竹越與三郎：臺灣統治志，臺北，一九〇五年。

17 持地六三郎：臺灣殖民政策，東京，富山書房，一九一一年。
18 東鄉實、佐藤四郎共著：臺灣殖民發達史，臺北，晃文館，一九一六年。
19 矢內原忠雄：帝國主義下の臺灣，東京，岩波書店，一九二九年。
20 高橋龜吉：現代臺灣經濟論，東京，千倉書房，一九二七年。
21 岩城龜彥：臺灣の蕃地開發と蕃人，臺北，理蕃の友，一九三五年。
22 東嘉生：臺灣經濟史研究，臺北，東都書籍株式會社臺北支店，一九四四年。
23 荻野敏雄：朝鮮・滿州・臺灣林業發達史論，東京，林野弘濟會，一九六五年。
24 安藤良雄：近代日本經濟史要覽，東京，東京大學出版會，一九七五年。
25 山本弘文等：近代日本經濟史，東京，有斐閣新書，有斐閣，一九八〇年。
26 岡田謙：未開社會の研究，東京，弘文堂，一九四四年。
27 岡田謙：民族學（朝日新講座），東京，朝日新聞社，一九四七年。
28 增田福太郎：原始刑法の探究，東京，セイヤモンド社，一九四四年。
29 增田福太郎：未開社會における法の成立，京都，三和書房，一九六四年。
30 戴國煇：日本人とアジア，東京，新人物往來社，一九七三年。
31 黃昭堂：臺灣民主國の研究ー臺灣獨立運動史の一斷章，東京，東京大學出版會，一九七〇年。
32 涂照彥：日本帝國主義下の臺灣，東京，東京大學出版會，一九七五年。

33許介鱗：中國人の視座から—近代日本論—，東京，そしえて，一九七七年。

34藤井志津枝：日本軍國主義的原型—剖析一八七一—七四年臺灣事件—，臺北，自印，三民書局總經銷，一九八三年。

35許介鱗編：證言霧社事件，東京，草風館，一九八五年。

36石原保德：インディアスの發見，東京，田 書店，一九八〇。

37 Davidson, James W., The Island of Formosa : Historical View from 1430 to 1900 ; London NewYork, 1903.

38 Hagan, William T., American Indians, Revised Edition, Chicago, The University of Chicago, 1979.

39 Pettigrew, Thomas F. etc., Prejudice : Dimensions of Ethnicity, Cambridge : Harvard UniversityPress, 1982.

三、論文

1郭廷以：「臺灣的開發與現代化（一六八三—一八九一），薛光前、朱建民主編：近代的臺灣，臺北，正中書局，一九七七年。」

2李國祁：「清季臺灣的政治近代化—開山撫番與建省（一八七五—一八九四）」，中華文化復興月刊第八卷第十二期。

3李國祁：「清季臺灣內地化政策創始者―公忠體國的沈葆楨」，幼獅月刊第四十四卷第五期。
4李國祁：「清代臺灣社會的轉型」，中華學報第十期，一九七八年。
5王世慶：「臺灣隘制考」，臺灣文獻第七卷第三、四期，一九五六年。
6王世慶：「日據初期臺灣撫墾署始末」，臺灣文獻第三八卷第一期，一九八七年。
7臺灣近現代史研究會議：臺灣近現代史研究（創刊號），東京，龍溪書舍，一九七八年。
8臺灣近現代史研究會編：臺灣近現代史研究（第二號），東京，龍溪書舍，一九七九年。
9臺灣近現代史研究會編：臺灣近現代史研究（第三號），東京，龍溪書舍，一九八一年。
10臺灣近現代史研究會編：臺灣近現代史研究（第四號：池田敏雄氏追悼記念特集），東京，綠蔭書房，一九八二年。
11臺灣近現代史研究會編：臺灣近現代史研究（第五號：特集、清代の臺灣），東京，綠蔭書房，一九八四年。

國家圖書館出版品預行編目資料

日治時期臺灣總督府理蕃政策 / 藤井志津枝著
初版　臺北市：文英堂，1997〔民86〕
面；　公分

ISBN 978-957-8811-05-8（平裝）
1.臺灣－歷史－日據時期（1895-1945）

673.228　　86002197

日治時期台灣總督府理蕃政策

作　者：藤井志津枝（傅琪貽）
發　行：文英堂出版社　發行人：許瑜瑛
法律顧問：曾肇昌律師
地　址：11653台北市萬和街8號7F-2
電　話：（02）8230-1588、8230-0010
傳　真：（02）8230-1576
E-mail：tjr@japanresearch.org.tw
劃撥帳號：17237788　戶名：文英堂出版社
總經銷：問津堂書局（02）2367-7878
門市批發：成信文化事業有限公司（02）2219-2080
印刷排版：輪速印刷有限公司（02）2226-4796
初版1刷：1996年9月
2版1刷：2001年10月
2版2刷：2010年10月
封面設計：卓伯仲
定　價：新台幣300元
ISBN：978-957-8811-05-8

文英堂出版社　出版目錄

系列	書　名	作　者	出版年月	定　價
台灣研究系列	戰後台灣史記(共三卷) (卷一)台灣光復(1945-49) (卷二)蔣介石時代 (卷三)蔣經國時代	許介鱗	1996.06 （2008.01再版）	600
	台灣史記(續)卷四	許介鱗	2001.11	360
	台灣史記－日本殖民統治篇1	許介鱗 編著	2007.07	250
	台灣史記－日本殖民統治篇2	許介鱗 編著	2007.07	250
	台灣史記－日本殖民統治篇3	許介鱗 編著	2007.07	250
珍本台灣史料	台灣不可欺記	伊藤金次郎 著 (財)日本文教基金會 編譯	2000.04	250
	台灣特高警察物語	寺奧德三郎 著 (財)日本文教基金會 編譯	2001.04	250
	秘錄・終戰前後的台灣	塩見俊二 著 (財)日本文教基金會 編譯	2001.11	300
	秘話・台灣軍與大東亞戰爭	諫山春樹等著 (財)日本文教基金會 編譯	2002.09 (2007.09再版)	420
中日關係系列	理蕃 －日本治理台灣的計策－	藤井志津枝 （傅琪貽）	1996.09 （2010.10再版）	300
	誘和 －日本對華諜報工作－	藤井志津枝	1997.08	300
	孫文與三井財閥	洪聖斐	1998.03	200
危機管理	化危機為利機	曹瑞泰	2005.03	300
論文集	評比兩岸最高領導	許介鱗 編著	2004.03	250

暢銷小冊	日本殖民統治讚美論總批判	許介鱗	2006.08	80
	「沖之鳥礁」爭議	台灣日本綜合研究所	2007.07	80
	亞洲人民會審日本殖民主義	台灣日本綜合研究所	2008.01	80
	怎麼看北韓核武危機	李庚嬉	2008.01	80
	後藤新平— 一個殖民統治者的紀錄	許介鱗	2008.05	80
	「對日外交」I：盲點在哪裡？ 蔣介石、蔣經國時代	許介鱗	2009.01	80
	「對日外交」II：為什麼盲信？ 李登輝、陳水扁時代	許介鱗	2009.01	80
	福澤諭吉—對朝鮮、台灣的謀略	許介鱗	2009.06	80
	日本崛起的奧秘I：戰爭發財術	許介鱗	2010.02	80
	日本崛起的奧秘II：特需發財術	許介鱗	2010.02	80
	馬英九與保釣運動	張鈞凱	2010.06	80
	麥克阿瑟向日本投降？	台灣日本綜合研究所	2010.09	80
日本小說	上弦月	伊集院靜 著 黃玉燕 譯	1997.12	220
	天使的蛋	村山由佳 著 黃玉燕 譯	1998.04	180
	愛的故事（背對背的愛情故事）	連城三紀彥 著 黃玉燕 譯	1998.05	200